Kohlhammer

Herbert Günther

Individuelle Sprachförderung

Orientierungsrahmen für Ausbildung, Studium und Praxis

Verlag W. Kohlhammer

Gesamtherstellung:
W. Kohlhammer Druckerei GmbH + Co. KG, Stuttgart
Printed in Germany

ISBN: 978-3-17-021142-1

Vorwort

Die menschliche Sprache ist die wunderbarste Sache der Welt – wenn man zuhören kann, wenn man versteht, was man hört, und wenn man das sagen kann, was man fühlt und denkt. Nur die Sprache bildet und macht den Menschen frei, unabhängig und selbständig.

In der frühkindlichen Bildungsdiskussion erleben wir zurzeit eine erfreulich offene und intensive Beschäftigung mit dem Thema Bildung. Hierbei erfahren wir eine zunehmende Akzeptanz der Bildung auf breiter gesellschaftlicher Front. „Eine Investition in Bildung bringt noch immer die besten Zinsen." Diese Feststellung des amerikanischen Journalisten, Politikers und Philosophen Benjamin Franklin ist heute im Zeitalter der Globalisierung und Migration richtiger denn je. Eine der Schlüsselqualifikationen des modernen Bildungsbegriffs ist die sprachliche Kompetenz. Individuelle Sprachförderung in Kindertagesstätten und Schulen kann nur Sprachförderung für alle Kinder sein, unabhängig von ihrer sozialen Herkunft, von der Sprachgemeinschaft, von der Religion und unabhängig von der Kultur. Alle Kinder sollten von einer pädagogisch ausgerichteten Sprachförderung profitieren. Wir wollen die Kinder sprachlich fit machen für die Zukunft und gleichzeitig ihre Potenziale nutzen und öffnen für eine positive Grundeinstellung, um die bevorstehenden persönlichen, schulischen und beruflichen Herausforderungen meistern zu können. Trauen wir uns bei der individuellen Sprachförderung mehr zu, sind wir mutiger, fordernder und machen wir uns kompetenter! Nur so gelingt es uns, eine optimale Förderung aller Kinder unabhängig von ihrer sozialen Herkunft und familiären Situation zu leisten. Der Migrationshintergrund eines Kindes darf nicht zu Ungerechtigkeiten und zur Minderung der Chancen in unserem Bildungssystem führen.

„Das Menschlichste, was wir haben, ist doch die Sprache." Diese Aussage des deutschen Dichters und Schriftstellers Theodor Fontane (1819–1898) ist gleichzeitig auch der rote Faden für das vorliegende Buch. Sprache ist existenziell notwendig für den Menschen als Mittel zur Kommunikation, zur Verständigung, sei es nonverbal oder verbal. In diesem Buch wird die interaktionistische Auffassung von individueller Sprachförderung vertreten. Die Sprachentwicklung, der Spracherwerb und die individuelle Sprachförderung werden als soziale Prozesse betrachtet. Dieses sozialkonstruktivistische Bildungsverständnis unterstreicht die Bedeutung der sozialen Umwelt, d. h. die Interaktionen zwischen dem Kind und seinen Bezugspersonen. Wir sollten wegkommen von einer generalisierenden Förderung einer Gruppe von Kindern oder einer Schulklasse mit einem Förderkonzept oder Übungsprogramm. Vielmehr brauchen wir eine passgenaue Förderung der Sprache und des Sprechens.

Hinweis: Zu Gunsten einer vereinfachten Schreibweise wird weitgehend auf geschlechtsspezifische Formulierungen verzichtet.

Inhalt

Einleitung

Gegenstand der folgenden Betrachtungen ist die individuelle Förderung der Sprache des Menschen als angeborener Fähigkeit. Die Sprache versetzt den Menschen im Gegensatz zum Tier in die Lage zu kommunizieren, zu denken und zu handeln. Die Sprache ist ein ureigenes und spezifisch menschliches Wesensmerkmal des Homo sapiens. Philosophie und Anthropologie haben als Wissenschaftsdisziplinen seit über zweitausend Jahren intensiv über die menschliche Sprache nachgedacht. Da nicht alle Kinder im Rahmen des Spracherwerbs Sprachkompetenzen entsprechend ihrem Lebensalter normgerecht und kulturbezogen erwerben, müssen ergänzende Maßnahmen zur Unterstützung und Hilfe eingesetzt werden: Gerade in der frühen Kindheit übernimmt die Sprachförderung eine führende Rolle für die gesamte kindliche Entwicklung.

Zur Zielgruppe der individuellen Sprachförderung gehören Kinder, bei denen im Vorschulalter, aber auch noch im Grundschulalter Probleme bei der Sprache und beim Sprechen festgestellt worden sind. Folgende zwei Gruppen von Kindern stehen im Mittelpunkt:

- Kinder mit Deutsch als Erstsprache (Muttersprache), die beim Spracherwerb und im Rahmen der Sprachentwicklung Schwierigkeiten haben, bei denen teilweise auch noch in der Grundschule Sprachstörungen fortbestehen können, und
- Kinder mit nichtdeutscher Erstsprache, die fehlende oder unzureichende Kenntnisse in der Bildungssprache Deutsch aufweisen; ein Großteil dieser Kinder bringt einen sehr komplexen Migrationshintergrund mit.

Internationale, nationale und regionale Studien weisen auf sprachliche Defizite und Auffälligkeiten dieser Kinder hin. Epidemiologische Untersuchungen des Schulärztlichen Dienstes des Saarlandes zeigen, dass jedes vierte Kind bei der Einschulung Probleme mit der Sprache und dem Sprechen aufweist. Bei den Problemen beim Erwerb von Deutsch als Zweitsprache schwanken die Angaben zur Auftretenshäufigkeit regional sehr deutlich. In manchen Regionen und Ballungsräumen haben wir in den vorschulischen und schulischen Bildungseinrichtungen bis zu 90% zugewanderte Kinder und Jugendliche mit Problemen in der deutschen Sprache wie z.B. in der Stadt Ludwigshafen.

Im Folgenden wird der Versuch unternommen, einen Orientierungsrahmen für eine breit angelegte individuelle Sprachförderung in Theorie und Praxis zu entwerfen.

Als übergreifende Kategorien im Sinne einer wissenschaftlichen und inhaltlichen Klammer haben wir folgende Kategorien ausgewählt: die aktuelle bildungspolitische Diskussion, theoretische Perspektiven des interdisziplinären Aufgabenfeldes der Sprachförderung, die frühkindliche Bildung, Wissen über Kinder und Bedingungen der Kindheit heute sowie der Zusammenhang von sozialer Schicht und Sprache.

Als inhaltlich-konzeptionelle Kategorien im Sinne einer weit gefassten Konzeption der individuellen Sprachförderung haben wir in einem zweiten Schritt die Bildungsstandards und Kompetenzen, den Gebrauch verschiedener Sprachformen, die Komplexität unserer Sprache, die Heterogenität der Zielgruppe und die Risikokinder ausgesucht.

In einem dritten Schritt haben wir sehr praxisbezogene und konkrete Kategorien im Sinne einer pädagogischen Strategie benannt, die die didaktische und methodische Arbeit mit dem Kind beschreiben: den Bereich der Sprachdiagnostik und der Förderung, die Medien und die Materialien, die Konzepte und die Evaluation. Dabei soll eine sehr stark an der Eltern-Kind-Interaktion ausgerichtete soziale und sinnstiftende Sprachförderung deutlich machen, dass der Spracherwerb Menschen in allen wechselseitigen Beziehungen und vielfältigen Kontakten braucht. Insbesondere soll die individuelle Sprachförderung eingebettet werden in den gesamte Erziehungs- und Bildungsprozess des Kindes.

Die Empfehlungen der Kultusministerkonferenz aus den neunziger Jahren des vergangenen Jahrhunderts (1994 und 1998) stellen nicht mehr so sehr den Förderort in den Mittelpunkt, sondern fordern die auf das einzelne Kind mit seinen individuellen Förderbedürfnissen abgestimmte Fördermaßnahmen. Von daher sollten wir uns stärker mit der individuellen Sprachförderung theoretisch und praktisch auseinander setzen. Die individuelle Sprachförderung, wie sie hier vorgestellt wird, ist in die alltägliche Arbeit von Kindertagesstätte und Grundschule integriert und als übergreifende pädagogische Querschnittsaufgabe für alle Kinder zu betrachten. Die Heterogenität der Kinder und Schüler und die Komplexität des Gegenstandes Sprache führen dazu, dass die Sprachförderung von Kind zu Kind unterschiedlich geplant, durchgeführt und überprüft werden sollte. Pauschale Förderprogramme und Trainingskonzepte sind hier nicht einsetzbar; gerade hinsichtlich dieser Auffassung ist eine individuelle Sprachförderung dringender denn je, wenn sie erfolgreich und nachhaltig sein soll.

Hinweis: Nach jedem Kapitel werden folgende Hinweise für die weitere Textbearbeitung und Vertiefung gegeben:

Fazit

In einer sehr kurzen Zusammenfassung werden noch einmal die wichtigsten Gedanken bzw. Zusammenhänge dargestellt.

Schlüsselbegriffe

Hier werden noch einmal die wichtigsten Begriffe ohne Rangreihe und Systematik aufgezählt.

Fragestellungen

Weiterführende Anregungen, Fragestellungen und Probleme sollen zu einer weitergehenden und vertieften Diskussion führen.

Querverbindungen

Durch die Querverweise auf Kapitel in diesem Buch, die sich mit den gleichen Inhalten beschäftigen, soll der vernetzte Charakter der Gesamtdarstellung deutlich werden.

Weiterführende Literatur

Für den Leser, der sich umfangreicher und tiefer mit der Thematik auseinander setzen will, wird hier weiterführende Literatur angegeben.

1

Gesellschaftlich-theoretische Kategorien der individuellen Sprachförderung

Hier werden die notwendigen Basisinformationen zu den gesellschaftlichen Rahmenbedingungen und wesentliche internationale und nationale Forschungsresultate dargestellt. Eckpfeiler dieses Orientierungsrahmens sind die Auseinandersetzung mit der Bedeutsamkeit der Theorie für die Praxis, die bildungspolitische Ausrichtung, die in den einzelnen Bundesländern unterschiedlich ausgestaltet ist, die soziologisch zugänglichen Informationen und Daten über Deutschland, das vorhandene Wissen über unsere Kinder und zentrale Überlegungen zur individuellen Sprachförderung aus Theorie, Wissenschaft und Forschung. In der folgenden Abbildung werden in einer ersten Übersicht wichtige Kategorien der individuellen Sprachförderung dargestellt.

Abb. 1: Gesellschaftlich-theoretische Kategorien der individuellen Sprachförderung

1.1

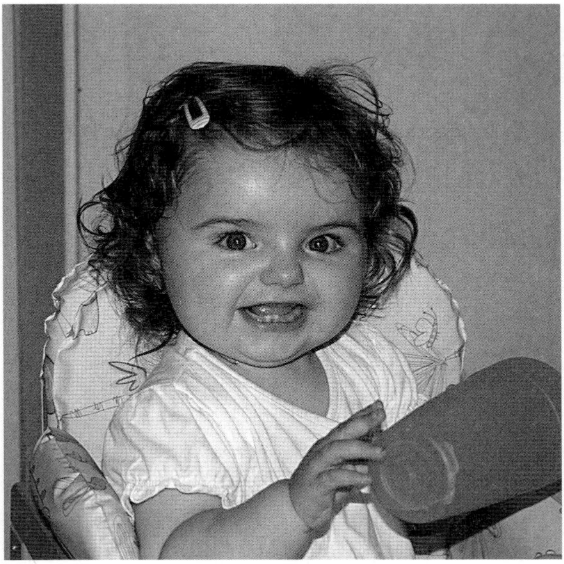

Bildungspolitik im Wandel

Das deutsche Bildungssystem befindet sich in einem tiefgreifenden Wandel und steht seit den PISA-Ergebnissen im Blickpunkt der gesellschaftlichen und bildungspolitischen Diskussion. Forderungen wie z. B. die von Arbeitgeberpräsident Hundt „Ende der Kuschelpädagogik“ und „Schluss mit Basteln und Spielen“ insbesondere im Elementar- und Primarbereich sind in die Diskussion aufgenommen worden. 2004 konstatiert die Organisation für wirtschaftliche Zusammenarbeit und Entwicklung (Organisation for Economic Co-Operation and Development = OECD) einen engen Zusammenhang zwischen sozialer Herkunft und Bildungserfolg und Bildungsgerechtigkeit. Darüber hinaus mahnt die OECD die Förderung leistungsschwacher Kinder und Schüler an; dazu gehören auch die Kinder mit Sprachschwierigkeiten und die zugewanderten Kinder mit Migrationshintergrund. Die auf dem Bildungsgipfel im Oktober 2008 mit Bundeskanzlerin Merkel und den Ministerpräsidenten der Länder gefassten Beschlüsse haben erhebliche Auswirkungen auf das deutsche Bildungssystem und damit auch auf die gesamtgesellschaftliche Querschnittsaufgabe der Bildung und der Sprachförderung. Die Organisation der Sprachförderung in den einzelnen Bildungseinrichtungen stellt neue Anforderungen an alle Beteiligten in Politik, Gesellschaft, Wirtschaft, Wissenschaft und Praxis. Entwicklungs- und Lebensperspektiven hängen davon ab, welche Abschlüsse im Bildungssystem erworben werden; daher ist Bildungspolitik ein zentrales politisches Handlungsfeld.

Die Darstellung der bisherigen Kategorien macht deutlich, dass es eine übergeordnete Kategorie geben muss, die die aufgezeigten zusammenführt. Die Kategorie Bildungspolitik ist als Querschnittsaufgabe geeignet, die notwendigen Aufgaben und Handlungsfelder in den Kindertagesstätten, den Schulen, der Jugendhilfe und Kultur zu ordnen, zu strukturieren und zu bündeln.

1.1.1 Entwicklungen und Positionen

Das Recht auf Bildung ist ein Menschenrecht, das in der Allgemeinen Erklärung der Menschenrechte der Vereinten Nationen von 1948 verankert ist. Das Recht auf Bildung hat für alle Menschen Gültigkeit und schließt das Recht auf vorschulische Erziehung und Bildung, auf den Schulbesuch und auf individuelle Sprachförderung mit ein. Zur Verbesserung der Bildungschancen und für eine ausgewogenere Bildungsbeteiligung im Sinne von Chancengerechtigkeit müssen wir uns stärker als bisher den Kindern mit Migrationshintergrund widmen. Um diese gemeinsame Aufgabenstellung meistern zu können, brauchen wir geeignete Maßnahmen, Vereinbarungen und Instrumente im bildungspolitischen und praktischen Bereich. Im Folgenden werden einige ausgewählte politische Vereinbarungen angeführt, die dazu dienen sollen, die Bildungschancen von Kindern insbesondere mit Migrationshintergrund in Deutschland zu verbessern:

Bericht zur Zuwanderung in Deutschland (2002)
Die Kultusministerkonferenz hat sich 2002 zum ersten Mal mit dem Thema und Problem der Zuwanderung beschäftigt und auseinandergesetzt. Dabei wurde die Situation in den einzelnen Bundesländern hinterfragt und Möglichkeiten der Förderung von Kindern mit Migrationshintergrund aufgezeigt. Dieser Bericht aus dem Jahre 2002 wurde 2006 mit dem Bericht „Zuwanderung" fortgeschrieben, und es wurde u. a. auf folgende Bereiche aufmerksam gemacht: vorschulische Förderung, schulische Förderung, muttersprachlicher Unterricht, Unterricht in der Herkunftssprache und Elternarbeit. Dabei konzentrieren sich die aufgezeigten Anstrengungen auf die Sprachdiagnostik und Sprachförderung.

Erster Nationaler Bildungsbericht (2006)
Der von der Kultusministerkonferenz und dem Bundesministerium für Bildung und Forschung gemeinsam in Auftrag gegebene Erste Nationale Bildungsbericht „Bildung in Deutschland" ist ein zentrales Instrument des gemeinsamen Bildungsmonitorings, um in den wichtigen Handlungsfeldern wie Bildung und Integration geeignete Maßnahmen entwickeln und ausrichten zu können. Insbesondere geht es in diesem Bericht um das Thema Bildung und Migration und dabei wiederum um die Verbesserung der frühen und individuellen Förderung. Hier wird u. a. die Kopplung von sozialer Herkunft und Bildungserfolg thematisiert.

Nationaler Integrationsplan (2007)
Der im Jahre 2007 verabschiedete Nationale Integrationsplan, gemeinsam getragen von Bund, Ländern, Kommunen, nichtstaatlichen Organisationen und Migrationsorganisationen, verpflichtet alle Bundesländer, die Förderung von Kindern mit Migrationshintergrund weiter zu unterstützen und voranzubringen. Dies wird auch in der ersten gemeinsamen Erklärung der Kultusministerkonferenz und den Organisationen von Menschen mit Migrationshintergrund – „Integration als Chance – gemeinsam für mehr Chancengerechtigkeit" – dokumentiert. Dort werden von allen Beteiligten Selbstverpflichtungen hinsichtlich der Sprachförderung von Kindern und deren Eltern unterzeichnet.

Zweiter Nationaler Bildungsbericht (2008)
Der Zweite Nationale Bildungsbericht wurde 2008 veröffentlicht und kommt zu dem Resultat, dass eine frühzeitige, differenzierte und kontinuierliche Förderung von Kindern mit Migrationshintergrund weiterhin zu den großen Herausforderungen unseres Bildungssystems zählt.

Qualifizierungsinitiativen des Bundes und der Länder (2008)
Die Bundesregierung hat im Januar 2008 ihre Qualifizierungsinitiative „Qualität durch Bildung" mit dem Schwerpunkt der frühen und individuellen Förderung von Kindern verabschiedet. Im Oktober 2008 haben die Regierungschefs von Bund und Ländern mit der „Qualifizierungsinitiative für Deutschland" beim so genannten Dresdener Bildungsgipfel einen Maßnahmenkatalog zur Verbesserung der Qualität des Bildungssystems verabschiedet. So sollen bis Ende 2010 alle Kinder mit verbindlichen Sprachstandfeststellungsverfahren im Vorschulalter überprüft und beobachtet werden und bis 2012 eine an den Bedürfnissen der Kinder ausgerichtete Sprachförderung für alle Kinder im Vorschulalter sichergestellt sein.

Allerdings sollte die Bildungspolitik die Bildungsausgaben an den Durchschnitt der OECD heranführen. Schauen wir uns die in Deutschland getätigten Bildungsausgaben im internationalen Vergleich an, etwa anhand der Erhebung „Education at a Glance" der OECD: Die Bildungsausgaben betragen in dieser Studie im Durchschnitt 6,2 % des Bruttoinlandsprodukts. Deutschland liegt dabei mit 4,8 % deutlich unter dem Durchschnitt. In Euro ausgedrückt fehlen bis zum europäischen Durchschnitt in Deutschland zurzeit ca. 30 Mrd., die wir zu wenig für das Bildungssystem ausgeben. Inhaltlich sollten wir uns stärker beschäftigen mit Fragen der Globalisierung, Migration und Integration, mit den gerechten Chancen im Bildungssystem, mit der Kindergartenpflicht und der besseren Qualifizierung des Vorschulpersonals sowie mit verbindlichen Übergangsempfehlungen und einer verbesserten Diagnostik im Kindergarten und in der Grundschule.

In einer Antwort der Bundesregierung auf die Kleine Anfrage von Bundestagsabgeordneten der FDP-Fraktion im Dezember 2008 weist die Bundesregierung darauf hin, dass die diagnostische Kompetenz der Erzieherinnen und Erzieher gestärkt und die individuelle Sprachförderung umgesetzt werden soll. Weiterhin wird in dieser Antwort betont, dass die Sprachförderung in allen Bildungsplänen ein wichtiges Thema ist. Übereinstimmend wird festgestellt, dass eine früh einsetzende und langfristig angelegte Förderung in der Erstsprache und in der Zweitsprache eine unabdingbare Voraussetzung für die Entwicklung der sprachlichen Kompetenzen von Migrantenkinder darstellt. Es ist wichtig, dass beide sprachlichen Welten in Bezug zueinander gebracht werden (vgl. Deutscher Bundestag 2008, 7).

1.1.2 Inklusion – ein aktueller Begriff

Seit der Empfehlung durch die UN-Charta ist der Begriff der Inklusion neu entdeckt und verstärkt in die bildungspolitische Diskussion eingebracht worden. Bildung ist ein allgemeines und öffentliches Gut, ein Menschenrecht, von dem niemand ausgeschlossen werden kann. Der Begriff der Integration behinderter Kinder und Jugendlicher hat sich im deutschen Bildungswesen etabliert und ist mittlerweile zu einer festen und konstanten Größe in der Pädagogik geworden. Warum brauchen wir jetzt den neuen Begriff der Inklusion? „Inklusion im Bildungsbereich meint, dass allen Menschen die gleichen Möglichkeiten offen stehen, an qualitativ hochwertiger Bildung teilzuhaben und ihre Potenziale entwickeln zu können, unabhängig von Geschlecht, Alter, Religion, ethnischer Zugehörigkeit, geografischen Gegebenheiten, besonderen Lernbedürfnissen, sozialem und ökonomischem Status" (Ministerium für Bildung und Frauen des Landes Schleswig Holstein 2009, 7). Das Konzept der inklusiven Bildung meint, dass sich die Bildungseinrichtungen um alle Kinder und Schüler kümmern, damit jedes Kind nach seinen individuellen Chancen gefördert werden kann. Kein Kind darf künftig ausgesondert oder an den Rand gestellt werden. Die Bildungseinrichtungen von der „Wiege bis zur Bahre" repräsentieren die gesamte gesellschaftliche Bandbreite und Vielfalt. Bildung und Werteerziehung sind für alle Kinder wichtig. Inklusion bedeutet für das selektiv ausgerichtete deutsche Bildungssystem einen Paradigmenwechsel. Der im angloamerikanischen Raum seit 1976 benutzte Begriff der „inclusive education" darf nicht mit integrativer Bildung oder Integration übersetzt und verwechselt werden. Inklusion hat sich seit den neunziger Jahren in den USA zu einem Standardbegriff entwickelt und ist zu einem aktiven Bürgerrecht gereift. Was sind nun die Eckpunkte der inklusiven Pädagogik? Nach Hinz (2004; 2009, 3) können wir vier Eckpunkte erkennen:

- die Akzeptanz der Heterogenität und Vielfalt aller Menschen,
- das Zusammendenken aller Bereiche und Aspekte von Heterogenität und Vielfalt wie z. B. Fähigkeiten, Fertigkeiten, soziale und religiöse Herkunft, Migrationshintergrund und physische Bedingungen,
- eine bürgerrechtliche und emanzipatorische Ausrichtung und
- die Vorstellung einer funktionierenden inklusiven Gesellschaft.

Damit stellt sich die Idee und die Konzeption der inklusiven Pädagogik gegen jegliche Art der „Zwei-Gruppen-Theorie" (vgl. Hinz 2002), die Menschen nach einem bestimmten Merkmal wie Alter, Geschlecht und Intelligenz in zwei Gruppen einteilt, und zwar in Männer und Frauen, Behinderte und Nichtbehinderte, Reiche und Arme, Dicke und Dünne, Deutsche und Ausländer, Heterosexuelle und Homosexuelle. Diesen Drang zur Einsortierung von Menschen in bestimmte Kategorien müssen wir aufgeben. Auf dem Weg zur Inklusion in den Bildungseinrichtungen sind folgende Aspekte hilfreich und zielführend:

- gewaltfreie Kommunikation,
- Einigung auf gemeinsame Werte,
- demokratische Bildung,
- kooperatives Lernen,
- Berücksichtigung der Stärken sowie
- Strategien für die positive Weiterentwicklung der Persönlichkeit.

Auf der 48. UNESCO-Weltkonferenz der Bildungsminister im November 2008 in Genf, die unter dem Titel „Inclusive Education: The Way of the Future“ stand, wurden marginalisierte Kinder definiert als Kinder, die wegen ihres Geschlechts, ihrer Rasse, Nationalität, Sprache, wegen einer Behinderung, Krankheit wie HIV/AIDS, wegen Analphabetismus, wegen Armut, Flucht, Kinderarbeit, Wohnungslosigkeit, Nomadenlebens und anderem von sozialer Exklusion betroffen oder bedroht sind. Alle Kinder haben nach dem Willen der UNESCO das gleiche Recht auf die gleiche Bildung und zwar überall auf der Welt.

Deutschland ist nun einmal eingebunden in den internationalen Rechtsrahmen von UN-Deklarationen und -Konventionen. Seit der Erklärung der Menschenrechte im Jahre 1948 hat sich einiges getan. 1994 wurde im spanischen Salamanca die „Salamanca Erklärung zu Prinzipien, Politik und Praxis in der sonderpädagogischen Förderung“ verabschiedet und das Konzept der inklusiven Bildung und Pädagogik zum ersten Mal erwähnt und konzipiert. Die jüngste Konvention aus dem Jahre 2006 über die Rechte der Menschen mit Behinderung und die Weltbildungsministerkonferenz der UNESCO aus dem Jahre 2008 fordern alle Mitgliedstaaten auf, ihre Bildungssysteme inklusiv zu gestalten. In Deutschland sieht die Realität so aus, dass nur etwa 10 bis 20 % der Kinder mit Behinderungen und Schüler mit sonderpädagogischem Förderbedarf die allgemeinen Bildungseinrichtungen besuchen, alle anderen Kinder und Schüler besuchen die Förderschulen. Im europäischen Ausland ist das Verhältnis im Durchschnitt genau umgekehrt: 85 % der behinderten Kinder und Jugendlichen besuchen inklusive Bildungseinrichtungen, d. h. die Regel-Bildungseinrichtungen, und nur 15 % werden in speziellen Bildungseinrichtungen wie Förderschulen unterrichtet.

Hier haben wir sowohl im vorschulischen als auch im schulischen Bereich einen erheblichen Nachholbedarf in der Forschung, in der Wissenschaft und in der alltäglichen Integration von behinderten Kindern und Jugendlichen. Hier werden zurzeit in der Bildungspolitik große Anstrengungen unternommen, um die Diskussion zu versachlichen und um für die einzelnen Bundesländer vertretbare und bezahlbare Konzepte zu entwerfen.

Fazit

Seit den PISA-Ergebnissen aus dem Jahre 2001 befindet sich das deutsche Bildungssystem stark in der gesellschaftlichen und wissenschaftlichen Diskussion, wobei schwerpunktmäßig der Elementarbereich (Krippe und Kindergarten) und der Primarbereich (Grundschule) im Blickpunkt des Interesses stehen. In der Allgemeinen Erklärung der Menschenrechte der Vereinten Nationen

(AEMR) von 1948 wird im Artikel 26 das Recht auf Bildung als Menschenrecht deklariert. Damit wird auch erklärt, dass Bildung allen Menschen gleichermaßen offen stehen muss und dass das Recht auf Bildung das Recht auf eine eigene Sprache beinhaltet. In der aktuellen Bildungspolitik der Bundesrepublik Deutschland haben wir es mit einem tiefgreifenden Wandel im Denken und ansatzweise bereits im Handeln zu tun. Wir sprechen von einem Paradigmenwechsel, weil u. a. die einzelnen Bundesländer nationale Bildungsstandards und den Begriff der Kompetenzen eingeführt haben. Damit ist im gesamten Bildungssystem der Bundesrepublik Deutschland eine wichtige Reform eingeleitet worden, die zu weiteren strukturellen, inhaltlichen und konzeptionellen Reformen führen wird. Die Bundesregierung und die einzelnen Bundesländer haben die Bedeutung der Bildung allgemein und der frühen Bildung speziell erkannt und dabei die frühe Sprachförderung für deutsche und zugewanderte Kinder in den Fokus gerückt. Die Nationalen Bildungsberichte und die Nationalen Integrationspläne unterstreichen diese Reformbestrebungen.

Darüber hinaus werden die Begriffe Inklusion, inklusive Bildung und inklusive Pädagogik in der Bildungspolitik zurzeit diskutiert und es werden Überlegungen angestellt, die Inklusion Schritt für Schritt, aber dennoch zügig in der Praxis umzusetzen. Dies hat auch Konsequenzen für die Gestaltung der individuellen Sprachförderung, weil im Rahmen der inklusiven Pädagogik lernbehinderte und/oder sprachbehinderte Kinder in den Regeleinrichtungen unterrichtet und gefördert werden sollen.

Schlüsselbegriffe

Paradigmenwechsel, Nationaler Bildungsbericht, Nationaler Integrationsplan, Kinder mit Migrationshintergrund, Integration, Inklusion, Heterogenität, Vielfalt, UN-Charta, Menschenrechte, Recht auf Bildung und Sprache, AEMR

Fragestellungen

- Was versteht man unter einem Paradigmenwechsel – alter Wein in neuen Schläuchen? Welche Reformen sind strukturell und inhaltlich-konzeptionell dringend notwendig?
- Wie sieht die bildungspolitische Leitlinie der Bundesregierung zur Sprachförderung aus?
- Wie kann die weltweit geforderte Inklusion auch in Deutschland umgesetzt werden?
- Bietet die bisher praktizierte Form der Integration die Möglichkeit der Weiterentwicklung der inklusiven Pädagogik?

Querverbindungen in diesem Buch

vgl. hierzu auch Kapitel 1.2 und 3.1

Weiterführende Literatur

Berlin-Institut für Bevölkerung und Entwicklung (2009): Ungenutzte Potenziale. Zur Lage der Integration in Deutschland. Köln: Kopp.

Deutscher Bundestag, Drucksache 16/11498 (2008): Antwort der Bundesregierung auf die Kleine Anfrage der FDP-Abgeordneten – Drucksache 16/11264. Sprachförderung von Kindern, 1–11.

Hinz, A. (2009): Inklusion als massive Herausforderung für das selektive deutsche Bildungswesen. In: GGG Journal, 2, 3–6.

Saas, W. (2009): Das Recht aller Kinder auf Bildung. In: Ministerium für Bildung und Frauen des Landes Schleswig-Holstein (Hrsg.): Schule Aktuell. Besser zusammen. Jahr der inklusiven Bildung. Kiel: Schmidt und Klaunig, 6–8.

1.2

Bedeutung der Theorie

Praktiker in den Einrichtungen üben immer wieder Kritik an der Wissenschaft, der pädagogischen Forschung und der Theorie. Es gibt immer wieder große Enttäuschungen über den Nutzen und den Wert der Theorie. Das Theorie-Praxis-Problem ist uralt und bis dato nicht gelöst worden. Das Theoriewissen wird in der Ausbildung der Pädagogen (Erzieherinnen, Kinderpflegerinnen, Lehrerinnen) vermittelt, teilweise etwas dürftig und spärlich; dieses theoretische Wissen wird in der Praxis des Alltags jedoch nicht immer konsequent und systematisch herangezogen und genutzt. Wir sollten uns mit dem theoretischen Hintergrundwissen der Sprachförderung insbesondere auch deshalb beschäftigen, weil wir es hier mit einem deutlich interdisziplinären Handlungsfeld zu tun haben. Wir brauchen die Erkenntnisse aus den Wissenschaften der Pädagogik, der Psychologie, der Medizin, der Biologie, der Linguistik und vor allem neuerdings der Soziologie wie in keinem zweiten Handlungsfeld.

Unter einer Theorie verstehen wir vorliegendes Wissen zu einem bestimmten Gegenstand – hier Sprache –, das sich durch drei Merkmale auszeichnet:

1. Die gemachten Aussagen als widerspruchsfreie Sätze zu einem Gegenstand sollten in einem Erklärungszusammenhang stehen.

2. Die Aussagen in Form von Sätzen sollten rational nachvollziehbar und empirisch überprüfbar sein.
3. Sie sollten sich dazu eignen, in der praktischen Arbeit mit den Kindern und Schülern verallgemeinernde Aussagen treffen zu können.

Die Glaubwürdigkeit und Plausibilität einer Theorie hängt auch davon ab, ob sie der Praxis Orientierung bieten kann oder nicht (vgl. Eberhard 1987, 15).

Dieses Kapitel soll erklären, warum es sich lohnt, sich für die Theorie bzw. theoretische Erkenntnisse zu interessieren und diese als Gewinn für die tägliche Arbeit in den Bildungseinrichtungen zu betrachten.

1.2.1 Zentrale Fragestellungen

Der englische Philosoph Karl Raimund Popper hat bei dem Versuch, den Begriff der Theorie zu definieren, folgende Metapher benutzt: „Die Theorie ist ein Netz, das wir auswerfen, um die Wirklichkeit zu erhaschen." Wir brauchen theoretisches Wissen über den Gegenstand der Sprachförderung und fundiertes Fachwissen über die Kinder und ihre Entwicklung. So sollten wir in der Praxis u. a. den folgenden Fragen nachgehen:

Wie verläuft die kindliche Entwicklung allgemein? Wie lernen die Kinder normalerweise sprechen? Was leistet das Gehirn beim Spracherwerb? Welche Rolle spielt der Einfluss der Eltern auf die Sprachentwicklung? Welche Rahmenbedingungen braucht das Kind, um die Sprache zu erlernen?

Wir kennen die wichtigsten Etappen der Sprachentwicklung und die wichtigsten Theorien des Spracherwerbs in den Wissenschaften der Pädagogik der frühen Kindheit, der Psychologie, der HNO-Medizin, der Hirnforschung und der Soziologie. Wir schauen daher bei jedem einzelnen Kind genau hin und fragen uns, welche Bedingungen vorhanden sind und welche nicht. Daraus können wir Folgerungen für die praktische Arbeit ableiten, d. h. wir können unsere inhaltlichen Angebote und Anregungen dementsprechend planen.

Die Theorie übernimmt in dieser Phase die Aufgabe einer Brille, mit der wir auf das Kind und sein spezifisches Problem in der Wirklichkeit schauen. Theorie ist eine Art der „Draufsicht". Zunächst geht es um die subjektive Beobachtung und Einschätzung des jeweiligen Falles, also um das Verstehen des Kindes in seiner individuellen Situation, und um pädagogische Möglichkeiten des Eingreifens und Helfens. Damit wird die Theorie zur Grundlage der Beobachtung und Diagnostik sowie der Planung, Durchführung, Reflexion und Überprüfung der durchgeführten Sprachförderung. Aus der Perspektive der Theorie gibt es drei zentrale Leitfragenkomplexe, die unser pädagogisches Handeln steuern und kontrollieren:

Komplex 1:
Wie spricht das Kind? Welche Wörter und Sätze benutzt es?
Wie spricht das Kind in der Einrichtung, mit anderen Kindern oder zu Hause mit den Eltern? Welche Sprache ist bei zugewanderten Kindern dominant – die Muttersprache als Familiensprache oder Deutsch als Zweitsprache? Wechselt das Kind beim täglichen Sprechen zwischen der Muttersprache als Sprache in der Familie und der Zweitsprache Deutsch als notwendiger Verkehrssprache im Kindergarten? Diese Leitfragen konzentrieren sich auf die faktischen Gegebenheiten, die Merkmale und Eigenschaften der Sprache des Kindes.

Komplex 2:
Warum gebraucht das Kind diese Sprache?
Warum hat das Kind gerade diese Probleme mit der Sprache und dem Sprechen? Wie sieht das Bedingungsgefüge aus, welche sozialen und emotionalen Erschwernisse, Probleme auch organischer Art oder gar Störungen sind bei dem Kind zu erkennen? Wie sprechen die primären Bezugspersonen des Kindes: Gibt es Interesse an Bildung allgemein und an der Arbeit des Kindergartens und haben die Eltern Zeit, sich mit ihrem Kind zu beschäftigen? Diese Leitfragen beschäftigen sich mit den Bedingungen des Spracherwerbs und möglichen Ursachen für die gezeigte Sprache des Kindes.

Komplex 3:
Was kann man tun, um die Sprache und das Sprechen des Kindes zu verbessern?
Wie kann das Problem der Sprache und des Sprechens bei dem betroffenen Kind in seiner jetzigen Situation angegangen und verändert werden? Gibt es konkrete Überlegungen zur Sprachförderung in der Einrichtung, gibt es Möglichkeiten der Unterstützung durch die Eltern und Hinweise für das weitere Vorgehen in der Familie? Suchen wir eine Logopädin zur weiteren Unterstützung auf oder kann die Erzieherin die Sprachförderung selbst bewältigen? Welche Art der Sprachförderung wird hier vorgeschlagen: eine psychomotorisch geprägte, eine wahrnehmungszentrierte oder eine rein spielorientierte Förderung? Diese Leitfragen befassen sich mit den Möglichkeiten der Sprachförderung und der Umsetzung in der praktischen Arbeit vor Ort, also um konkrete Überlegungen in der Intervention.

1.2.2 Theorien verschiedenen Grades

Eine weitere sinnvolle Untergliederung der Theorie für die praktische Arbeit liefert uns die Aufgliederung von Erich Weniger, der drei Grade bzw. Unterteilungen der Theorie nennt:

Theorie der Eltern:
Weniger spricht hier von der Theorie ersten Grades und meint damit die subjektive Theorie: Darunter versteht er die Erziehungsvorstellungen (Erwartungen, Wünsche, Werte, Normen, Rollen) der Eltern bzw. der Sorgeberechtigten in der Familie oder der Lebensgemeinschaft, unter denen das Kind aufwächst. Diese Vorstellungen entwickeln sich auf Grund der Erfahrungen im Zusammenhang mit Unterricht und Schule, die die Eltern in der eigenen Kindheit und Erziehung gemacht haben. Sie sind daher sehr persönlich und subjektiv geprägt und meist nicht kritisch reflektiert: „Streng dich an, melde dich und sprich schön laut und deutlich!"

Theorie der pädagogischen Fachkräfte
Diese Theorie wird von Weniger als Theorie zweiten Grades bezeichnet, und er versteht darunter die Theorie der pädagogischen Fach- und Lehrkräfte in den Bildungseinrichtungen, also das konkrete und praktische Handeln des Pädagogen, die durchgeführte Sprachförderung bzw. den Unterricht. Diese Förderung basiert auf den persönlichen Erfahrungen des Pädagogen aus seiner eigenen Schulzeit, aber auch aus den Erfahrungen aus dem Studium und der weiteren Ausbildung einerseits und der nach und nach in der praktischen Arbeit entwickelten pädagogischen „Trickkiste" andererseits. Aus dieser werden methodische „Tricks", erprobte Strategien, hervorgeholt, um schwierige Situationen in der Förderung oder während des Unterrichts zu meistern, wie z. B. „Wiederhol' das Wort noch einmal!" oder „Sprich in einem ganzen Satz!"

Theorie der Wissenschaftler und Forscher
Weniger bezeichnet diese Theorie als Theorie dritten Grades und meint damit die aufgestellten Vermutungen, Spekulationen und Hypothesen des Wissenschaftlers, die sich auf wissenschaftliche Aussagen, auf empirische Befunde und auf bereits durchgeführte Untersuchungen zur Kommunikation und Sprache mit den Kindern stützen. Diese wissenschaftlichen Aussagen werden als Kernsätze und Axiome formuliert und sollen in sich logisch, plausibel, intersubjektiv überprüfbar und wiederholbar sein. Die Erzieherin sollte dieses theoretische Wissen nutzen, um das eigene Handeln besser planen, reflektieren und überprüfen zu können. Hier können beispielhaft die

grundlegenden Gesetze der zwischenmenschlichen Kommunikation von Watzlawick/Beavon & Jackson (1969) genannt werden wie z. B. „Man kann nicht *nicht* kommunizieren“ oder „Wahr ist nicht, was die Erzieherin sagt, sondern was das Kind versteht“ oder „Jede sprachliche Äußerung hat einen Inhaltsaspekt und einen Beziehungsaspekt“.

Die individuelle Sprachförderung kann sich zurzeit noch nicht auf eine einheitliche und in sich geschlossene Theorie stützen. Sie ist vielmehr darauf angewiesen, einzelne theoretische Bausteine aus den verschiedenen Wissenschaften zu kennen und diese zu einem Gesamtbild – einer Gesamttheorie – zusammenfügen. Auch darin müssen die pädagogischen Fachkräfte geschult und ausgebildet werden.

Hier ein Beispiel aus der Hirnforschung
Die Diskussion um die Entwicklung und Akzeptanz von Theorien wurde maßgeblich geprägt durch die theoretische Vorstellung innerhalb der Neurobiologie. So wurde in den sechziger Jahren des 20. Jahrhunderts die Lokalisationstheorie – gestützt auf die Forschungen des französischen Arztes Paul Broca und des deutschen Arztes Carl Wernicke in der Mitte des 19. Jahrhunderts – zur allgemeinen Theorie und zum Dogma hochstilisiert. Die Lokalisationstheorie ging davon aus, dass jede Gehirnfunktion von einem Areal des Gehirns und nur von diesem übernommen wird, quasi nach dem Schema: „eine Funktion, ein Ort“. Nach und nach kamen Zweifel an dieser Theorie auf. Der Gedanke der Neuroplastizität des Gehirns setzte sich mehr und mehr durch. Begünstigt durch die Theorie der „Dynamischen Lokalisation“ des russischen Sprachpsychologen und Neurologen Luria setzte hier eine Trendwende in der Wissenschaft ein. So beschäftigte sich auch der amerikanische Arzt und Gehirnforscher Bach-y-Rita in den letzten vierzig Jahren mit der Plastizität des menschlichen Gehirns und stellte die Lokalisationstheorie immer mehr in Frage. Die Entdeckung der Neuroplastizität des menschlichen Gehirns ist wohl die für die Sprachförderung wichtigste Entdeckung unserer Zeit. Damit eröffnen sich für kranke, behinderte und sprachgestörte Menschen neue Möglichkeiten der Heilung. Auf diesen Sachverhalt haben auch die zahlreichen Veröffentlichungen des Deutschen Bildungsrates und die Gutachten und Studien der Bildungskommission in den siebziger Jahren hingewiesen, wie z. B. die Empfehlungen der Bildungskommission „Zur pädagogischen Förderung behinderter und von Behinderung bedrohter Kinder und Jugendlicher“ aus dem Jahre 1976. Die theoretischen Erkenntnisse der siebziger und achtziger Jahren des vergangenen Jahrhunderts liegen nicht so weit weg von den heutigen Erkenntnissen der modernen Hirnforschung. Das

menschliche Gehirn ist keine unveränderbare „Hardware", sondern in der Lage, sich bei veränderten Bedingungen umzustrukturieren und anzupassen – viel stärker, als wir dies bisher dachten (vgl. Doidge 2008). Heute wie bereits in den sechziger Jahren des 20. Jahrhunderts stützen wir die These, dass der Mensch ein Produkt aus Genetik und Umwelt ist, allerdings mit dem Unterschied, dass die Kindheit eine eigenständige und sehr wichtige Lebensphase darstellt und dass das aktive und kompetente Kind an seiner Umwelt Anteil nimmt und auf sie einwirkt. Das Kind gestaltet seine Entwicklungs- und Bildungsprozesse mit der Unterstützung von Bezugspersonen (Eltern, Erzieherinnen) selbst und erweitert sein Wissen durch eigenes Handeln und Tun. Das Kind ist ein soziales Wesen und entwickelt sich im Rahmen von sozialen Beziehungsstrukturen in einem ko-konstruktiven Prozess zu einer eigenverantwortlichen und gemeinschaftsfähigen Persönlichkeit. Spracherwerb ist weitgehend ein sozialer Prozess.

Fazit

Für die praktische Arbeit innerhalb der individuellen Sprachförderung sind wir auf vorhandene theoretische Erkenntnisse und aktuelle Forschungsergebnisse aus verschiedenen Wissenschaften angewiesen. Dabei geht es um die Bedeutung der Theorie für die tägliche Arbeit in der Praxis des Kindergarten und der Schule. Die Theorie ist gleichermaßen unsere Brille, durch die wir auf die Wirklichkeit schauen. Die vorliegenden Erkenntnisse der Wissenschaft und Theorie steuern unsere didaktischen Planungen, unsere methodischen Vorhaben, unsere diagnostischen Überlegungen und die eigentliche praktische Arbeit vor Ort. Dieses Wissen hilft uns aber auch, die Wirksamkeit der pädagogischen Arbeit zu überprüfen, Korrekturen und Modifikationen vorzunehmen, wenn wir feststellen, dass wir pädagogisch „auf der Stelle treten" und in der individuellen Sprachförderung mit den Kindern nicht so recht vorankommen.

Schlüsselbegriffe

Theorie als Begriff, Theorien verschiedenen Grades, Sprachentwicklung, aktuelle Erkenntnisse, Fachwissen, Beispiel Hirnforschung, Gesetze der Kommunikation

Fragestellungen

- Was kann und soll eine Theorie leisten?
- Gibt es Unterschiede in der theoretischen Auffassung von Sprache und Sprachförderung zwischen den Eltern, Pädagogen und Wissenschaftlern?
- Welche Grundgesetze der Kommunikation haben die drei Wissenschaftler Watzlawick, Beavon und Jackson formuliert?
- Welche Bedeutung haben diese Axiome für die individuelle Sprachförderung?

Querverbindungen in diesem Buch

vgl. hierzu auch Kapitel 1.1, 1.3, 1.5, 1.6 und 1.7

Weiterführende Literatur

Watzlawick, P./Beavon, J. H. & Jackson, D. D. (1969): Menschliche Kommunikation. Formen, Störungen, Paradoxien. Bern, Stuttgart, Toronto: Huber.

Weniger, E. (1930/1952): Didaktik als Bildungslehre. Weinheim: Beltz.

1.3 Bezugswissenschaften

Die Sprachförderung ist aufgrund der Tatsache, dass sie es vorrangig mit dem System der Sprache und dem Vorgang des Sprechens zu tun hat, ein ausgesprochen interdisziplinäres Handlungsfeld, weil sowohl die kindlichen Anlagen als auch die Umweltbedingungen hier eine Rolle spielen und Wechselwirkungsprozesse vorliegen.

1.3.1 Zugänge zur individuellen Sprachförderung

Wenn wir die Pädagogik bzw. die Erziehungswissenschaft auffordern, Fragen zur Sprache und Sprachförderung zu beantworten, dann kennen wir vier Zugangsweisen:

Der historische Zugang
d. h. wir befragen die Geschichte der Menschheit und der Pädagogik nach der Entwicklung der Sprache und der historischen Entwicklung der Sprachförderung, angefangen von der Körpersprache als der Ursprache der Menschheit, über die Entwicklungsverläufe der gesprochenen Sprache, über die Erfindung des Buchdrucks hin zur geschriebenen Sprache, also der Fibel und

dem Buch im Mittelalter, bis hin zum Computer, zur Digitalisierung und dem Zeitalter der neuen Medien. Die Informationsverarbeitung hat an Schnelligkeit zugenommen, so dass heute bereits von der Sintflut der Informationen gesprochen wird, die unsere Kinder teilweise völlig überfordert.

Der systematische Zugang
d.h. wir untersuchen das bisher vorhandene Wissen, die Erkenntnisse und die gesamte Bandbreite der Studien und versuchen eine gewisse Ordnung, Struktur und Systematik hineinzubringen. Auf der Grundlage dieser Daten können wir dann geeignete didaktische Konzeptionen ableiten und entsprechende methodische Instrumente zur konkreten Umsetzung innerhalb der Sprachförderung entwickeln. Wir brauchen hier einen tauglichen „Handwerkskoffer" für die tägliche Diagnostik und Praxis der konkreten Sprachförderung.

Der vergleichende Zugang
d.h. wir vergleichen die Konzepte, Programme und Ergebnisse zwischen einzelnen Bundesländern. Hier stellen wir teilweise große Unterschiede fest, wenn es beispielsweise um die Fragestellung der Sprachstandsfeststellungen geht. Es gibt Bundesländer wie Nordrhein-Westfalen, die für alle vierjährigen Kinder verpflichtende Test eingeführt haben, aber auch Bundesländer, die die Überprüfung der Sprache den Vorsorgeuntersuchungen oder anderen Fachdiensten und Experten wie Logopäden überlassen. Wir sollten aber auch über den Tellerrand hinausblicken und uns vor Augen führen, wie andere europäische und außereuropäische Staaten mit dem Problem der Sprachförderung insbesondere bei zugewanderten Kindern umgehen.

Der empirische Zugang
d.h. wir beobachten die soziale Wirklichkeit, die Umstände und Lebensbedingungen, unter denen heutzutage Kinder und ihre Familien leben und aufwachsen. Es geht um die sozialen Verhältnisse, die Schichtzugehörigkeit, die Ausbildung und das Einkommen der Eltern, die materiellen und finanziellen Möglichkeiten der Familie, die maßgeblich an der Entwicklung der Kinder beteiligt sind. Wir schauen uns den Alltag der Sprachförderung in den Kindergärten und Schulen an und versuchen, über Studien und Forschungsprojekte neue Erkenntnisse zu ermitteln. Wir wollen über die Empirie die Bedingungen und die Gestaltungsmöglichkeiten der Sprachförderung konkret und nachhaltig verändern.

Die Auseinandersetzung mit den Zielen, Inhalten, Methoden und der Organisation der individuellen Sprachförderung beschäftigt seit vielen Jahren viele pädagogische Fachkräfte in Wissenschaft, Forschung und in der Praxis und dennoch sind wir bisher zu keinem zufriedenstellenden Ergebnis gekommen. Wir sollten uns hier weiter um Klarheit, Präzision und Schärfe bemühen und klare Strukturen im pädagogisch-psychologischen Denken erzielen. Bei der Auseinandersetzung mit der individuellen Sprachförderung sollten nachfolgend genannte Wissenschaften bzw. Wissenschaftsdisziplinen zur weiteren Erhellung der Problematik herangezogen werden.

1.3.2 Erkenntnisse aus den Wissenschaften

Die Sprachförderung ist als interdisziplinäres Handlungsfeld in hohem Umfang auf die Erkenntnisse und das Wissen einzelner Wissenschaftsdisziplinen angewiesen.

Spracherwerbsforschung

Wir können zunächst an den bisher bekannten vier Hauptpositionen der Spracherwerbstheorie festhalten: dem nativistischen, dem lerntheoretischen, dem kognitivistischen und dem interaktionistischen Ansatz (vgl. Volmert 2000, 210). Während der nativistische Ansatz von der angeborenen Fähigkeit zur menschlichen Sprache ausgeht (vgl. Chomsky 1969 und Lenneberg 1972), stützt sich das lerntheoretische Modell auf die kindliche Nachahmung (Imitation) beim Sprachlernen (vgl. Skinner 1957). Kognitivistische Ansätze favorisieren eine enge Verzahnung der Sprache mit dem Denken, d.h. hier wird die Auffassung vertreten, dass sich die Entwicklung der Sprache einerseits auf kognitive Strukturen stützt und andererseits die Entwicklung der Denkstrukturen die Sprachentwicklung braucht (vgl. Piaget 1980). Interaktionistische Ansätze gehen von der These aus, dass sich die Sprache in der Interaktion zwischen den primären Bezugspersonen (Eltern und Geschwister) und dem Kind vollzieht (vgl. Bruner 1987). Szagun (1993) hat die genannten vier Grundmodelle sehr gründlich analysiert und kritische Punkte aufgezeigt.

Die Spracherwerbsforschung weist darauf hin, dass sich die Entwicklung der kindlichen Sprache in den ersten sechs Lebensjahren sehr rasch, intensiv und prägend für den weiteren Bildungsverlauf vollzieht. Dabei spielen die genetischen Dispositionen und die Anregungen aus dem direkten Umfeld des Kindes eine besonders wichtige Rolle. Die Sprachentwicklung durchläuft mehrere Sprachentwicklungsbereiche und verläuft nach bestimmten Gesetzmäßigkeiten. Dies betrifft z. B. die Entwicklung des Sprachverstehens, des Wortschatzes und der Laute. Die Spracherwerbsforschung trifft auch Aussagen darüber, welche sprachlichen Kenntnisse und Strukturen bei durchschnittlich entwickelten Kindern in einem bestimmten Alter vorliegen sollten, wie z. B. im ersten Lebensjahr die ersten Wörter, im vierten Lebensjahr die ersten Sätze oder im sechsten Lebensjahr das freie Sprechen und Erzählen. Wir brauchen das Wissen der Spracherwerbsforschung für die Diagnostik und die Gestaltung der individuellen Sprachförderung. Wir wissen z. B., dass die einzelnen Sprachentwicklungsbereiche in einem sehr engen Verhältnis zueinander stehen und auf andere Entwicklungsbereiche wie Motorik, Kognition, Emotion, Wahrnehmung und Sozialverhalten ausstrahlen. Die Spracherwerbsforschung macht aber auch deutlich, welch wichtige Rolle das sprachliche Umfeld bzw. die soziale Schicht für die Sprachentwicklung des Kindes spielt. Wir sprechen heute von bildungsnahen und bildungsfernen Schichten und wir müssen registrieren, dass viele Kinder mit Sprachproblemen aus bildungsfernen Schichten kommen.

Neurobiologie

Die Neurobiologie und Neurophysiologie erforschen das menschliche Gehirn, seine Arbeitsweise und Leistungsmöglichkeiten in den unterschiedlichsten Situationen des Alltags. Dabei geht es um das soziale und emotionale Lernen von Sprache und um das nachhaltige Abspeichern und Behalten sprachlicher Strukturen und Inhalte. Wir können davon ausgehen, dass sich das menschliche Gehirn in Abhängigkeit von den Anregungen seiner Umwelt und der Qualität des Interaktionsgeschehens zwischen Kind und Erwachsenen ausdifferenziert und entwickelt. Bildung und Sprachförderung sind soziale Prozesse, in denen Kind und Erwachsener zu Sinnkonstrukteuren ihrer Umwelt werden. Im Gehirn des Menschen werden Sprache und Sprechen aufgenommen, verarbeitet, produziert, gesteuert und gespeichert. Das Gehirn ist die zentrale Verarbeitungsmaschine von Sinneseindrücken. Hier hat uns die moderne Hirnforschung in den letzten Jahren zahlreiche Hinweise zum besseren Verstehen und zur Transparenz der Lernvorgänge von Sprache und Sprechen geliefert. Der Einfluss der frühen emotionalen und sozialen Bindung auf die menschliche Sprache wurde wieder einmal hervorgehoben. So weist der Göttinger Neurobiologe Hüther darauf hin, dass bei Kindern im Alter zwischen drei und sechs Jahren psychosoziale Faktoren die Entwicklung des Gehirns beeinflussen. Angst, Stress und fehlende emotionale Bindungen wirken sich negativ auf die heranwachsende Persönlichkeit des

Kindes aus. Frühe emotionale und soziale Erfahrungen haben nachhaltigen Einfluss auf die positive Entwicklung des Gehirns.

Psychologie

Die Psychologie beschäftigt sich u. a. mit der Sprachentwicklung, dem Spracherwerb und den zentralen Lernprozessen, die uns Aufschluss geben über das Verstehen des Gesagten und darüber, warum manche Sprachlernprozesse nicht so ablaufen, wie wir das erwarten. Neuere entwicklungspsychologische Erkenntnisse weisen darauf hin, dass Kinder ihre Entwicklung in wechselseitigen Anpassungsprozessen mit der Umwelt selbst vorantreiben und nicht passiv über sich ergehen lassen. Kinder sind von Anfang an neugierig, stellen Fragen, wollen etwas lernen, sind Experten ihrer eigenen Entwicklung und kompetente Gesprächspartner im pädagogischen Alltag (vgl. Beauftragte der Bundesregierung für Ausländerfragen 2000, 21). Kinder lernen sehr schnell und sehr viel in kurzer Zeit. Der Spracherwerb in den ersten drei Lebensjahren ist hierfür ein Paradebeispiel.

In der modernen kognitiven Lernpsychologie erleben wir eine Wende hin zum verstehenden Lernen; Spitzer (2003) spricht sogar von der Verstehenspsychologie. Dieses Konzept konzentriert sich auf die Suche nach dem Sinn und der Bedeutung des Gesagten und auf die aktiven geistigen Prozesse des Verstehens. Von daher stehen die symbolischen Aktivitäten wie z. B. Sprechen und Schreiben im Mittelpunkt dieser Überlegungen. Mit diesen Fähigkeiten konstruieren die Kinder Deutungen und liefern Interpretationen, um der Welt und sich selbst einen Sinn zu geben (vgl. Günther 2006, 27). Neben der Verstehenspsychologie spielt der Symbolische Interaktionismus für die Sprachförderung eine tragende Rolle. Das Kind lebt nicht nur in einer natürlichen Welt, es lebt auch in einer symbolischen Umwelt und muss in dieser symbolischen Welt viele neue sprachliche Symbole wie Wörter, deren Bedeutungen und sprachliche Äußerungen (Form, Inhalt und Gebrauch) kennen lernen. Die aktive Teilnahme und Teilhabe des Kindes an seiner Welt und Kultur setzt kognitive und sprachliche Fähigkeiten voraus.

Linguistik

Die Linguistik – Synonymbegriff ist die Sprachwissenschaft – beschäftigt sich mit der Sprache als System von Zeichen. Dabei werden die grammatische Form (Grammatik), die Übertragung von Gedanken und Inhalten in Sätze (Semantik) und der Gebrauch der Sprache in Form einer sprachlichen Gestalt (Pragmatik) in den Mittelpunkt gerückt. Innerhalb der Linguistik hat die Soziolinguistik hier eine neue Herausforderung zu bewältigen, indem sie sich stärker mit Zusammenhang von sozialer Schicht und Sprache beschäftigt.

Soziologie

Die Soziologie konzentriert sich auf die Beschreibung und Definition verschiedener sozialer Schichten und deren Aufgabe und Funktion innerhalb der Gesellschaft. Dabei spielen die Sprache, die Kultur, die Herkunft und die Religionszugehörigkeit eine entscheidende Rolle. Der Mensch als soziales Wesen ist auf die sozialen Beziehungen und Interaktionen existenziell angewiesen. Sprache entsteht nur im Dialog, nur in der Auseinandersetzung mit anderen Menschen. Von daher gehört das soziale Lernen unbedingt zur individuellen Sprachförderung im Elementar- und Primarbereich. Hier dominiert in der heutigen Diskussion der interaktionistische Ansatz in Verbindung mit der Theorie der Ko-Konstruktionen. Das Kind steht im Mittelpunkt der Bildungsprozesse und bei der Aneignung der Welt spielen insbesondere soziale und vom Kind ausgehende erforschende Vorgänge eine zentrale Rolle beim Erwerb der Sprache.

In der Wissenschaft der letzten Jahre haben wir im Zuge des Übergangs zur Wissensgesellschaft einen Paradigmenwechsel erlebt. Die Bedeutung der ersten Lebensjahre für die Entwicklung der Sprache und des Sprechens sind eindeutig von der Pädagogik der frühen Kindheit, der Psychologie, insbesondere der Lernpsychologie, der Soziologie, der Neurobiologie und der Hirnforschung nachgewiesen und immer wieder bestätigt worden. Im Mittelpunkt steht das von Geburt an kompetente Kind mit seinen Problemen und Bedürfnissen, aber auch mit seinen vielfältigen Chancen und Möglichkeiten.

Hierzu brauchen wir Hilfestellungen aus den bereits genannten Wissenschaften, die einmünden in die zentrale Bezugswissenschaft Pädagogik und insbesondere in die Pädagogik der frühen Kindheit.

1.3.3 Pädagogik der frühen Kindheit

Die wichtigste Bezugswissenschaft der individuellen Sprachförderung ist die Pädagogik allgemein und die Pädagogik der frühen Kindheit speziell, weil Sprachförderung primär und genuin ein pädagogischer Akt ist. In der Elementarpädagogik stand in Deutschland zu lange der Betreuungsaspekt im Blickpunkt. Die neue Pädagogik sieht dagegen die frühe Bildung, das individuelle, soziale Lernen, die erzieherischen Einwirkungen und die ausgewogene emotionale und soziale Betreuung im Sinne eines pädagogischen Arrangements im Fokus der Betrachtung.

Dabei ist der soziale Konstruktivismus zu erwähnen, der davon ausgeht, dass die Welt in jedem Kind neu geschaffen wird. Das lernende Kind konstruiert sein Wissen über die Welt im Umgang mit anderen Personen und auf der Basis des Aushandelns von Bedeutung in effektiven Lernumgebungen. Grundlage für diese Auffassung sind die Arbeiten von Wygotski (1886–1934), nach denen sich die Sprache und das Sprechen aus sozialen Handlungen heraus entwickeln. Zunächst erwirbt das Kind seine Sprache als soziale Kategorie durch die sozialen Handlungen mit anderen Menschen, und erst danach entwickelt sich die Sprache zu einer intrapsychischen Kategorie. Das Kind erwirbt die Sprache und die Fähigkeit zum Sprechen, indem es mit anderen Personen spricht (vgl. Palincsar 1998, 348; Spitzer 2003, 24).

Im Mittelpunkt der pädagogischen Betrachtungen steht das Kind mit seinen Entwicklungsmöglichkeiten und nicht die Einrichtung. Die kindliche Entwicklung ist ein zentraler Begriff; es gibt verschiedene Entwicklungskonzepte und Modelle (vgl. Scheunpflug 2004, 6 f.). Einen ersten Ansatz finden wir bei dem Franzosen Rousseau und dem Schweizer Pestalozzi, deren Entwicklungsmodell sehr stark verknüpft ist mit Reifung und Wachstum. Die Entwicklung des Kindes läuft nach einem Programm ab, bei dem bestimmte Regeln eingehalten werden. Ein anderes Modell wurde durch den amerikanischen Behaviorismus geprägt. Es versteht Entwicklung ausschließlich über Erfahrung und Lernen. Die Vielfalt menschlicher Verhaltensweisen wird in diesem Modell auf die unterschiedlichen gesellschaftlichen Bedingungen zurückgeführt. Das soziale Milieu, die Zugehörigkeit zu einer bestimmten sozialen Schicht, die Familie, die Schule und die Freunde drücken den als „unbeschriebene Blätter“ geborenen Kindern ihren Stempel auf. Nach diesem Modell ist der Mensch beliebig bild- und erziehbar. So sind wir wieder bei der jahrhundertealten Diskussion um den Motor der kindlichen Entwicklung angelangt. Das heute dominierende Entwicklungsmodell betont die Interaktion zwischen Anlage und Umwelt, zwischen den ererbten genetischen Anlagen und den Einflüssen der sozialen Umwelt. Dieses Zusammenspiel von Anlage und Umwelt wird beim Erwerb der Muttersprache sehr deutlich. Kinder kommen mit einem genetischen Potenzial zur Welt, das den Erstspracherwerb steuert. Sprache ist genetisch angelegt. Die Frage allerdings, welche Sprache bzw. Sprachen das Kind lernt, wird durch die individuelle Umwelt beantwortet. Nach einer bestimmten Zeit, meist am Ende der Kindheit, schließt sich das genetische Programm und es wird jetzt sehr schwer, die Muttersprache noch zu erwerben.

Die Entwicklung muss von außen angeregt und entfaltet werden. Hier geht es um die Entwicklung und Entfaltung der kindlichen Kompetenzen wie der personalen Kompetenz, sozialen Kompetenz, lernmethodischen Kompetenz, interkulturellen Kompetenz und der sprachlichen Kompetenz als zentraler Schlüsselkompetenz für die persönliche und berufliche Karriere. Jedes Kind soll mit seinen individuellen Begabungen, Kenntnissen und Fähigkeiten gefördert werden, und zwar unabhängig von seiner sozialen Herkunft und der ökonomischen Situation seiner Familie. Wir müssen die Kinder früh an das Lernen und das Umgehen mit Wissen heranführen, zum Lernen „verführen" und ihnen neue, bisher nicht erlebte Inhalte und Themen insbesondere aus den Bereich Naturwissenschaften, Mathematik, Informatik und Technik präsentieren. Gerade hier hat die individuelle Sprachförderung erhebliche Nachholdefizite, weil durch diese neuen Themen nicht nur Motivationsgrundlagen gelegt werden, sondern auch die Erweiterung des Wortschatzes und die präzise Bildung von Begriffen gefördert werden. Sprachförderung muss sich künftig in einem neuen didaktischen „Kleid" zeigen.

Die frühen Bildungs- und Lernprozesse innerhalb der Sprachförderung beinhalten das Spielen und das Lernen gleichermaßen. Die Sprachförderung soll fehlende Anregungen anbieten und bereits gemachte sprachliche Bildungsangebote aufgreifen und fortführen. Sie soll auch den Übergang vom Kindergarten in die Grundschule erleichtern. In der pädagogischen Arbeit müssen wir in den genannten Einrichtungen stärker als bisher den engen Zusammenhang zwischen der sozialen Schicht und der Sprachentwicklung in den Blick nehmen. Der notwendige und bereits eingeleitete Ausbau der Kleinkindbetreuung und Kleinkinderziehung bei Kindern im Alter zwischen einem und drei Jahren erhält damit einen Bildungsauftrag, der über die Angebote einer „lieben Kindergartentante" oder „guten" Mutter hinausgehen muss. Das soziale Interesse des Neugeborenen ist angeboren und bereits in den ersten Tagen und Wochen spürbar. Dieses Interesse müssen wir früh aufgreifen und weiterentwickeln, weil die Sprache vielfältige Interaktionen und lebendige Kommunikationsversuche braucht. Der Erwerb der Sprache ist ein sozialer Prozess und geschieht weitgehend im Dialog mit anderen. Von daher erhält die individuelle Sprachförderung sehr stark den Charakter einer Gesprächs- bzw. Konversationsförderung, bei der das Sprechen mit anderen im Vordergrund stehen muss.

Wir sollten uns innerhalb der „Pädagogik der frühen Kindheit" mehr als bisher didaktischen Fragestellungen widmen, nicht zuletzt auch deshalb, weil in allen Bundesländern mit den Erziehungs- und Bildungsplänen mittlerweile eine gute Ausgangsbasis vorliegt, um sich mit den Zielsetzungen, den geeigneten Methoden, den wichtigen Inhalten und notwendigen Themen auseinander zu setzen und diese Gedanken in einen umfassenden und bis in die Schule hineinreichenden Bildungs- und Erziehungsplan aufzunehmen. Wir brauchen trotz des deutschen Förderalismus stärker als bisher nationale Bildungs- und Erziehungspläne für Kinder von null bis zehn Jahren als wichtige Voraussetzung für die Sicherstellung der Bildungsqualität im Elementar- und Primarbereich. Wir sollten endlich begreifen, dass die Kinder – gleich welcher Herkunft und Nationalität – die Sprache am besten im persönlichen Gespräch mit primären Bezugspersonen wie der Mutter, dem Vater, der Tagesmutter oder der Erzieherin erwerben und auch behalten. Sprachförderung ist einfacher, als wir annehmen, wir müssen nur alle an dem gleichen „Strang" ziehen und die Sprachförderung nicht zu einer exklusiven Veranstaltung werden lassen: Individuelle Sprachförderung sollte von allen pädagogisch Verantwortlichen Tag für Tag vorgelebt werden. Wir brauchen persönliches Fachwissen und Kompetenzen, Beziehungen zu den Kindern, gesprächsanregende und -fördernde Handlungen im Alltag, gute Sprachvorbilder und ein geeignetes Korrekturverhalten hinsichtlich der Sprache im Umgang mit den Kindern. Kinder wollen von Anfang an im Gespräch ernst genommen werden, Kinder brauchen vor allem aufmerksame Zuhörer. Wir brauchen des Weiteren eine stärkere Zuwendung zum Bilderbuch, zum Märchenbuch, zum Lesebuch, zur Erzählkultur – weniger eine Glorifizierung der neuen elektronischen Medien – sowie eine stärkere Wertschätzung und Achtung von Zwei- und Mehrsprachigkeit. Die produktive Seite der Sprache steht momentan im Rahmen der Sprachförderung eindeutig im Vordergrund. Insgesamt braucht die individuelle Sprachförderung eine Trendwende hin zu den Ebenen der Rezeption (Zuhören, Aufnahme von Sprache und Verstehen von Sprache) und der Reflexion (Nachdenken über das Gesagte, kritisches Hinterfragen und dementsprechendes Einordnen).

In unserer Wissens- und Bildungsgesellschaft des 21. Jahrhunderts geht es nicht nur um die Vermittlung von Formaten, Routinen und Wissen, sondern um die Vorbereitung unserer Kinder auf Kompetenzen. Ebenso benötigen wir Metakompetenzen wie die Entwicklung von Einstellungen und Haltungen gegenüber dem Lernen. Wir müssen die Schätze in der frühen Kindheit sehen und zu Tage fördern, das ist die zentrale Aufgabe der modernen Förderung. Drei Schätze sind von größter Bedeutung: die Begeisterungsfähigkeit, die enorme Lernlust und die unglaubliche Offenheit der Kinder gerade in den ersten sechs Lebensjahren (vgl. Hüther 2009, 16).

Fazit

Die Beschäftigung mit der individuellen Sprachförderung deutet klar darauf hin, dass wir es hier mit einem interdisziplinären Handlungs- und Aufgabenfeld zu tun haben. Die kontroverse Diskussion von Anlage und Umwelt lebt wieder auf. Klare und wissenschaftlich abgesicherte Erkenntnisse, die diesen Dualismus aufdecken, liegen bis heute noch nicht vor. Wir brauchen weiter biologisch-medizinische, pädagogisch-psychologische, linguistische und vor allem stärker als bisher soziologische Erkenntnisse über den dargestellten Zusammenhang.

Schlüsselbegriffe

Zugangsweisen, Spracherwerbsmodelle, Hirnforschung, Biologie, Psychologie, Soziologie, Linguistik, Systemtheorie, Pädagogik der frühen Kindheit als Basis, Entwicklung als zentraler Begriff, Entwicklungsmodelle

Fragestellungen

- Diskutieren Sie die vier Zugangsweisen zur individuellen Sprachförderung und stellen Sie die Bedeutung der einzelnen Zugänge für die konkrete Sprachförderung heraus.
- Wieso bezeichnen wir die moderne Lernpsychologie als Verstehenspsychologie?
- Was versteht man unter dem sozialen Konstruktivismus?
- Welche Hilfestellungen liefern uns die vier Hauptpositionen in der Spracherwerbstheorie für die konkrete Arbeit mit den Kindern?
- Welches Entwicklungsmodell wird heute in der Wissenschaft und Forschung favorisiert?

Querverbindungen in diesem Buch

vgl. hierzu auch Kapitel 1.2, 1.8 und 3.1

Weiterführende Literatur

Palincsar, I. (1990): Learning to learn. A study of Swedish preschool children. New York: Springer.

Spitzer, M. (2003): Entwicklung – Reifung – Pädagogik. Welche Möglichkeiten hat ein Kind? Gehirnforschung und die Schule des Lebens. In: Ministerium für Bildung, Kultur und Wissenschaft (Hrsg.): Frühes Lernen. Bildung im Kindergarten. Saarbrücken: Saarbrücker Druckerei und Verlag, 19–31.

Scheunpflug, A. (2004): Entwicklung – was ist das? Von Reifung, Genen und Umwelt. In: Schüler (Hrsg): Aufwachsen. Die Entwicklung von Kindern und Jugendlichen, 6–9.

Volmert, J. (Hrsg.) (2000): Grundkurs Sprachwissenschaft. Eine Einführung in die Sprachwissenschaft für Lehramtsstudiengänge. München: Wilhelm Fink Verlag.

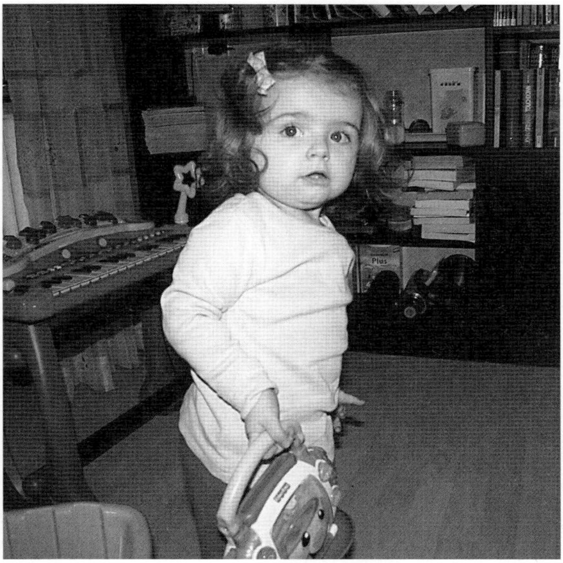

1.4

Einwanderungsland Deutschland

In den letzten beiden Jahrzehnten wird die Bundesrepublik Deutschland durch den Zuzug von Migrantinnen und Migranten sowie Flüchtlingen geprägt, wobei es regional sehr große Unterschiede gibt. Die sozialen Strukturen sind in Bewegung geraten. Wir leben in einer multikulturellen und gleichzeitig auch in einer mehrsprachigen Gesellschaft, wobei sich insbesondere die Unterschicht quantitativ und qualitativ-strukturell erheblich verändert hat. Da die menschliche Sprache, ihr Erwerb und ihre Förderung soziale Prozesse sind, sollten wir uns mit den sozialen Gegebenheiten und den soziologischen Strukturen in der Bundesrepublik Deutschland auseinander setzen. Wir können den sehr engen Zusammenhang zwischen der sozialen Schichtzugehörigkeit und der gesprochenen und geschriebenen Sprache nicht leugnen. Die soziolinguistische Forschung der sechziger und siebziger Jahre des 20. Jahrhunderts (vgl. hierzu u. a. Bernstein 1979; Oevermann 1970) hat uns dieses Problem bereits sehr ausführlich dargelegt. In der Post-PISA-Ära wird dieser Zusammenhang zwischen sozialer Schicht und Bildungserfolg wieder heftig diskutiert.

1.4.1 Kinder mit Migrationshintergrund

Multikulturelle Kindheit war bis in die neunziger Jahre hinein kaum Gegenstand der einschlägigen Forschung. In den letzten Jahren ist das Kind mit Migrationshintergrund für die Forschung und Wissenschaft entdeckt worden. Aus dem Ausländerkind wurde das zugewanderte Kind mit Migrationshintergrund. Hier wurde ein künstliches Konstrukt entwickelt, ein Bild vom Migrantenkind, das nicht immer der Realität entspricht. Die Gegenüberstellung mit dem einheimischen deutschen Kind bringt jedoch nicht viele Vorteile. In der Auseinandersetzung und Gegenüberstellung werden mehr Unterschiede als Gemeinsamkeiten deutlich. Lange Zeit war die Aufteilung in „Ausländer" und „Deutsche" ausreichend, um die Lebenswirklichkeit soziologisch zu beschreiben. Heute sprechen wir aber weniger von Ausländern, sondern fast ausschließlich von Menschen mit Migrationshintergrund; diese Gruppe von Menschen wird auch als Migranten und Zugewanderte bezeichnet, Menschen ohne Migrationshintergrund als Einheimische. Wie statistische Daten zeigen, sind Zugewanderte im Durchschnitt schlechter gebildet und häufiger arbeitslos und nehmen weniger am öffentlichen Leben teil als Einheimische. Besonders auffallend sind die Probleme mit der Sprache und dem Sprechen. Ohne Sprachkompetenz und Bildung ist die Integration der Zugewanderten in unsere Gesellschaft schier unmöglich.

Der Zuzug der Migranten erfolgte nach dem Zweiten Weltkrieg stets in Wellen. Durch die Daten des Mikrozensus aus dem Jahre 2005 können wir die Gruppe der Migranten trotz der Komplexität und Vielschichtigkeit genauer beschreiben und analysieren. Die im Folgenden genannten Migrantengruppen werden hinsichtlich ihrer Größe hierarchisch aufgelistet: Aussiedler als größte Gruppe (4 Mio.), gefolgt von den türkischen Migranten als zweitstärkster Gruppierung (3 Mio.), gefolgt von den Migranten aus den Ländern der EU-25, der Gruppe der Südeuropäer, der Migranten aus dem ehemaligen Jugoslawien, aus dem Fernen Osten, aus dem Nahen Osten und schließlich den Einwanderern aus Afrika als kleinster Gruppe der Migranten. Die Migranten aus der Türkei und aus Afrika haben die meisten Kinder. Deutschland ist ein Einwanderungsland; hier leben 15,6 Mio. Personen mit Migrationshintergrund. Dies entspricht einem Anteil von 19 % an der Gesamtbevölkerung. Darunter befinden sich wiederum 1,12 Mio. Kinder im Alter von bis zu zehn Jahren. Das macht in der Altersgruppe einen Anteil von 31 % aus (vgl. Thiesen 2009, 26 ff.).

Bei der Diskussion um die Bildung und Förderung der zugewanderten Kinder sollten wir den Zeitpunkt der Einwanderung nach Deutschland berücksichtigen. Kinder der so genannten ersten Generation – d. h. die Familien sind in den sechziger, siebziger oder achtziger Jahren nach Deutschland eingewandert – haben mehr Probleme beim Erwerb von Deutsch als Zweitsprache als Kinder der so genannten zweiten Generation, die in Deutschland geboren und aufgewachsen sind.

Neuerdings gewinnt die Thematik der irregulären Migration in Deutschland und in Europa an politischer und gesellschaftlicher Bedeutung. Hier geht es um die Situation von Menschen ohne Papiere; damit sind Menschen gemeint, deren Aufenthalt ausländerrechtlich nicht registriert beziehungsweise nicht dokumentiert ist. Sie besitzen weder eine Aufenthaltsgenehmigung noch eine ausländerrechtliche Duldung. Sie werden auch Illegale oder Illegalisierte genannt (vgl. Deutsches Institut für Menschenrechte 2009, 6). In dem bereits angesprochenen fundamentalen Recht für alle beanspruchen auch diese Migranten Bildung und Sprachförderung. Wir alle sind gefordert, diese Notlagen zu erkennen und zu verbessern, d. h. wir müssen diesen Kindern den Zugang zum Kindergarten und den Schulbesuch ermöglichen.

Die Ergebnisse des Ländermonitors „Frühkindliche Bildungssysteme" der Bertelsmann-Stiftung 2010 haben ganz aktuell noch einmal darauf aufmerksam gemacht, dass immer noch zu wenige Kleinkinder mit Migrationshintergrund eine Kindertageseinrichtung oder eine vergleichbare Bildungs- und Betreuungseinrichtung besuchen; dabei gibt es in Westdeutschland einen höheren Nachholbedarf als in Ostdeutschland. Zwar liegt die Teilhabequote von drei- bis sechsjährigen Kindern bei insgesamt 84 %, doch gibt es zwischen den einzelnen Bundesländern große Unterschiede. Während in Baden-Württemberg 94 % der Kinder eine entsprechende Einrichtung besuchen, sind es in Schleswig-Holstein nur 60 %. Der Besuch und die Teilhabe an den Bildungseinrichtungen hat natürlich sehr gravierende Auswirkungen auf die Förderung der Sprache und des Sprechens, wenn wir an die Auswirkungen der personalen Umwelt und die Bedeutung sprachlicher Vorbilder für den Spracherwerb denken. Wir müssen die Teilhabe und Bildungsbeteiligung aller Kinder mit und ohne Migrationshintergrund im vorschulischen Bereich voranbringen, um die Sprachförderung intensiver gestalten zu können.

1.4.2 Notwendigkeit der Sprachförderung

Die Sprachförderung für alle Kinder und insbesondere für die Kinder mit Migrationshintergrund ist heute zur zentralen Aufgabenstellung von Politik und Bildungseinrichtungen geworden. Für die Bildung und den Schulerfolg der zugewanderten Kinder ist die Sprache besonders wichtig. Für die Anbahnung und Entwicklung von Sprache und Sprechen ist insbesondere die soziale Herkunft von Bedeutung. Wir können davon ausgehen, dass viele Kinder aus Migrantenfamilien am Ende der Kindergartenzeit und noch mehr am Ende der Grundschulzeit große Leistungsunterschiede gegenüber den einheimischen Kindern aufweisen. Entscheidend ist der Hinweis vieler Studien auf die zentrale Rolle der deutschen Sprachkenntnisse für die Kompetenzentwicklung und den Schulerfolg. Daher sollten alle Migrantenkinder sehr früh im Kindergarten sprachlich gefördert werden. Allerdings müssen wir aufpassen, dass wir eine Einengung ausschließlich auf die Sprachförderung vermeiden. Wir müssen die Muttersprache der Kinder ebenso fördern wie die Kompetenz im Bereich von Deutsch als Zweitsprache: Ansonsten laufen wir Gefahr, dass diese Kinder ihre Identität verlieren. Dies hätte verheerende Folgen für die weitere Entwicklung der Kinder. Gerade hier ist die soziale Kompetenz zu nennen, weil ohne die Entwicklung dieser Fähigkeiten die Sprachförderung nicht gelingen wird. Sprache und Bildung sind ausschließlich soziale Prozesse, d. h. wir brauchen den Partner und den Mitmenschen, um diese Fähigkeiten in der zwischenmenschlichen Kommunikation angemessen erwerben zu können. Sprachförderung muss unter dem Siegel der Intersektionalität (vgl. Thiesen 2009, 27) betrachtet werden, d. h. Kategorien wie soziale Herkunft, Geschlecht, Kultur, Generation, Religion und körperliche Befindlichkeit müssen in die Sprachförderung einfließen, wenn sie nachhaltig sein soll. Wir müssen gerade bei der Sprachförderung die aktuelle Lebenswelt der Kinder befragen, erkunden und in die Anregung einbeziehen. Kinder mit Migrationshintergrund sollten wir nicht länger automatisch und generell als Problem- oder gar Risikokinder betrachten. Gehen wir auch hier von einer annähernden Normalverteilung aus. Sprachförderung kann bei Migrantenkindern für ein persönliches Wohlfühlen in unserer Gesellschaft sorgen, kann Respekt und Vertrauen schaffen und Mut machen für die Zukunft der Kinder. Nur die Sprache kann die Kinder stark, selbständig und mündig machen für die anstehenden Aufgaben im Kindergarten und in der Schule. Wir können nur durch eine gezielte und individuelle Sprachförderung die Lern- und Lebenschancen von Kindern in Risiko-Lebenslagen verbessern. Die Risikogruppe wird zurzeit von Experten auf ca. 20 % geschätzt (vgl. Heinrich-Böll-Stiftung 2009 3, 4–5).

Fazit

In den siebziger und achtziger Jahren des vergangenen Jahrhunderts hat man die Einwanderung von Menschen aus anderen Ländern und Kulturen gesellschaftspolitisch und bildungspolitisch kaum berücksichtigt. Erst seit den neunziger Jahren wenden wir uns verstärkt diesem Aspekt zu. Dabei liegt der Schwerpunkt der Diskussion auf der Bildung und der Integration. Hier haben uns die vorliegenden nationalen und internationalen Studien einen engen Zusammenhang zwischen der sozialen Schicht und dem Bildungsniveau aufgezeigt. Wir können davon ausgehen, dass die Bildung allgemein und die Sprachkompetenz des Kindes im Besonderen in einem sehr engen Zusammenhang mit der sozialen Herkunft stehen. Von daher ist die früh einsetzende, individuell angelegte und systematisch vorbereitete Sprachförderung der Kinder mit deutscher Erstsprache und der Kinder mit nichtdeutscher Erstsprache ganz entscheidend für ihren schulischen und für ihren späteren beruflichen Erfolg.

Schlüsselbegriffe

Ausländer, Deutsche, Gruppe der Migranten, Migrantenkinder, erste und zweite Generation, Zeitpunkt der Einwanderung, Sprachförderung, Bildung, Risikokinder, Schulerfolg, veränderte Kindheit, Illegale, Teilhabe

Fragestellungen

- Können Sie die Begriffe Ausländer und Deutsche konkret und mit Beispielen erklären?
- Beschreiben Sie die Gruppe der Migranten!
- Warum spielt der Zeitpunkt der Einwanderung beim Spracherwerb eine wesentliche Rolle?
- Welche Probleme haben zugewanderte Kinder mit Migrationshintergrund konkret?
- Welche Gründe sprechen für die Notwendigkeit der Sprachförderung aller Kinder?
- Warum sollte die individuelle Sprachförderung auch Aspekte wie Geschlecht, Kultur, Religion und soziale Herkunft stärker als bisher berücksichtigen?
- Versuchen Sie, sich in die Lebenssituation der Kinder hineinzuversetzen und sich vorzustellen, wie die Veränderungen in der Lebenswelt auf die Kinder wirken!

Querverbindungen in diesem Buch

vgl. hierzu auch Kapitel 2.3, 2.4, 2.5 und 2.6.

Weiterführende Literatur

Berlin-Institut für Bevölkerung und Entwicklung (2009): Ungenutzte Potenziale. Zur Lage der Integration in Deutschland. Köln: Kopp.

Bensmann, J. & Schröter, A. (2008): Türkei gebort – Deutschland gewachst. Bildungsbenachteiligte Schülerinnen und Schüler im Unterricht. In: Grundschule, 2, 8–13.

Die Bundesregierung (Hrsg.) (2007): Der Nationale Integrationsplan. Neue Wege – Neue Chancen. Paderborn: Bonifatius.

Merkens, H. (2008): Wie Saba in die Risikogruppe kommt. Schulische Probleme von Kindern mit Migrationshintergrund. In: Grundschule, 2, 39–41.

Neumann, U. (2008): Schulisch lernen. Die Bildungssprache der Schule können (Migranten-) Kinder nur in der Schule lernen. In: Grundschule, 2, 36–38.

Thiesen, B. (2009): Alles Kultur – Der Blick auf Migrantenkinder muss sich weiten. In: Deutsches Jugendinstitut (Hrsg.): DJI Bulletin, 85: Das Wissen über Kinder – eine Bilanz empirischer Studien. München: grafik + druck, 26–28.

1.5

Wissen über Kinder

Für die Betrachtung der Sprachförderung von Kindern brauchen wir umfassende Informationen sowie ein gründliches und, wenn möglich, systematisches Wissen über

- die einzelnen Kinder, d. h. Wissen über die betroffenen Personen,
- die jeweilige Kindergruppe, d. h. hier speziell Wissen über die Entwicklung der Kinder, und
- die Planung, Durchführung und Bewertung der Sprachförderung, d. h. Wissen über das Lernen der Kinder in diesem Alter und die gesellschaftlichen und sozialen Bedingungen, unter denen sie aufwachsen.

Die Erzieherinnen in den Kindergärten und die Lehrkräfte in den Schulen sollten im Rahmen ihrer Möglichkeiten auf dieses interdisziplinäre Wissen zurückgreifen und mit den betroffenen Experten wie Ärzten, Psychologen, Sozialarbeitern, Therapeuten und Soziologen in eine fachliche Auseinandersetzung und Diskussion zum Wohle des betroffenen Kindes eintreten. Hier ist auch die Auseinandersetzung mit den Eltern bzw. den Sorgeberechtigten unbedingt erforderlich und zwar im Sinne einer verantwortungsbewussten Bildungspartnerschaft.

Wir brauchen schnell gründliche und abgesicherte Daten und Informationen über die genannten Bereiche, um auf der Grundlage dieser Daten das individuell ausgerichtete diagnostische Vorgehen weiter voranzubringen. Diese wissenschaftlich abgesicherte und systematische Datenbasis ist die Grundlage für das weitere Vorgehen hin zu einer individuellen Förderung der Sprache. Gerade die individuelle Sprachförderung setzt voraus, dass wir das aktuelle Entwicklungs- und Fähigkeitsprofil des Kindes mit den Stärken und Möglichkeiten, aber auch den Schwächen und Defiziten bestens kennen. Weiterhin brauchen wir einen Überblick über die Rahmenbedingungen, unter denen Kinder heutzutage aufwachsen und Sprache erwerben.

1.5.1 Anforderungen

In den letzten Jahren stehen Kinder und Kindheit vermehrt im Blickpunkt wissenschaftlicher Studien, Kinder haben als Forschungsgegenstand Konjunktur. Sie sind zum Gegenstand quantitativer und qualitativer empirischer Forschungsarbeit geworden. Dabei gibt es verschiedene nationale und internationale Studien mit interdisziplinärem Charakter. So sind in den letzten Jahren mehrere große Überblicksstudien wie z. B. die LBS-Initiative „Junge Familie“, die World-Vision-Kinderstudie, der Unicef-Report zur Lage der Kinder in Deutschland, das DJI-Kinderpanel, die DJI-Kinderbetreuungsstudie und die KIGGS-Gesundheitsstudie vorgelegt worden (vgl. Rauschenbach 2009, 3). In diesen Studien ging es zentral um das Wohlbefinden, die Gesundheit und die Lebenswirklichkeit von Kindern in Deutschland, aber auch um Zukunftsvorstellungen und Ängste. Kinder und das erste Lebensjahrzehnt stehen voll im Blickpunkt der nationalen und internationalen Forschung und die zunehmende Einrichtung von Lehrstühlen wie „Pädagogik der frühen Kindheit“ an pädagogischen Hochschulen und Universitäten unterstreicht das enorm gestiegene Interesse an Kindern in den vergangenen zehn Jahren. Wir können hier eine empirische Wende im Bereich der Kindheitsforschung feststellen. Diese Studien bilden die aktuelle Datengrundlage für die modernen Kindheitsbilder in den Medien und in der Wissenschaft. Insbesondere scheint die Schnittstelle von Bildungspolitik, Wissenschaft und der Fachpraxis von großem Interesse und hohem Nutzen für den Schutz und das Wohl der Kinder zu sein.

Hier ergeben sich verschiedene neue Anforderungsprofile (vgl. hierzu auch Gaiser/Rother 2009, 8 f.):

Gestaltung des pädagogischen Alltags

Hier steht die individuelle Förderung aller Kinder gleich welcher Begabung, Herkunft und Religion im Blickpunkt. Die Fachkräfte stehen in dem Dilemma, einerseits Kindheit im Sinne eines Schonraums zu betrachten und freie Entfaltungsmöglichkeiten anzubieten und andererseits auf die Schule vorzubereiten, indem die wichtigen Schlüsselkompetenzen entwickelt werden. In einigen Bundesländern wie z. B. dem Saarland ist die verpflichtende Einführung eines Schulvorbereitungsjahrs geplant und wird im nächsten Schuljahr umgesetzt. In dem neu ausgearbeiteten Koalitionsvertrag für die Legislaturperiode des saarländischen Landtags 2009–2014 heißt es: „Wir werden das gebührenfreie letzte Kindergartenjahr zu einem obligatorischen Schulvorbereitungsjahr weiterentwickeln, um die Startchancen aller Kinder zu Beginn der Grundschulzeit deutlich zu verbessern ... Im Mittelpunkt sollen dabei die notwendigen Sprachkenntnisse stehen; denn Sprache ist der Schlüssel zum Bildungserfolg und für eine optimale Schulvorbereitung unerlässlich" (CDU/FDP/Bündnis 90/Die Grünen 2009, 6 f.).

Verbesserung der Elternberatung

Die Eltern als Erziehungs- und Sorgeberechtigte brauchen stabile Rahmenbedingungen, wie z. B. einen gesicherten Arbeitsplatz, um den heutigen Anforderungen an Bildung und Erziehung auch nachkommen zu können. Hier sollten die betrieblichen Betreuungsangebote für Kinder unter sechs Jahren wie Kindergärten in Firmen und Betrieben noch stärker in den Blick genommen und je nach Bedarf ausgebaut werden. Die Eltern brauchen auch entsprechende wirtschaftliche und finanzielle Bedingungen, um ihren Kindern geeignete Förderung und Hilfe zukommen lassen zu können, aber auch praktische Anregungen im Sinne einer qualifizierte Elternberatung, wie sie ihre Kinder bei der Sprachentwicklung unterstützen können.

Bildung als Grundlage

Im Sinne der UN-Kinderrechtskonvention aus dem Jahre 1989 sollten wir die Kinder stärker in den Mittelpunkt aller Überlegungen rücken und auf der Basis eines umfassenden Bildungsbegriffs noch stärker in die Bildung investieren. Bildung ist das alles entscheidende kulturelle Kapital unserer Menschheit. Nur Bildung kann die Kinder und Jugendlichen vor Armut und Unmündigkeit schützen. Die Politik muss die Weichen stellen, damit kein Kind von Bildung ausgeschlossen wird; wir brauchen künftig eine breit aufgestellte Kinderlobby und Kinderpolitik.

Frühe Kindheit

Die frühe Kindheit der ersten sechs Lebensjahre ist in den Mittelpunkt der gesamtgesellschaftlichen, politischen und fachlichen Diskussion gerückt. Die ersten Lebensjahre sind die entscheidenden und prägenden Jahre für die kindliche Entwicklung insgesamt und für die Sprachentwicklung speziell. Zur frühen Förderung gibt es keine Alternative! Erste Ansätze einer wissenschaftlichen Betrachtung von Kindern und Kindheit sowie die Etablierung einer Kindheitsforschung an verschiedenen Hochschulen und Universitäten sind sehr ermutigend. Wir brauchen in den nächsten Jahren zu den folgenden Aspekten exaktere Daten und geeignete Handlungsempfehlungen: die Betrachtung der Bildung aus der Kinderperspektive, die Überprüfung der Rahmenbedingungen von Kindheit heute, die Untersuchung der aktionalen Ebene und die Einbeziehung aktueller Erkenntnisse und Einsichten aus der internationalen Forschung.

Wir sollten gerade auch bei der Behandlung der Thematik Sprache und Sprachförderung uns Klarheit verschaffen über die Bilder von Kindheit. Das von Neil Postmann prophezeite „Verschwinden der Kindheit" Anfang der achtziger Jahre ist nicht eingetreten. Heute hat Kindheit in der Gesellschaft und breiten Öffentlichkeit einen sehr hohen Stellenwert. Kindheit wird als sehr wichtige Lebensphase wahrgenommen. Welche Bilder von Kindheit favorisieren wir und wie haben sich die Bilder bis zum heutigen Tage gewandelt? Jean-Jacques Rousseau (1712–1778) betonte in seinem Erziehungsroman „Emile oder Von der Erziehung" 1762 die Selbsttätigkeit des Individuums, welches sich viele Kompetenzen selbst und ohne fremde Hilfe aneignet. Demgegenüber sollte in der kirchlichen Tradition des Mittelalters das Kind gesellschaftlich und religiös geformt werden. Kinder wurden in dieser Zeit als nicht verantwortliche und besonders schutzbedürftige Menschen betrachtet. In der Zeit der Reformpädagogik Ende des 19. und Anfang des 20. Jahrhunderts wurde der Fokus sehr stark auf die Kinder und ihre Individualität gelegt. So hat im Jahre 1900 die schwedische Pädagogin Ellen Key „Das Jahrhundert des Kindes" proklamiert und damit den Blick auf die bisher vernachlässigten und teilweise ausgebeuteten Kinder gelenkt.

1.5.2 Kindheit heute

Die Kindheitsforschung heute betrachtet die Kindheit als soziales Phänomen und stützt sich dabei auf die Erkenntnis, dass Kindheit nicht nur eine Lebensphase darstellt, sondern innerhalb unserer Gesellschaft sozial und kulturell verankert ist und in einem kontinuierlichen Prozess von und mit

Kindern weiterentwickelt und gestaltet wird (vgl. Gaiser/Rother 2009, 5). Kinder werden heute als aktiv handelnde Subjekte und als Konstrukteure ihrer eigenen Welt verstanden. Für das Aufwachsen von Kindern spielen heutzutage die Situation in den Familien, die Arbeitsplatzsituation der Eltern, die wirtschaftliche Lage der Familie, die Herkunft, das Geschlecht und die soziale Schichtzugehörigkeit eine entscheidende Rolle. Hier werden die Weichen gestellt und hier wird entschieden, ob das Kind Chancen in der Bildung hat oder aber Benachteiligungen in Kauf nehmen muss. Es gibt sehr starke Wechselbeziehungen zwischen den sozialen Bedingungen und dem individuellen Erleben und Aufwachsen von Kindern. Die frühe Kindheit wird generell als eine zentrale Phase betrachtet, in der möglichst früh und möglichst viel positiv beeinflusst, gebildet und gefördert werden kann. Veränderte Vorstellungen zur Förderung in der Kindheit können wir auf folgenden Ebenen ausmachen:

- auf der mehr individuellen Ebene geht es um den Erwerb von Kompetenzen wie z. B. der Sprachkompetenz in der Erstsprache, Zweitsprache und Fremdsprache,
- auf der mehr sozial ausgerichteten Ebene beschäftigen wir uns mit der Vorbereitung auf das Leben in der Gesellschaft und Gemeinschaft und
- auf der gesamtgesellschaftlichen Ebene geht es um die Befähigung zur Teilnahme am wirtschaftlichen Erwerbsleben, statt Empfänger von Solidarleistungen zu sein.

Es geht also um die individuelle Förderung von Kindern, um die Entwicklung aller Potenziale und Begabungen und schließlich um die Inklusion und Teilhabe am gesamtgesellschaftlichen Leben.

Wenn wir die zentralen Erkenntnisse aus den wichtigsten Studien der letzten zehn Jahre zusammenfassen, kommen wir zu folgendem Resultat (vgl. Thiesen 2009, 8):

Wohlbefinden

Das Lebensumfeld und die Lebensbedingungen der Kinder sind umfassend zu schützen und zu fördern. Das Wohlergehen unserer Kinder sollte in den Mittelpunkt aller politischen und gesellschaftlichen Überlegungen gestellt werden. Kein Kind darf vernachlässigt und nicht gefördert werden.

Familienförderung

Die Familien – ganz gleich, welche Struktur sie aufweisen – sind umfassend zu unterstützen; dabei sollten gerade die Förder- und Bildungsmöglichkeiten für Kinder aus sozial und materiell benachteiligten Familien kontinuierlich ausgebaut und weiterentwickelt werden. Die materielle Existenzgrundlage von Kindern ist zu sichern und das öffentliche Betreuungssystem gerade für Kinder unter drei Jahren muss ausgebaut werden.

Kinderarmut

Armut von Kindern ist in dem familienspezifischen ökonomischen und soziokulturellen Kontext zu sehen. Kinderarmut kann nicht nur am einzelnen Kind festgemacht werden, sondern der Familien- bzw. Haushaltskontext muss berücksichtigt werden. Familien mit Kindern sind gegenüber Paaren ohne Kinder erheblich finanziell und materiell benachteiligt. Auffallend niedrig sind die Einkommen von jungen Familien mit Kindern unter drei Jahren (vgl. Bertelsmann Stiftung 2008, 32). Armut bei Kindern bedeutet sehr beengte Wohnverhältnisse sowie unzureichende Anreize und Möglichkeiten für Bildung. Arbeitslose, depressive und resignierte Eltern können ihren Kindern nur schwerlich als positives Modell dienen. Diesen Kindern fehlt ein Beispiel, ihr schwieriges Leben offensiv und positiv in die Hand zu nehmen.

Gesundheit

Die soziale Herkunft und die damit oft verbundene soziale Benachteiligung wirkt sich in vielen Einzelfällen und betroffenen Familien auf die Gesundheit von Kindern und Jugendlichen negativ aus. Während in Deutschland die somatischen Krankheiten zurückgehen, können wir bei den chronischen und allergischen Krankheiten wie Heuschnupfen, Asthma und Neurodermitis sowie den psychischen Störungen wie Verhaltensauffälligkeiten, Hyperaktivitätsproblemen, emotionalen Problemen und Problemen mit Gleichaltrigen einen deutlichen Anstieg registrieren. Die Gesundheit und die gesundheitliche Entwicklung der Kinder sind in entscheidendem Umfang für die weitere Entwicklung der Kinder von Bedeutung. Insbesondere die Ernährung und die Bewegung der Kinder sind für ihre Gesundheit entscheidend.

Frühe Bildung

Hier geht es schwerpunktmäßig um die Förderung und Anerkennung einer Vielfalt von Kompetenzen, um die Verbesserung der frühkindlichen Bildung, die Verbesserung der Zusammenarbeit und des Übergangs von Kindergarten und Schule, die intensive und systematische Kooperation mit den betroffenen Eltern und die ständige Qualifizierung des pädagogischen Personals. Insbesondere profitieren Kinder aus sozial vernachlässigten Familien und zugewanderte Kinder mit einem oftmals komplexen Migrationshintergrund von einer frühen Betreuung in Kindertageseinrichtungen und einem entsprechenden Förderangebot in den Bereichen Sprache und Sprechen.

Glücksgefühle

Kinder sind heutzutage glücklicher, als uns viele pessimistische Katastrophenpropheten zur Kindheit das klar machen wollen (Alt 2009). 84 % der Kinder fühlen sich laut ZDF-Glücksstudie glücklich oder sehr glücklich und 94 % aller Kinder fühlen sich in ihren Familien und in Deutschland wohl und finden sich selbst okay (DJI-Kinderpanel 2008). Mehr als 90 % der Kinder sind mit ihren Familien zufrieden oder glücklich. Wichtig ist für sie, dass in der Familie mehrmals in der Woche gelacht wird. Die meisten Kinder erleben einen sozialintegrativen Erziehungsstil und spüren regelmäßig die Liebe ihrer Eltern. Das Glück der Kinder reduziert sich immer dann, wenn der Besuch der Bildungseinrichtungen als belastend erlebt und wahrgenommen wird. Alle Kinder wünschen sich einen guten Freund und Glück in der Gruppe der Gleichaltrigen. Gerade Freunde und Freundinnen fördern das Selbstwertgefühl und das persönliche Wohlbefinden. Die glücklichsten Momente in der Kindheit sind unverhoffte Geschenke (56 %), Ausflüge und Ferien (47 %), Freunde haben und sich mit ihnen treffen (30 %).

Die Erkenntnisse aus den zurzeit vorliegenden Studien sollten wir stärker als bisher bei der Planung und Durchführung der individuellen Sprachförderung berücksichtigen. Wenn die Sprachbildung der Schlüssel zur Integration ist, dann müssen wir die Bildung der Sprache in dem genannten Sinne verändern.

Fazit

In unserer heutigen Wissensgesellschaft sind wir auf das vorhandene Wissen über unsere Kinder und unser Bildungssystem angewiesen, wenn wir eine Weiterentwicklung anstreben. Wir sollten zunächst unser Wissen über Kinder, über einzelne Kindergruppen und über das Lernen der Kinder selbstkritisch überprüfen und entsprechende Veränderungen vornehmen. Moderne Kindheitsbilder betrachten Kinder als aktiv Handelnde und Konstrukteure ihrer eigenen Welt. Die Kindheit wird heute als eine wichtige und zentrale Phase in der Biografie eines Menschen betrachtet. In dieser Phase liegt der Spracherwerb und so kann die Sprache des Kindes am besten gefördert werden.

Schlüsselbegriffe

Bildung, Pädagogik der frühen Kindheit, Erkenntnisse der internationalen und nationalen Studien, Schulvorbereitungsjahr, Kindheit, Kinder, Anforderungen an Bildung und Frühförderung

Fragestellungen

- Warum brauchen wir für die Gestaltung der individuellen Sprachförderung interdisziplinäres Wissen?
- Welche gesellschaftlichen Bedingungen erschweren das sprachliche Lernen der Kinder?
- Beschreiben Sie moderne Kindheitsbilder.
- Wie sollte ein modernes Anforderungsprofil der Sprachförderung aussehen?
- Warum wird die Kindheit heute eher als soziales Phänomen beschrieben?

Querverbindungen in diesem Buch

vgl. hierzu auch Kapitel 1.1., 1.2 und 1.3

Weiterführende Literatur

Gaiser, W. & Rother, P. (2009): „Und dann und wann ein weißer Elefant ..." Kindheit zwischen Eigensinn und gesellschaftlicher Vereinnahmung. In: Deutsches Jugendinstitut (Hrsg.): DJI Bulletin, 85: Das Wissen über Kinder – eine Bilanz empirischer Studien. München: grafik + druck, 5–8.

Hellrung, U. (2002): Sprachentwicklung und Sprachförderung. Ein Leitfaden für die Praxis. Freiburg i. Br.: Herder Verlag.

Mannhard, A. & Scheib, K. (2007): Was Erzieherinnen über Sprachstörungen wissen müssen. München: Ernst Reinhard Verlag.

Thiesen, B. (2009): Alles Kultur – Der Blick auf Migrantenkinder muss sich weiten. In: Deutsches Jugendinstitut (Hrsg.): DJI Bulletin, 85: Das Wissen über Kinder – eine Bilanz empirischer Studien. München: grafik + druck, 26–28.

Wagner, R. W. (2006): Mündliche Kommunikation in der Schule. Paderborn München, Wien, Zürich: Schöningh Verlag.

1.6

Frühkindliche Bildung

Die frühe Bildung steht im Mittelpunkt der öffentlichen und fachlichen bildungspolitischen Diskussion. Wenn man davon ausgeht, dass die allgemeine Entwicklung und die Sprachentwicklung unter günstigen Umständen schon gegen Ende der frühen Kindheit, also nach drei bis vier Lebensjahren, einen hohen Stand erreichen kann, ist es einleuchtend, dass ausgleichende Maßnahmen bei Defiziten in der Sprachentwicklung so früh wie möglich durchgeführt werden sollten. Gerade für die Entwicklung der kindlichen Sprache trifft der Begriff der sensiblen Phase des Zentralnervensystems zu. In der Phase der frühen Sprachentwicklung brauchen die Kinder einerseits geeignete Inputs bzw. Sinnes- und Lernerfahrungen, insbesondere im emotional-sozialen Handlungsfeld ihres Alltags. Der Einfluss der Eltern und der Familie in den ersten Lebensjahren wird immer noch unterschätzt. Von daher sollten hier eine bessere Information und Beratung, aber auch günstigere Rahmenbedingungen durch die Politik geschaffen werden. Es ist fraglich, ob man die physische Erziehung wie Füttern, Baden und Wickeln einfach auf andere Personen als die Eltern übertragen kann. Die Entfremdung des Kindes von der Mutter ist umso größer, je seltener ein Kind seine Mutter zu sehen bekommt. Es kann nicht oft genug betont werden, dass die frühe Eltern-Kind-Beziehung, insbesondere die „natürliche Mutter-Kind-Symbiose" (Spitz 1969), entscheidend für die Entwicklung der Sprache des Kindes ist. Die bisher vorliegenden Ergebnisse wissenschaftlicher Untersuchungen weisen darauf hin, dass positive Erfahrungen während der frühesten und frühen Kindheit allen Kinder helfen, die Muttersprache bzw. auch andere Sprachen zu erwerben, und damit gute Beziehungen zu gleichaltrigen Freunden aufzubauen, die für die weitere Bildungsbiografie von entscheidender Bedeutung sind. So gesehen sind die ersten sechs Lebensjahre der Kinder hinsichtlich ihrer Entwicklung mit keiner anderen Lebens- und Bildungsphase vergleichbar. Dabei sollten wir auch mit allem Nachdruck darauf hinweisen, dass eine Sprachförderung, die erst zum Zeitpunkt des Schuleintritts beginnt, wenig Erfolg versprechen wird.

1.6.1 Entwicklungen und Strukturen

Die frühkindliche Bildung kann auf eine gut 200-jährige Geschichte und Tradition zurückblicken. Ausgangspunkt sind die Entwicklungen in der Aufklärung und der Phase der Industrialisierung und die Erkenntnis, dass die Kindheit eine eigenständige Lebensphase in der Entwicklung des Menschen darstellt. Während das Konzept des Kindergartens vom Bürgertum schnell aufgegriffen und akzeptiert wurde, führten die ehemals gegründeten Kleinkinderschulen und Kinderbewahranstalten als Nothilfeeinrichtungen auf Zeit, später als Krippen, Kindertagestätten und Horte, in der Öffentlichkeit ein Schattendasein (vgl. Robert Bosch Stiftung 2008, 17). Das Konzept des Kindergartens wurde ausgebaut und rückte die Phase der Kindheit von null bis drei Jahren in den Hintergrund der fachlichen und öffentlichen Diskussion. Allerdings entwickelte sich der Kindergarten hin zu einer Erziehungs- und Betreuungseinrichtung und weniger hin zu einer Bildungsanstalt. Erst 1990 wurde mit der Verabschiedung des Kinder- und Jugendhilfegesetzes, das alle Einrichtungen unter dem Begriff der „Kindertageseinrichtung" zusammenführte, eine breite gesetzliche Grundlage geschaffen. Dort wurden folgende Aufgaben definiert: Entwicklung der Persönlichkeit des Kindes, Unterstützung der Erziehung und Bildung in der Familie und Hilfe für die Eltern, um Erwerbstätigkeit und Kindererziehung besser miteinander vereinbaren zu können. Der zentrale Förderauftrag, basierend auf dem Kinder- und Jugendhilfegesetz, lautet: Erziehung, Bildung und Betreuung. Doch auf Grund des demografischen Wandels in den letzten Jahren erleben wir hier eine fast dramatische Veränderung in der Entwicklungsgeschichte der Kindertagesstätten hin zu Familienzentren (vgl. Robert-Bosch-Stiftung 2008, 18).

Die Bedeutung der frühkindlichen Bildungsprozesse von der Geburt an bis zur Einschulung ist heute in der Wissenschaft, in der Praxis und in der Gesellschaft unumstritten. Frühkindliche Bildung wird als das grundlegende Kapital unserer Gesellschaft betrachtet. Das Bildungssystem der Bundesrepublik Deutschland gliedert sich in

- den Elementarbereich (Krippe von 1 bis 3 Jahren und Kindergarten 3 bis 6 Jahren)
- den Primarbereich (Grundschule Klasse 1 bis 4 bzw. 6 in Berlin und Brandenburg)
- den Sekundarbereich (Sekundarstufe I und II)
- den tertiären Bereich (verschiedene Hochschularten) und
- den Bereich der Weiterbildung.

Im Folgenden beschäftigen wir uns mit der vorschulischen und schulischen Bildung – insbesondere mit der individuellen Sprachförderung. Die Bildung, Erziehung und Betreuung von Kindern im Alter von wenigen Monaten bis zum Schuleintritt ist fast ausschließlich dem Bereich der Kinder- und Jugendhilfe zugeordnet. Auf Bundesebene liegt die Zuständigkeit beim Bundesministerium für Familie, Senioren, Frauen und Jugend, auf der Länderebene bei den Jugend- und Sozialministerien.

Die Kinderkrippe ist eine Tageseinrichtung für Kinder unter drei Jahren im Rahmen der Kinder- und Jugendhilfe in öffentlicher oder freier Trägerschaft. Der Kindergarten ist eine Einrichtung des Elementarbereichs für die Altersgruppe der Drei- bis Sechsjährigen im Rahmen der Kinder- und Jugendhilfe in öffentlicher oder freier Trägerschaft. Die Vorklassen und Schulkindergärten für schulpflichtige, jedoch noch nicht schulfähige Kinder unterstehen in der Regel der Schulaufsicht. Der Besuch dieser Einrichtungen kann von den Ländern angeordnet werden, wohingegen der Besuch der Krippe und des Kindergartens freiwillig ist. Behinderte Kinder werden im Elementarbereich zum einen in Sonderkindergärten (auch Förderkindergärten genannt) und zum anderen in integrativen Kindergärten gefördert, in denen behinderte und nichtbehinderte Kinder gemeinsam betreut werden.

Im Jahre 2004 haben die Kultusministerkonferenz und die Jugendministerkonferenz sich über die Bildungsarbeit im Elementarbereich verständigt und einen „Gemeinsamen Rahmen der Länder für die frühe Bildung in Kindertageseinrichtungen" beschlossen. Die 16 Länder haben in den letzten Jahren Bildungs- und Erziehungspläne in Auftrag gegeben, in denen der zu Grunde gelegte Bildungsbegriff und der eigenständige Bildungsauftrag des Elementarbereichs sehr präzise und ausführlich beschrieben werden. Zur Förderung der Entwicklung der Kinder sind gemäß dem Gemeinsamen Rahmen der Länder für die frühe Bildung in Kindertageseinrichtungen die folgenden Förderbereiche vorgesehen:

- Sprache, Schrift, Kommunikation,
- personale und soziale Entwicklung, Werterziehung/religiöse Bildung,
- Mathematik, Naturwissenschaften, Technik,
- musische Bildung/Umgang mit Medien,
- Körper, Bewegung, Gesundheit,
- Natur und kulturelle Umwelten.

Die Verantwortung für die konkrete Bildungsarbeit in den einzelnen Kindergärten liegt beim Träger der Einrichtung (vgl. Sekretariat der Ständigen Konferenz der Kultusminister der Länder in der Bundesrepublik Deutschland 2007, 55). In der aktuellen frühkindlichen Bildungsdiskussion können bestimmte Schwerpunkte ausgemacht werden. Eindeutig im Vordergrund aller pädagogischen Bemühungen steht die Sprachförderung für alle Kinder ab dem dritten Lebensjahr. Im weiteren Verlauf dieser Diskussion wird die Umsetzung der Bildungs- und Erziehungspläne für den vorschulischen Bereich unter besonderer Berücksichtigung der Sprachförderung vorbereitet. Der Schwerpunkt der individuellen Sprachförderung liegt dabei eindeutig auf der Förderung von zugewanderten Kindern mit Migrationshintergrund; dabei sollen die Eltern mit einbezogen werden. Die Verzahnung zwischen dem Elementarbereich und Primarbereich soll pädagogischer gestaltet werden; dabei wird an eine flexible Schuleingangsphase gedacht (vgl. hierzu auch Kap. 1.6.5). Insbesondere muss die Zusammenarbeit zwischen den Erzieherinnen und Lehrern auf allen fachlichen Ebenen verbessert werden.

Ein zentrales Problemfeld ist der Bereich zwischen null und drei Jahren. Nach dem Tagesbetreuungsausbaugesetz aus dem Jahre 2005 soll das Betreuungsangebot für Kinder unter drei Jahren bis zum Jahre 2013 so weit ausgebaut werden, das es dem tatsächlichen Bedarf von Eltern und ihren Kindern entspricht (vgl. Sekretariat der Ständigen Konferenz der Kultusminister der Länder in der Bundesrepublik Deutschland 2007, 79).

In den letzten Jahren ist das Thema frühe Bildung, Betreuung und Erziehung (BBE) im Elementarbereich einschließlich der Sprachförderung von Kindern zu einem zentralen und gemeinsamen Anliegen von Bildungs-, Sozial- und Familienpolitik geworden. Der indikatorengestützte Bildungsbericht 2008 im Auftrag der Ständigen Konferenz der Kultusminister der Länder in der Bundesrepublik Deutschland und des Bundesministeriums für Bildung und Forschung kommt zu dem Ergebnis, dass Bildung nicht nur die Entwicklungs- und Handlungschancen jedes und jeder Einzelnen im Beruf und im Privatleben, sondern auch die Zukunftsfähigkeit unserer Gesellschaft nachhaltig bestimmt. Des Weiteren können wir eine zunehmende Nutzung der frühkindlichen Bildung registrieren. Die Altersgruppe der Vier- bis Fünfjährigen wird nahezu vollständig von Bildungsangeboten erreicht, und der Anteil der Kinder, die bereits mit drei Jahren in eine Kindertageseinrichtung gehen, ist zwischen 2004 und 2007 um rund 10% auf gut 90% in Ostdeutschland bzw. 80% in Westdeutschland angewachsen. Auch der Anteil der Kinder unter drei Jahren, die eine Tageseinrichtung und Tagespflege in Anspruch nehmen, ist angestiegen und betrug im Jahre 2007 10% in West- und 41% in Ostdeutschland (Autorengruppe Bildungsberichterstattung 2008, 6f.).

1.6.2 Sprache und Bildung

Die Sprache des Kindes und die frühkindliche Bildung hängen aufs Engste zusammen, denn die Aneignung der Welt erfolgt fast ausschließlich über die menschliche Sprache in der Interaktion und Kommunikation mit anderen Menschen. Sprache und Bildung hängen auch deshalb zusammen, weil sie beide als soziale Prozesse verstanden und aufgefasst werden. Spätestens seit dem PISA-Schock 2001 ist die Sprache als Schlüsselkompetenz und damit auch die Sprachförderung insbesondere im Elementarbereich in aller Munde. Von daher ist man in der Öffentlichkeit und in der Fachdiskussion bemüht, pädagogische Ansätze zu entwickeln, die die Sprache des Kindes als Kompetenz früh aufgreifen und fördern. Die Notwendigkeit der Sprachförderung wird durch die Entwicklung unserer Gesellschaft hin zu einer Einwanderungsgesellschaft und die Resultate verschiedener regionaler (Gesundheitsämter), nationaler und internationaler Studien gestützt. In der Regel finden wir je nach Einsatz der Messinstrumente bei den Altersjahrgängen im Kindergarten zwischen 20 und 30% Kinder, die in der Sprachentwicklung und beim Spracherwerb Probleme haben. In der Mehrzahl der Fälle handelt es sich um Artikulationsprobleme. Dies ist keine neue Erkenntnis, sie wird lediglich noch einmal deutlich unterstrichen und bestätigt. Die Mehrzahl der sprachauffälligen Kinder überwindet diese Schwierigkeiten noch im Kindergartenalter. Doch bei ca. 5 bis 10% der Kinder handelt es sich um hartnäckige Sprachprobleme, die bis in die Grundschulzeit andauern und dann den einsetzenden Schriftspracherwerb behindern, erschweren oder gar verhindern.

In vielen Bundesländern werden in den beiden letzten Jahren vor der Einschulung freiwillige, teils aber auch verpflichtende Sprachstandserfassungen durchgeführt wie z.B. in Nordrhein-Westfalen seit 2006. In anderen Bundesländern wie in Niedersachsen und im Saarland setzt die Sprachförderung im letzten Kindergartenjahr gezielt ein und reduziert so die Zahl der Zurückstellungen vom Schulbesuch erheblich. Seit dem neuen Jahrtausend sinkt das Einschulungsalter bundesweit und es gibt einen deutlichen Rückgang von verspäteten Einschulungen und Zurückstellungen schulpflichtiger Kinder (2006 weniger als 5 %) bei gleichzeitiger Zunahme vorzeitiger Einschulungen (über 7 % aller Einschulungen). Die individuelle Sprachförderung gewinnt bundesweit ständig an Aufmerksamkeit. Der Umfang der angebotenen Fördermaßnahmen ist von Bundesland zu Bundesland sehr unterschiedlich und reicht von 40 bis zu 400 Stunden (Autorengruppe Bildungsberichterstattung 2008, 9).

1.6.3 Zielsetzungen

Wir können festhalten, dass bei Kindern in den ersten drei bis vier Lebensjahren Lernerfahrungen, aber auch emotionale und soziale Erfahrungen erforderlich sind, um die neuronalen Netzwerke herauszubilden. Die synaptischen Aufbau- und Selektionsprozesse laufen erstens unbewusst ab, zweitens in Abhängigkeit von den Anregungen und Angeboten der Umwelt und haben drittens bei fehlenden oder unzureichenden Angeboten dramatische Folgen für die sprachliche und kognitive Entwicklung der Kinder (vgl. Braun/Scheich 2009, 877). Aus der Sicht der Hirnforschung können wir für die sprachliche Frühförderung folgende Zielsetzungen ableiten:

- Die Lernangebote sollten an das jeweilige Alter im Sinne der dosierten Diskrepanz angepasst werden, d. h. die gestellten Anregungen und Anforderungen liegen nur ein wenig über den Möglichkeiten des Kindes, so dass die Ziele bei entsprechender Anstrengungsbereitschaft und Motivation erreicht werden können.
- Der frühen Konzeptbildung im Bereich der Sprache, aber auch im Zahlen- und Geometriebereich ist im Kindergarten und im Vorschulbereich größte Aufmerksamkeit zu widmen; hier bieten sich insbesondere geeignete Spiele an.
- Etwa ab dem vierten Lebensjahr kann das spätere Lesen- und Schreibenlernen gut vorbereitet werden. Ein Beispiel ist die Konzeptbildung durch die Förderung des Erkennens und Unterscheidens von Lauten.
- Früh erkannte Störungen oder Schwächen des Gehirns wie z. B. eine minimale cerebrale Dysfunktion können aufgrund der hirnorganischen Plastizität und der Möglichkeit der Reorganisation von Nervenzellnetzen und aufgrund der hohen Entwicklungsgeschwindigkeit in den ersten drei Lebensjahren besser angegangen und gefördert werden.

- Die Entdeckung hochbegabter Kinder im vorschulischen Bereich hängt auch davon ab, ob wir möglichst früh eine selektive Aneignung von Wissen und Fertigkeiten anstreben, um so früher auf überragende Kompetenzen und Leistungen in bestimmten Bereichen bei den Kindern zu stoßen.
- Wir schätzen heute die Zahl der Risikokinder auf 20 bis 25 % pro Altersjahrgang und verstehen darunter Kinder, die bereits unmittelbar nach der Geburt hohen emotionalen und sozialen Belastungen ausgesetzt sind. Werden die Belastungen früh erkannt und dementsprechende Maßnahmen eingeleitet, verläuft die spätere Entwicklung der Kinder ohne größere Probleme.

1.6.4 Lernphasen

Es gilt auch darüber nachzudenken, wie wir mit der kostbaren und begrenzten Bildungszeit unserer Kinder umgehen. Wir wissen aus verschiedenen Wissenschaftsdisziplinen wie z. B. der Neurobiologie und Neuropsychologie, dass gerade durch das Angebot der Mehrsprachigkeit und der Förderung der interkulturellen Kompetenzen im Kindergartenalter viele Kinder in ihrer gesamten Entwicklung Vorteile haben können. In einigen Bundesländern wie z. B. im Saarland wird die im letzten Kindergartenjahr einsetzende Sprachförderung durch ein Portfolio begleitet und in der ersten Klasse der Grundschule konsequent und gezielt weitergeführt.

Nach dem heutigen Erkenntnisstand können wir davon ausgehen, dass die Kinder zwischen null und zehn Jahren drei wichtige Lernphasen (Sprachlernphasen) im Rahmen des Spracherwerbs durchlaufen.

Basale Kompetenzen in der Phase I

In der Phase I zwischen null und drei Jahren erwerben sie basale Grundkompetenzen u. a. in den Bereichen Sprachrhythmus, Melodie, Prosodie, auditive Wahrnehmung, Grammatik und Wortschatz. In dieser Phase spielen emotionale Bindungserfahrungen, soziale Angebote in der Familie, passende Anregungen aus dem komplexen Bereich der Körpersprache (Mimik und Gestik) und geeignete sprachliche Vorbilder eine wichtige Rolle.

Erweiternde Kompetenzen in der Phase II

In der Phase II zwischen drei und sechs Jahren werden aufbauend und gestützt durch diese genannten Grundkompetenzen erweiternde sprachliche Kompetenzen im nonverbalen, paraverbalen und verbalen Bereich erworben, die vorrangig das Sprachverstehen betreffen, und zwar das Sprachverstehen ohne Kontext als Hilfe und Stütze. Hier gibt es neu zu erschließende Lernfelder wie z. B. die Naturwissenschaft und Mathematik, die besonders gut geeignet sind, um die Sprache der erweiterten Kompetenzen zu fördern. So werden die Kinder eher in die Lage versetzt, Sachverhalte auszudrücken und zu verstehen, deren Inhalte weit über ihre täglichen Erfahrungen im Elternhaus und im Kindergarten hinausgehen. Es geht um den Erwerb eines differenzierten Schatzes der Worte (Wortschatzes).

Einen Schwerpunkt bildet der Ausbau der Krippenplätze für Kinder unter drei Jahren sowie die inhaltliche Gestaltung der Sprachförderung in den Tageseinrichtungen und in der Tagespflege. Hier fehlt zum einen geeignetes und qualifiziertes Fachpersonal und zum anderen fehlen wissenschaftlich konzipierte und erprobte Programme und überprüfte Inhalte. Ab 2013 sollen alle Kinder nach dem vollendeten ersten Lebensjahr einen Rechtsanspruch auf ein frühkindliches Bildungs- und Betreuungsangebot erhalten. Hier haben wir einen großen Nachholbedarf bei den Kindern mit Migrationshintergrund und bei den Kindern mit Behinderungen. Wir müssen die Aus- und Weiterbildung der pädagogischen Fachkräfte (Erzieherinnen und Kinderpflegerinnen als Zweitkräfte) deutlich verbessern. Im Bereich der frühkindlichen Bildung geht es hier um die Akzentuierung des Handlungsfelds der sprachlichen Bildung im Elementarbereich: Dabei sollten wir gleichzeitig zeitnah die individuelle Sprachförderung der deutschen Kinder und die Optimierung und Abstimmung der Angebote der sprachlichen Bildung für Menschen mit Migrationshintergrund angehen.

Differenzierende Kompetenzen in der Phase III

In der Phase III zwischen sechs und zehn Jahren werden die Sprache und das Sprechen weiterentwickelt und die Kinder werden sehr differenziert in der mündlichen und schriftlichen Sprachlichkeit gefördert. Der Übergang von der Phase II zur Phase III ist insgesamt gesehen sowohl personell als auch inhaltlich-konzeptionell noch ein Problem. In der Phase III wird die gesprochene Sprache in erheblichem Umfang durch die geschriebene Sprache (Lesen- und Schreibenlernen) gefördert, so wie es in den Lehrplänen der Bundesländer für die Arbeit in der Grundschule auch vorgesehen ist. Die Hinführung zum Buch und zur Kinderliteratur wird angestrebt.

1.6.5 Flexible Schuleingangsstufe

Der in den letzten Jahren sehr heftig diskutierte und untersuchte Übergang vom Kindergarten in die Grundschule wird jetzt auch in einigen Bundesländern strukturell modifiziert und teilweise neu organisiert. Damit werden auch die Strukturen in den Grundschulen zeitlich und strukturell verändert, indem sie die erste und zweite Grundschulklasse zu einer Schuleingangsstufe zusammenlegen. Dieses Konstrukt wurde bereits in den achtziger und neunziger Jahren in einigen Bundesländern (Saarland) im Bereich der Förderschulen erprobt wie z. B. in den so genannten Sprachförderklassen an Grundschulen; dort wurden die zwei Jahre Schulbesuch auf drei Jahre ausgeweitet, allerdings nicht auf die Schulpflicht angerechnet. Im Saarland wird unter der neuen Jamaika-Koalition ein für alle Kinder verpflichtendes Schulvorbereitungsjahr zum Schuljahr 2010/2011 eingeführt, wo dann Grundschullehrerinnen und Grundschullehrer vier Stunden pro Woche die Kinder im Kindergarten unterrichten. Schwerpunkt der Förderung ist die Förderung der Sprache und des Sprechens. In diesen neuen Schuleingangsstufen soll flexibler auf die Kinder eingegangen werden; dabei werden die unterschiedlichen Entwicklungs- und Lernvoraussetzungen als pädagogische Bereicherung angesehen. Die Verweildauer in diesen Klassen kann je nach Förderbedarf zwischen ein und drei Jahren liegen. In diesen Klassen kann dann besser und gezielter auf die individuellen Unterschiede eingegangen werden und die Kinder werden so seltener über- oder unterfordert (vgl. Faust 2006, 136 ff.). Zudem geht der Trend hin zu altersheterogenen Gruppen, weil dort – wie z. B. in der Bielefelder Laborschule – gute Erfahrungen gemacht werden (Thurn 2004); der Autor hat im Rahmen der Sprachförderung in vielen Untersuchungen und praktisch angelegte Studien auch gute Erfahrungen mit heterogenen Gruppen hinsichtlich des Alters, des Geschlechts, der Sprache und der intellektuellen Begabung gesammelt. Ähnliche Erfahrungen wurden auch in einigen Schulen Bayerns gemacht (vgl. Klenk 2004). Wir müssen aber bei allen neuen Ideen und guten Ansätzen innerhalb der frühkindlichen Bildung aufpassen, dass wir hier mit pädagogischem Augenmaß vorgehen und die Anforderungen für die Kinder erstens nicht überziehen und zweitens die Schulzeit nicht in den Kindergarten verlegen. Die individuelle Sprachförderung sollte sowohl im Kindergarten als auch in der Grundschule angeboten und entsprechend weitergeführt werden.

Fazit

Die frühe Bildung hat in der Gesellschaft, in der Politik und in der Wissenschaft einen zentralen Platz eingenommen. Dabei sind die Erkenntnisse der Hirnforschung so eindeutig, dass es jetzt darum gehen muss, diese zügig in den praktischen Alltag von Erziehung und Bildung einzubeziehen. Positive Erfahrungen in der frühen Kindheit sind die Basis für den Erwerb der Muttersprache und von Deutsch als Zweitsprache bzw. anderen Sprachen. Hier hat sich in der Geschichte der vorschulischen Bildung einiges getan; man denke nur an die Entwicklung von Erziehungs- und Bildungsplänen der 16 Bundesländer in den zurückliegenden Jahren. Die Sprache des Kindes ist als Schlüsselkompetenz für Bildung, Integration und damit Teilhabe an der Gesellschaft erkannt worden. Probleme haben wir noch in dem frühen Bereich der Krippe von null bis drei Jahren bei der Rekrutierung von kompetenten und engagierten pädagogischen Fachkräften und bei der Erarbeitung einer zielführenden Konzeption. Generell ist die Bedeutung der frühen Lernphasen erkannt worden. Hier werden organisatorisch neue Entwicklungen mit der Schuleingangsphase der Grundschule geplant und bereits durchgeführt. Wir sollten jedoch die Grundschule nicht in den Kindergarten vorverlegen.

Schlüsselbegriffe

Bildungssystem der BRD, Vorschulische Erziehung, Kindertageseinrichtung, Kinder- und Jugendhilfegesetz, Krippe, Kindergarten, Grundschule, Frühförderung, Risikokinder, Plastizität des Gehirns, hohe Entwicklungsgeschwindigkeit in den ersten Lebensjahren, Lernangebote und frühe Lernphasen, Erziehungs- und Bildungspläne, flexible Schuleingangsstufe, altersheterogene Gruppen und Klassen

Fragestellungen

- Welche Rolle spielt neuerdings die Krippe in unserem Bildungssystem?

- Wie können wir die Notwendigkeit der frühen Bildung und damit der frühen Sprachförderung begründen?
- Betrachten Sie den Erziehungs- und Bildungsplan für Kindertageseinrichtungen – je nachdem, aus welchem Bundesland Sie kommen – unter dem Aspekt der Sprachförderung.
- Wie kann die Verzahnung des vorschulischen Bereichs mit der Grundschule organisatorisch und inhaltlich angegangen werden?
- Können die Kinder in den neuen flexiblen Schuleingangsstufen der Grundschulen individuell besser gefördert werden?

Querverbindungen in diesem Buch

vgl. hierzu auch Kapitel 1.1, 1.3 und 1.5

Weiterführende Literatur

Braun, A.K. & Scheich, H. (2009): Ausgejätete Synapsen. Lernen und Frühförderung aus der Sicht der Gehirnforschung. In: Forschung & Lehre, 12, 876–877.

Butzmann, J. (2004): Sprachlust für Frühstarter und Spätzünder. In: Theorie und Praxis der Sozialpädagogik TPS, 4, 4–7.

didacta (Hrsg.) (2008): Das Magazin für lebenslanges Lernen, 2.

Laewen, H.-J. & Andres, B. (Hrsg.) (2002): Bildung und Erziehung in der frühen Kindheit. Bausteine zum Bildungsauftrag von Kindertageseinrichtungen. Weinheim, Basel: Beltz Verlag.

Erziehungs- und Bildungspläne der einzelnen Bundesländer für die Arbeit in den Kindertagesstätten.

Rahmenpläne und Lehrpläne der einzelnen Bundesländer für den Deutschunterricht in der Grundschule.

1.7

Schichtspezifisches Sprachverhalten

In unserer Informations- und Wissensgesellschaft gibt es verschiedene soziale Schichten, Alters- und Berufsgruppen, die Unterschiede im Wissen und in der Sprache aufweisen. Hinsichtlich der individuellen Sprachförderung ist es wichtig, dass wir uns diese sozialen Differenzen vor Augen führen und erkennen, dass dies Auswirkungen auf das sprachliche Verhalten der Menschen hat. Aufgabe der modernen Soziolinguistik ist es u. a., den spezifischen Gebrauch der Sprache bestimmter sozialer Schichten zu untersuchen und dabei auf mögliche Hindernisse und Barrieren aufmerksam zu machen. In den folgenden Überlegungen geht es darum, den engen Zusammenhang zwischen der menschlichen Sprache und der Schichtzugehörigkeit insbesondere im Zuge der neueren Entwicklungen in unserer Gesellschaft zu beleuchten und für die Sprachförderung zu nutzen. Wenn wir davon ausgehen, dass der Mensch ein soziales Wesen ist und der Spracherwerb zum einen und die eigentliche Sprachförderung zum anderen ausgesprochen soziale Prozesse sind, dann sollten wir den momentanen Aufbau unserer Gesellschaft betrachten. Es bestehen Wechselwirkungen zwischen den soziokulturellen Benachteiligungen (= soziale Risikofaktoren wie Kinderarmut, Bildungsferne und Migrationshintergrund), der Bildungsgerechtigkeit und den Schwierigkeiten bei der Sprachentwicklung (vgl. Fried 2009, 36).

1.7.1 Lebenswelt des Kindes

Die Lebenswelt des Kindes mit den speziellen Chancen, aber auch Problemen wird in der Literatur und in öffentlichen Diskussionen auch mit sozialem Milieu oder sozialer Schicht bezeichnet. Es ist nicht zu leugnen, dass insbesondere die Risikokinder oft aus sozial vernachlässigten Familien und Lebenswelten kommen; man spricht hier auch von sozialen „Brennpunkten". Es ist gerade beim Spracherwerb und für die Sprachentwicklung klar: Die Umwelt des Kindes spielt eine zentrale Rolle.

Steigen wir ein in diesen Problemkreis mit der Lebensraumtheorie des amerikanischen Sozialpsychologen Lewin (1969), der den Lebensraum als einen zentralen Faktor in der kindlichen Entwicklung betrachtet. Der Lebensraum besteht nach Lewin in Anlehnung an die Anlage-Umwelt-Diskussion aus der Person und der Umwelt. Die Umwelt eines Menschen enthält die sozialen, physischen und sprachlich-begrifflichen Fakten, die für das Kind von Bedeutung sind. Hier handelt es sich nicht um objektiv gegebene Daten, sondern um bewertete und subjektiv eingeschätzte Informationen, also um eine psychologische Betrachtung des Lebensraums des Kindes. Der aktuelle Lebensraum ist die Grundlage für das Lernen und Verhalten (die Sprache) des Kindes. Lewin hat hierzu die sehr bekannte Formel entwickelt: $L = f(p, U)$: der Lebensraum des Kindes (L) wird als Funktion (f) der Person (P) und der Umwelt (U) angesehen. Im Lebensraum des Kindes befinden sich die direkten Bezugspersonen (Eltern, Geschwister, Erzieherinnen, Lehrerinnen) und indirekten Bezugspersonen (Verwandte, Bekannte, Freunde, Nachbarn) sowie die Gegenstände, Medien, Tiere, Pflanzen, mit denen das Kind täglich kommuniziert. Die Person steht im Lebensraum und wird sozusagen von der Umwelt bzw. dem Lebensraum eingerahmt und beeinflusst. Zwischen den einzelnen Bereichen des Lebensraums und der Person bestehen einfache, aber auch sehr komplexe und oft nicht zu durchschauende Zusammenhänge und Wechselwirkungen, gerade auch im Bereich der Sprachentwicklung und der Sprache, mit denen wir uns im Folgenden weiter auseinander setzen.

1.7.2 Soziolinguistische Annahmen

In Anlehnung an die Formen des Sprachgebrauchs können wir zwischen bestimmten sozialen Schichten auch eine unterschiedliche Sprache und ein unterschiedliches Sprechen beobachten. Hier sprechen wir dann im Gegensatz zu den Formen des Sprachgebrauchs von Sprachtypen oder linguistischen

Codes. Diesen Zusammenhang zwischen der sozialen Schicht und der gesprochenen Sprache hat man in der fachwissenschaftlichen Diskussion und Literatur in den sechziger und siebziger Jahren des zwanzigsten Jahrhunderts gesehen, doch dann wiederum vernachlässigt. Dabei sind zwei linguistische Hypothesen für das Verstehen des Zusammenhangs zwischen sozialer Schicht und Sprache von grundlegender Natur.

Die Defizithypothese wurde von Basil Bernstein (1958; 1979) entwickelt und legt den Fokus auf die beobachtbaren sprachlichen Unterschiede zwischen Angehörigen ein- und derselben Sprachgemeinschaft. Seine Hypothese lautet: Die soziale Struktur der Mittelschicht und der Arbeiterklasse ist so beschaffen, dass es verschiedene Möglichkeiten der Sprachverwendung gibt. Aus dieser Tatsache ergeben sich zwei verschiedene Typen des Sprachgebrauchs und zwar unabhängig von der intellektuellen Begabung der handelnden Personen. Diese Hypothese verdeutlicht der Autor daran, indem er die familiären Interaktionsmuster und Kommunikationsformen der Unterschicht und der Mittel- und Oberschicht einander gegenüber stellt. Bernstein wollte mit dieser Hypothese die Rolle der Sprache innerhalb der Sozialisation von Kindern erforschen.

Elaborierter Code: Elaboriert bedeutet ausdifferenziert, weiterentwickelt und verfeinert in den sprachlichen Strukturen des Kindes. Der in der Mittelschicht gesprochene linguistische Code zeichnet sich u.a. dadurch aus, dass mehr grammatisch komplexe Sätze gesprochen werden und ein häufiger Gebrauch von Präpositionen zu verzeichnen ist. Der Wortschatz ist im passiven und aktiven Bereich recht umfangreich. Diesen Sprachtypus bezeichnet Bernstein zunächst als den formalen Code, später hat er ihn den elaborierten Code genannt.

Restringierter Code: Restringiert bedeutet ein beschränktes, begrenztes und dürftiges System der zur Verfügung stehenden Sprache. In der Unterschicht oder Arbeiterklasse wird sehr häufig nichtsprachlich kommuniziert, d.h. über die Körpersprache. Diesen Sprachtypus hat Bernstein zunächst als öffentlichen Code und später dann als restringierten Code bezeichnet. Hier werden kurze, grammatisch einfache, oft unfertige Sätze gesprochen, es werden oft einfache und immer wieder die gleichen Konjunktionen benutzt. Ebenso werden gehäuft kurze, einfache Befehle und Fragen formuliert und der Gebrauch von Adjektiven oder Adverbien ist sehr begrenzt. Der Wortschatz der Kinder ist eher dürftig.

Beobachtungen in der Alltagssituation in Kindertagesstätten und Grundschulen und schriftliche Befragungen von Grundschullehrerinnen und Grundschullehrern durch den Autor im Jahre 2006 haben zu folgenden Ergebnissen geführt: Deutsche und zugewanderte Kinder sprechen in den

Regionen Saarland und Rheinland-Pfalz vorwiegend Dialekt; ihre dialektgefärbte Sprache zeichnet sich dadurch aus, dass sie im Telegrammstil sprechen, meist kurze Sätze bzw. Phrasen produzieren, sehr stark Mimik, Gestik und den Blickkontakt einsetzen, einen erheblich reduzierten Wortschatz vorhalten, eine stark durch Medien geprägte Sprache übernommen haben, eine erschreckend große Erzählarmut zeigen, eine verwaschene Aussprache haben und teilweise eine geräuschgeprägte Comicsprache und eine sexualisierte, fäkalisierte und mit vielen Anglizismen durchsetzte Sprache sprechen. Hier haben wird es mit einer Population von ca. 20 % eines Altersjahrgangs zu tun, und zwar unabhängig von der Intelligenz, aber in Abhängigkeit von der Schichtzugehörigkeit. Diese Kinder gehören meist der Unterschicht an und leben in Familien, die einer wirtschaftlichen und soziokulturellen Benachteiligung unterliegen.

Die Defizithypothese von Bernstein wurde von dem amerikanischen Soziolinguisten William Labov in den sechziger und siebziger Jahren des zwanzigsten Jahrhunderts als zu normorientiert kritisiert und in Frage gestellt. Labov stellte der Defizithypothese von Bernstein seine Differenzhypothese gegenüber, die besagt, dass die von den verschiedenen sozialen Gruppen einer Sprachgemeinschaft eingesetzten Formen des Sprachgebrauchs zwar in der Tat Unterschiede aufweisen, diese Unterschiede jedoch nicht als defizitär betrachtet werden sollten. Labov plädierte dafür, nicht eine bestimmte Form des Sprachgebrauchs als Maßstab und Norm zu betrachten, sondern beschränkte sich auf die Beschreibung der Funktionen und der spezifischen Leistungsfähigkeit einer Sprachform. Diese Differenzhypothese eignet sich auch, um das milieuspezifische Sprachverhalten von zugewanderten Kindern aus anderen Kulturen und Sprachgemeinschaften zu beschreiben und das Ergebnis für die individuelle Sprachförderung zu nutzen. Allein das Hören fremder Sprachen kann zur sprachlichen Sensibilisierung und zum allgemeinen Sprachbewusstsein der Kinder beitragen.

1.7.3 Dialektsprechende Kinder

Gerade in der sehr breiten und sehr heterogenen Unterschicht, die heute aufgrund der Migration und anderen gesellschaftlichen Veränderungen und Entwicklungen wie Kinderarmut und Arbeitslosigkeit eine sehr viel differenziertere Struktur als früher hat, finden wir den regionalen Dialekt gehäuft vor. Hier haben wir das Problem, dass sich die dialektsprechenden Kinder kaum oder nur sehr schwer vom Dialekt lösen und sich die Hochsprache aneignen können. Wir sollten bei der Planung, Durchführung und Auswertung der Sprachförderung und des Unterrichts bedenken, dass dem Dialektsprecher eine Reihe von Schwierigkeiten erwachsen:

- Das dialektsprechende Kind spricht und hört weitgehend in seinem unmittelbaren Umfeld Dialekt, hört aber auch gleichzeitig im Unterricht und in den Medien Tag für Tag die Standardsprache. Dadurch gerät das Kind in die schwierige Situation, dass es Hochdeutsch sprechen will, aber immer wieder Probleme mit seiner Aussprache hat.
- Der Übergang vom Dialekt in die Hochsprache bereitet große Probleme und kann sich über Jahre hin erstrecken, insbesondere dann, wenn auch die Eltern und das gesamte soziale Umfeld Dialekt sprechen.
- Die ausschließlich Hochsprache sprechende Lehrkraft hat zuweilen Probleme, den dialektsprechenden Schüler zu verstehen. Die Probleme der Artikulation in der Hochsprache können zu unzulänglichen Leistungsbeurteilungen führen. Das dialektsprechende Kind kann, da es keinen Zugang zur Sprache der Lehrkraft hat, zu diesem auch keine vertraulichen und persönlichen Beziehungen aufbauen.
- Das Kind versucht, die Hochsprache der Erzieherin bzw. der Lehrerin nachzuahmen, und setzt sich dabei unter Druck. Dem Kind wird sozusagen eine Sprachform aufgedrängt, die es nicht gelernt hat und somit auch nicht beherrscht. Gelingt es dem Kind nicht, die Hochsprache zu übernehmen, kann es zu Minderwertigkeitsgefühlen kommen.
- Eine weiteres Problem gibt es beim Lese- und Schreiblernprozess, weil hier das Sprachverstehen, die exakte Aussprache, das Heraushören bestimmter Laute und insgesamt die Beherrschung der Hochsprache Voraussetzung sind.

Erst in den letzten Jahren wurde das spezifische Sprachverhalten verschiedener sozialer Gruppen und Schichten wieder aufgegriffen, die Bedeutung des Zusammenhangs zwischen sozialer Schicht und Sprachverhalten erkannt und dieser als bedeutend für die Förderung der Sprache und des Sprechens wieder in die Fachdiskussion gebracht.

Die bisher benutzen Kategorien wie Unterschicht, Mittelschicht und Oberschicht sind noch in der Diskussion, doch haben sich sowohl quantitativ als auch qualitativ die Grenzen ein wenig verschoben. Insbesondere die Unterschicht hat sich zahlenmäßig z. B. durch die gestiegene Zahl der Migranten, der Arbeitslosen, der alleinerziehenden Frauen und die erhöhte Kinderarmut ausgeweitet und ist zum Teil schwer abzugrenzen. Spätestens seit den achtziger Jahren werden soziale Lagen, die Milieus und spezifische Mischungsverhältnisse zur Beschreibung der Sozialstruktur herangezogen, wobei weiterhin der Begriff der Schicht in der Diskussion bleibt (vgl. Nell

2007, 600). Diese Auseinandersetzung mit den soziologischen Gegebenheiten ist in der Vergangenheit für die Sprachförderung zu wenig berücksichtigt worden. Von daher lohnt es sich, den Zusammenhang von Schicht und Sprache unter dem Aspekt des schichtspezifischen Sprachverhaltens zu betrachten und wenn möglich für die praktische Arbeit zu nutzen. Wir können weiterhin davon ausgehen, dass sich die soziale Schicht objektiv u. a. definieren lässt durch den Beruf, das Einkommen, den Bildungsgrad, die soziale Herkunft, die Wohnlage und die jeweilige Gruppenzugehörigkeit. Gerade bei den Randgruppen unserer Gesellschaft finden wir eine große Zahl der Problem- und Risikokinder, die von Experten mittlerweise auf 20 bis 25 % eines Altersjahrgangs geschätzt wird. Der Migrationshintergrund eines Kindes oder die soziale Randständigkeit einer Familie dürfen nicht zum Stigma werden. Hier können nur frühe Sprachfördermaßnahmen im vorschulischen Bereich und spätestens in der Grundschule als geeignete Förderstrategien in Frage kommen. Wir stehen hier vor der großen Herausforderung, den Anteil der Kinder und Schüler mit schwächeren Leistungen deutlich zu reduzieren, die Risiken von Kindern früh zu erkennen und über die Förderung der sprachlichen Kompetenz die Bildungschancen für alle zu erhöhen.

Forschungsergebnisse zeigen, dass Mütter aus sozial benachteiligten und bildungsfernen Schichten ihr Kind nicht so häufig und auch in einer verkürzteren Sprache ansprechen als Mütter aus bildungsnahen Schichten. Betroffene Kinder haben mit dem Spracherwerb und der sprachlichen Entwicklung in den ersten Lebensjahren große Probleme (vgl. Grimm 2000; Ministerium für Generationen, Familie, Frauen und Integration des Landes Nordrhein-Westfalen 2008, 5). Diese Differenzen setzen sich fort bis in die Schulzeit hinein und ziehen oft weitere Folgestörungen nach sich wie soziale Störungen, Wahrnehmungsstörungen oder Leserechtschreibprobleme (Klicpera/Gasteiger-Klicpera 2000).

Fazit

Der Zusammenhang zwischen der sozialen Schicht und dem Bildungsniveau bzw. Bildungserfolg, insbesondere zwischen der Schichtzugehörigkeit und der kindlichen Sprache wurde in den vergangenen Jahrzehnten in der Wissenschaft, Forschung und vor allem der Praxis vernachlässigt. Hier sollten wir uns auf bereits vorliegendes Wissen aus der Soziolinguistik besinnen; die Thesen von Bernstein aus den sechziger Jahren des zwanzigsten Jahrhunderts stützen die Erfahrungen der Praktiker, die den sehr engen Zusammenhang zwischen der Familie und Umwelt des Kindes und der Sprachentwicklung als genetische Disposition und angeborene Fähigkeit sehen. Der Zusammenhang zwischen der sozialen Schicht, den sprachlichen Inputs und der Sprachentwicklung macht deutlich, dass wir hier für mehr Ausgleich und Chancengerechtigkeit sorgen müssen. Wir brauchen Impulse und pädagogische Anregungen auch im Umgang mit den dialektsprechenden Kindern.

Schlüsselbegriffe

Lebensraum, Formel von Lewin, Zusammenhang zwischen Person und Umwelt, Wechselwirkungen, schichtspezifisches Sprachverhalten, Sprachcodes, elaborierter Code, restringierter Code, Dialekt, soziales Milieu, Schichtzugehörigkeit

Fragestellungen

- Welche soziale Schichten können wir in unserer Gesellschaft ausmachen?
- Gibt es einen Zusammenhang zwischen Sprachcodes und sozialen Schichten?
- Diskutieren Sie in dem Zusammenhang von sozialer Schicht und Sprachkompetenz die Anlage-Umwelt-Problematik.
- Welche Beobachtungen machen Sie konkret bei Kindern im Kindergarten und in der Grundschule?
- Nehmen Sie die sprachlichen Äußerungen von Kindern mit dem Kassettenrekorder, der Digitalkamera oder Handy auf und versuchen Sie, einen Zusammenhang herzustellen zwischen der Sprache des Kindes und der Zugehörigkeit zu der Familie und Umwelt, in der das Kind aufwächst.
- Welche Folgerungen können wir aus dem bisher Gesagten für die Förderdiagnostik ableiten?
- Welche Unterschiede gibt es zwischen der Differenzhypothese und der Defizithypothese?

Querverbindungen in diesem Buch

vgl. hierzu auch die Kapitel 2.1, 2.2, 2.3, 2.4 und 2.5

Weiterführende Literatur

Bernstein, B. (1967): Soziokulturelle Determinanten des Lernens. In: Weinert, F. (Hrsg.): Pädagogische Psychologie, 346–364.

Bernstein, B. (1967): Sprache und Lernen im Sozialprozess. In: Flitner, A. & Scheuerl, H. (Hrsg.): Einführung in pädagogisches Sehen und Denken. 253–270.

Bernstein, B. (1972): Studien zur sprachlichen Sozialisation. Düsseldorf: Schwann Verlag.

Bernstein B. (1979): Familienerziehung, Sozialschicht und Schulerfolg. 7. Aufl. Weinheim, Basel: Beltz Verlag.

Grimm, H. (2000a): Sprachentwicklung. Göttingen: Hogrefe.

Grimm, H. (2000b): Sprachentwicklungstest für zweijährige Kinder (SETK-2). Diagnose rezeptiver und produktiver Sprachverarbeitungsfähigkeiten. Göttingen: Hogrefe.

Oevermann, U. (1969): Schichtenspezifische Formen des Sprachverhaltens und ihr Einfluss auf die kognitiven Prozesse. In: Roth, H. (Hrsg.): Begabung und Lernen. Gutachten und Studien der Bildungskommission. Bd. 4. Stuttgart: Klett-Cotta, 138–197.

1.8

Rahmenbedingungen

Kinder und Schüler im vorschulischen und schulischen Alter, die neu in ein deutschsprachiges Land einreisen und keine oder nur sehr geringe Deutschkenntnisse aufweisen, brauchen dringend Sprachförderung, um die notwendigen Sprachkompetenzen zu erwerben (vgl. Bundesministerium für Familie, Senioren, Frauen und Jugend 2009, 4). Die inhaltliche und konzeptionelle Orientierung wird in den jeweiligen Bildungsprogrammen für die Kindergärten und die Kernlehrpläne/Lehrpläne für die Arbeit in der Grundschule der einzelnen Bundesländer weiter spezifiziert und geregelt. Während es im vorschulischen Bereich vornehmlich um die mündliche Kommunikation und die Vorbereitung auf die schriftliche Kommunikation (Förderung der Vorläuferfertigkeiten) geht, stehen im Grundschulbereich zwei Ziele im Vordergrund:

- die Ausweitung und Erweiterung der mündlichen Sprachkompetenz (Lautsprache) und
- der Erwerb der Schriftsprache, die auf der Lautsprache aufbaut.

1.8.1 Nationale Bedingungen

Die Bundesregierung will die Rahmenbedingungen für das Aufwachsen der Kinder und Jugendlichen weiter verbessern und zwar für alle Kinder in Deutschland gleichermaßen. Sie will damit die UN-Konvention über die Rechte der Menschen mit Behinderungen aufgreifen und deutlich machen, dass sie die eingeleitete gesellschaftliche Entwicklung über die Integration hin zur Teilhabe (= Inklusion) konsequent fortführt. Seit 2008 ist das Kinderförderungsgesetz in Kraft getreten, indem festgelegt ist, dass bis 2013 für 35 % der Kinder in Deutschland ein Betreuungsplatz in einer Kindertagesstätte zur Verfügung stehen muss; ab 2013 hat dann jedes Kind einen Rechtsanspruch auf einen Betreuungsplatz. Dieser quantitative Ausbau geht Hand in Hand mit Investitionen in mehr Qualität (vgl. Bundesministerium für Familie, Senioren, Frauen und Jugend 2009, 4 f.). In dem 13. Kinder- und Jugendbericht der 16. Wahlperiode des Deutschen Bundestages über die Lebenssituation junger Menschen und die Leistungen der Kinder- und Jugendhilfe in Deutschland werden durch die Sachverständigenkommission fünf dringliche Ziele für die nächsten fünf Jahre bis 2014 definiert. Darunter werden als erstes genannt die frühe Förderung der Entwicklung der Kinder und als drittes Ziel die Förderung der Sprache und der Kommunikation. Dabei geht es um die Verbesserung der frühen Sprachförderung, mit dem Ziel, die sprachlichen Kompetenzen aller Kinder zu steigern, insbesondere von Kindern aus sozialen Brennpunkten, also aus belastenden Lebenssituationen, bildungsfernen sozialen Milieus und Kindern mit Migrationshintergrund. Aus vielen internationalen und nationalen Studien kennen wir die verheerende Wirkung fehlender oder unzureichender Sprachkenntnisse in der Bildungssprache Deutsch für die weitere Entwicklung des Kindes und seine anstehende Schullaufbahn.

1.8.2 Regionale Gegebenheiten

Da die Darstellung der regionalen Gegebenheiten in den einzelnen Bundesländern in dieser kurzen Form nicht möglich ist, beschränke ich mich exemplarisch auf das Bundesland Rheinland-Pfalz. Hier ist in dem Landesgesetz über die Schulen in Rheinland-Pfalz die Sprachförderung vor der Einschulung seit 2004 geregelt: „Kinder, die zur Einschulung anstehen, sind verpflichtet, an einer Feststellung des Sprachförderbedarfs teilzunehmen. Der nachweisliche Besuch eines Kindergartens nach dem Kindertagesstättengesetz ersetzt die Verpflichtung nach Satz 1. Soweit Defizite in der sprachlichen Entwicklung erkennbar werden, die einen erfolgreichen Besuch nicht erwarten lassen, sollen die Kinder zur Teilnahme an Sprachfördermaßnahmen verpflichtet werden. Das Nähere, insbesondere über Zuständigkeit, Verfahren, Zeitpunkt und Inhalt der Feststellung des Sprachförderbedarfs, regelt die Schulordnung. Dabei ist der Zeitpunkt der Feststellung so zu bestimmen, dass ausreichend Zeit zur Durchführung der Sprachfördermaßnahmen bleibt."

Im Kindertagesstättengesetz aus dem Jahre 1991, geändert 2008, wird in § 2 auf die Grundsätze der Erziehung, Bildung und Betreuung hingewiesen, in § 2a auf den Übergang in die Grundschule und speziell auf die Sprachförderung:

> (1) „Der Kindergarten soll in dem Jahr, welches der Schulpflicht unmittelbar vorausgeht, möglichst von allen Kindern besucht werden. Hierauf wirken die Träger der öffentlichen Jugendhilfe hin."
> (2) „In diesem Kindergartenjahr wird nach Maßgabe der jeweiligen Konzeption insbesondere der Übergang zur Grundschule vorbereitet und über die allgemeine Förderung nach § 2 hinaus die Sprachentwicklung der Kinder beobachtet und durch gezielte Bildungsangebote gefördert."

Damit wird im Kindertagesstättengesetz einerseits auf die Notwendigkeit der Sprachdiagnostik und andererseits auf die gezielte und individuelle Sprachförderung hingewiesen.

Weiter heißt es in der Schulordnung für die öffentlichen Grundschulen von 2008 in § 1 (3):

> „Die Grundschule arbeitet mit dem Kindergarten konzeptionell zusammen, um den Übergang in die Schule zu erleichtern." In § 11 „Feststellung zur Entwicklung des Kindes" wird weiter definiert, dass für schulpflichtige Kinder, die keinen Kindergarten besuchen, durch die aufnehmende Grundschule eine Überprüfung durchgeführt wird, mit der Zielsetzung, Umfang und Ausmaß des Sprachförderbedarfs zu bestimmen. Bei bestehendem Sprachförderbedarf wird eine Teilnahme an einem Sprachförderkurs in einem Kindergarten empfohlen, bei Nichtteilnahme angeordnet. In § 30 werden konkrete Hinweise zur Förderung von Schülerinnen und Schülern mit Migrationshintergrund gegeben.

Eine weitere gesetzliche Rahmenbedingung in Rheinland-Pfalz erfolgt in dem Landesprogramm „Zukunftschance Kinder – Bildung von Anfang an". Hier gibt es seit 2008 eine neue Verwaltungsvorschrift „Information zu Sprachfördermaßnahmen in Kindertagesstätten sowie zu Maßnahmen des Übergangs vom Kindergarten in die Grundschule", die die Art und den Umfang der Sprachförderung regelt und die sich gezielt an Kinder innerhalb des Jahres vor ihrer Einschulung richtet.

In den Bildungs- und Erziehungsempfehlungen für Kindertagesstätten in Rheinland-Pfalz aus dem Jahre 2005 heißt es: „Sprachförderung ist eines der zentralen Themen in der Bildungs- und Erziehungsarbeit der Kindertagesstätten landesweit."

Bei allen gesetzlichen Regelungen und der Schaffung von Rahmenbedingungen sind wir elementar auf die Mitarbeit der Eltern angewiesen. Wir wissen, dass nicht alle Eltern die finanziellen Mittel und materiellen Möglichkeiten haben, ihre sprachauffälligen Kinder in ihrer sprachlichen Entwicklung zu unterstützen und im Vorschulalter einer logopädischen Therapie zuzuführen. Den Eltern fehlen oft Informationen, die Einsicht, die Geduld und Ausdauer, sich mit Fragen der Entwicklung ihres Kindes und der Sprachförderung kritisch auseinander zu setzen (vgl. Fölling-Albers 1998, 60). Machen wir uns nichts vor: Die Sprachförderung beginnt im Elternhaus und die Eltern haben eine besondere Verantwortung gegenüber ihren Kindern in diesem Bereich. Gerade Eltern aus bildungsfernen und sozial benachteiligten Schichten müssen wir stärker als bisher darin unterstützen, auf die sprachliche Entwicklung ihrer Kinder zu achten und diese durch adäquates Verhalten positiv zu beeinflussen.

2

Konzeptionell-inhaltliche Kategorien der individuellen Sprachförderung

In einem zweiten Schritt der Konzeption eines Orientierungsrahmens für die Ausbildung und Praxis in den vorschulischen und schulischen Bildungseinrichtungen werden weitere wichtige Kategorien der Betrachtung dargestellt. Die individuelle Sprachförderung wird unter dem Blickwinkel der konzeptionellen und inhaltlichen Ausrichtung betrachtet.

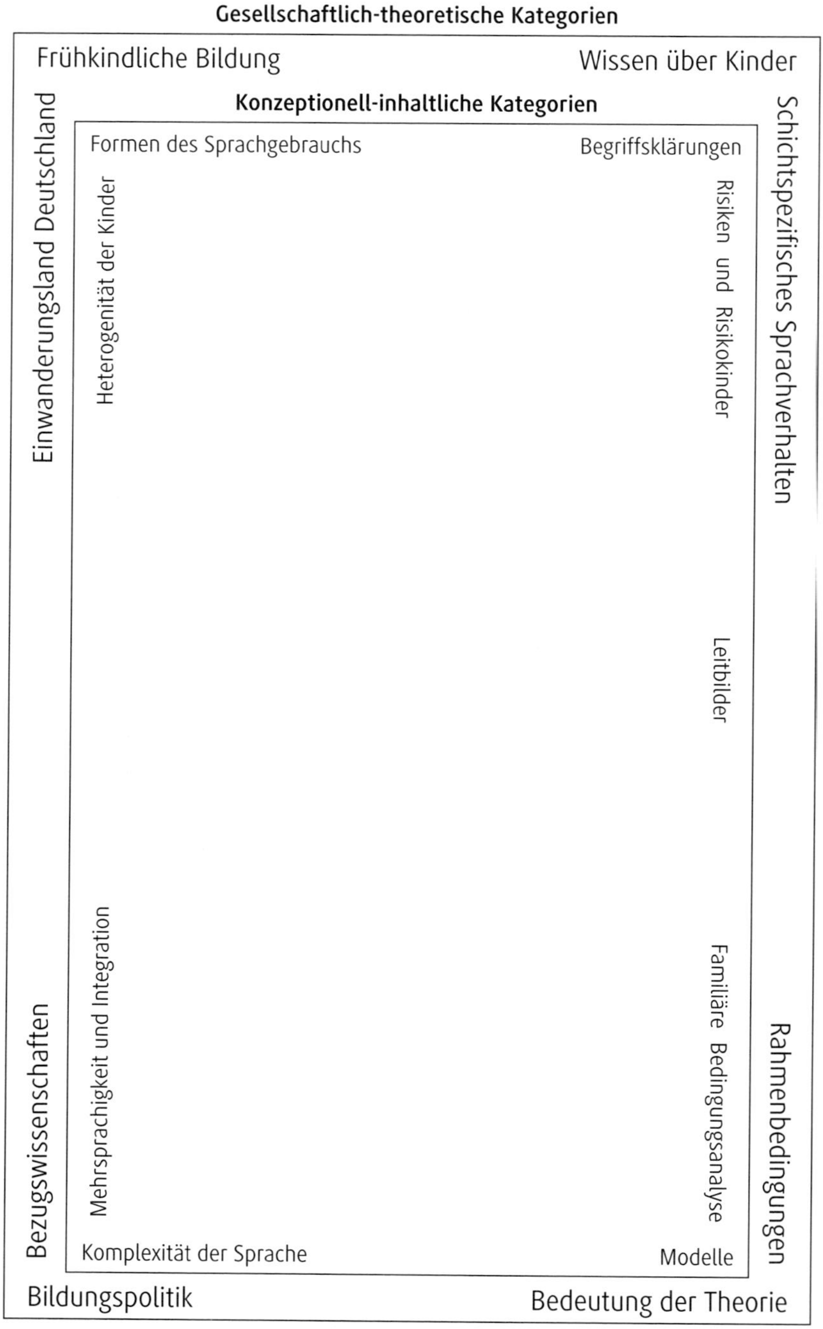

Abb. 2: Konzeptionell-inhaltliche Kategorien der individuellen Sprachförderung

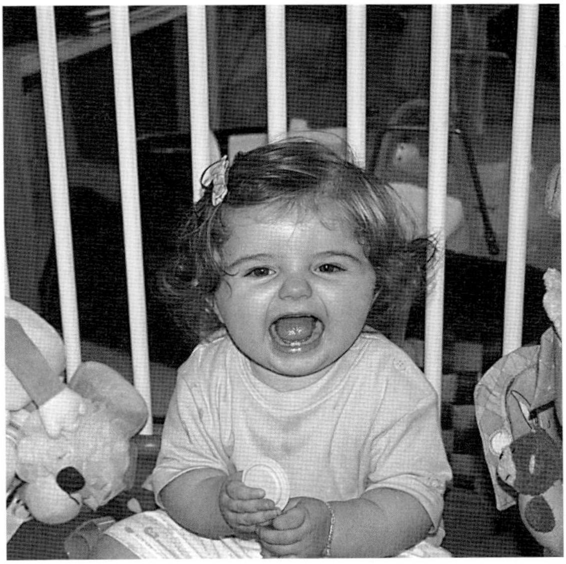

2.1 Komplexität der Sprache

Die Komplexität der Sprache können wir am besten verstehen, wenn wir einen Blick in die Menschheitsgeschichte (Phylogenese) werfen. Betrachten wir den langen Weg der Menschwerdung und untersuchen wir dabei die jeweiligen Kommunikationsmöglichkeiten des Menschen, dann fällt auf, dass während weit mehr als der Hälfte der menschlichen Evolution die Kommunikation nichtsprachlicher Art gewesen ist.

2.1.1 Kurzer Rückblick

Die ersten menschenähnlichen Wesen (Austrapithecinen) lebten vor etwa 3 Mio. Jahren. Sie waren körperlich und geistig den Menschenaffen ähnlicher als dem heutigen Menschen. Vor etwa 1 Mio. Jahren folgte ihnen der Homo erectus und schließlich der Homo sapiens, der in der Frühzeit seiner Existenz noch nicht ganz den heutigen Entwicklungsstand erreicht hatte (Homo sapiens neanderthalensis). Erst etwa vor 30.000 Jahren erschien der heutige Mensch (Homo sapiens sapiens) auf der Erde (vgl. Radigk 1991, 69). Das dominierende Kommunikationsmittel der Ur-Menschen dürfte die Gebärdensprache gewesen sein. Die Bildung von Lauten wurde durch die

Gebärdensprache (Körpersprache) begleitet und so immer mehr zur Signalgebung benutzt, bis sich daraus eigene sprachliche Systeme entwickelten. Das Bedürfnis des Menschen nach Kommunikation und Sprache war von Anfang an vorhanden. Somit können wir auf die stammesgeschichtliche Entwicklung des Menschen zurückblicken und feststellen, dass verschiedene Systeme und Stufen der Kommunikation durchlaufen wurden: Gebärden mit dem ganzen Körper, die Bildung von Ur-Lauten bei der Jagd, danach immer mehr konventionelle und definierte Laute innerhalb eines festgelegten Systems von Sprachlauten, um etwas auszudrücken, bis hin zum Übertragen der gesprochenen Laute in Zeichnungen, Höhlenbilder, Keilschriften, Hieroglyphen und Buchstaben. Über einen längeren Zeitraum der Menschheitsgeschichte hinweg ist der Gebrauch der Gebärden und Laute parallel verlaufen, bis mit dem Anstieg der Anforderungen immer mehr Lautsignale notwendig wurden. Diese Lautsignale haben sich mehr und mehr von den Naturlauten entfernt und haben schließlich reinen Zeichencharakter angenommen, d. h. die Laute und Lautketten (= Wörter) stehen für einen Gegenstand oder einen gedachten Sachverhalt. Gebärden, Gesten und Urlaute wurden immer mehr zurückgedrängt und neue Kommunikationsformen wie die heutige Sprache bahnten sich mühsam ihren Weg. Neben dieser Phylogenese sollten wir auch auf die individuelle Entwicklung des Menschen (Ontogenese) blicken. Die Entwicklung des Menschen von der Eizelle bis hin zum geschlechtsreifen Zustand und zum sprechenden Wesen hat viele Ähnlichkeiten mit der phylogenetischen Entwicklung. Zunächst kommuniziert das Kind über das Schreien, über Mimik, Gestik und Blickkontakt, dann bildet es erste Lallmonologe und Laute und schließlich spricht es mit ein bis zwei Jahren die ersten Wörter und kleinen Sätze. So erwirbt das Kind seine erste Sprache (Erstsprache), und es wird beim Spracherwerb weitgehend von der Mutter unterstützt (Muttersprache). Vereinfacht könnte man folgern, dass die ontogenetische Entwicklung in groben Zügen der phylogenetischen Entwicklung folgt.

Mit dem Zitat des Sprachforschers Chomsky „Die Sprache ist die komplizierteste Fähigkeit des Menschen“ (1969) wird deutlich, dass wir es bei der Sprache weder mit einer Funktion noch mit einem Organ zu tun haben. Der Sprachpsychologe Kainz spricht daher auch bei der Erklärung des Begriffs Sprache von einer funktionellen Superstruktur, d. h. nicht ein einziges Organ, sondern gleichzeitig mehrere Organe sind an der Sprache und am Sprechen beteiligt.

2.1.2 Sprachbegriff

Sprache ist ein konventionelles Regel- und Zeichensystem, das von Menschen verwendet wird als ein Mittel der Repräsentation begrifflicher Strukturen sowie der Darstellung von Gegenständen, Sachverhalten und realen Ereignissen. Sprache ist das Medium der zwischenmenschlichen Kommunikation im Miteinander einer Sprachgemeinschaft – hier des Deutschen.

Der Schweizer Linguist und Begründer der modernen Sprachwissenschaft, Ferdinand de Saussure (1857–1919), hat sich zu Beginn des zwanzigsten Jahrhunderts mit dem komplexen Sprachbegriff auseinander gesetzt und eine erste wichtige und bis heute gültige Unterscheidung vorgenommen. Es ist grundsätzlich zu fragen, ob die Sprache ein gesellschaftliches Phänomen oder eine individuelle menschliche Fähigkeit abbildet. Hierzu führte Ferdinand de Saussure drei zentrale Begriffe in die sprachwissenschaftliche Diskussion ein:

- „Langue" beschreibt das sprachliche System als gesellschaftliche Erscheinung und als kollektiven Besitz der Sprachgemeinschaft.
- „Parole" ist die konkrete Umsetzung und Verwirklichung der menschlichen Sprache als sprachliche Äußerung in gesprochener und geschriebener Form. „Parole" kann am besten mit dem eigentlichen Sprechen als Artikulationsvorgang übersetzt werden.
- Mit dem dritten Begriff „faculté de langage" – meist als „langage" abgekürzt – bezeichnet de Saussure die angeborene Fähigkeit des Menschen zur Sprache und zum Sprechen.

„Langage" ist die Basis sowohl für „Langue" als auch für „Parole" (vgl. Volmert 2000, 16).

Die Konzentration auf den Begriff Sprache allein trifft den vorliegenden Sachverhalt nur teilweise und ist daher nicht zufriedenstellend. Wir sollten in Anlehnung an de Saussure und Grohnfeldt (1999) in einem weiteren Schritt der Untergliederung unterscheiden zwischen Sprache und Sprechen.

Sprache als Zeichensystem ist eine übergeordnete Fähigkeit des Menschen im Rahmen der menschlichen Kommunikation. Sie ist das wichtigste und mächtigste Medium der zwischenmenschlichen Interaktion und übernimmt in der Kommunikation von Sprachgemeinschaften vielfältige Funktionen (vgl. Fried 2009, 35). Sprache ist ein sehr kompliziertes System, das nach bestimmten definierten Regeln funktioniert. Sprache symbolisiert die Welt, die Kultur, die gesellschaftliche Wirklichkeit, die unmittelbare Lebenswelt und den Alltag. Sie realisiert sich in verschiedenen Zeichengestalten wie Körpersprache, Lautsprache und Schriftsprache und ist ein Instrument des Denkens. Über die Sprache steuern und begleiten wir das menschliche Handeln. Die gemeinsame Sprache einer Sprachgemeinschaft wie z. B. des Deutschen umfasst das Inventar an Wörtern und die Regeln für die Kombination der Wörter in den Sätzen. Dabei können wir Sprache des Weiteren nach der Form, dem Inhalt und dem Gebrauch unterscheiden (vgl. Homburg 1995, 23). Was die Form angeht, so erleben wir die Sprache stets in einer bestimmten grammatischen Form. Hinsichtlich des Inhalts erfahren wir die gesprochene und die geschriebene Sprache als Transportmittel von Inhalten und Botschaften. Der Inhalt wird weitgehend durch das semantische System der Sprache erfasst. Die sprachliche Gestalt mit gewissen persönlichen Abweichungen und Nuancen offenbart sich durch den Gebrauch des Einzelnen in der Kommunikation mit anderen Menschen, d. h. hier gibt es ein sprachliches Verhalten.

Das Sprechen ist die ausführende Tätigkeit, die Umsetzung der Gedanken, Gefühle und Wünsche in hörbare sprachliche Äußerungen (vgl. Bergmann/Pauly/Stricker 2005, 7). Sprechwerkzeuge sind die Lippen, die Zähne, die Zunge, der Gaumen sowie der Kehlkopf mit den Stimmbändern. Im Kehlkopf erhält die menschliche Sprache erst ihren individuell geprägten Ton. Bei der Ausatmung werden die Stimmbänder gespannt und so entstehen je nach Grad der Spannung hohe und tiefe Töne.

Sprache und Sprechen gehören als Einheit zusammen und können nur zur formalen Betrachtung getrennt werden. Sie sind äußerst eng miteinander verknüpft und bedingen sich gegenseitig. Sprache kann nur und ausschließlich durch das individuelle Sprechen realisiert werden. Das Sprechen des Kindes setzt aber immer die Sprache voraus.

Fazit

Die Komplexität der Sprache können wir am besten verstehen, wenn wir uns innerhalb der Menschheitsgeschichte die Entwicklung der menschlichen Sprache von ihren uns bekannten Anfängen bis in die heutige Zeit vergegenwärtigen. Dabei stellen wir fest, dass während mehr als der Hälfte der menschlichen Evolution die Kommunikation nichtsprachlicher Art gewesen ist. Bis heute haben wir Schwierigkeiten, den Begriff der Sprache und des Spracherwerbs mit endgültiger wissenschaftlicher Absicherung zu erklären. Immer wieder haben wir Probleme, Zusammenhänge zu erkennen und das Wesen der Sprache transparent zu machen. Wegen der Komplexität der Sprache haben wir immer noch Schwierigkeiten, geeignete Handlungskonzepte der Sprachförderung zu entwerfen, die den individuellen Förderbedürfnissen der Kinder gerecht werden.

Schlüsselbegriffe

- Ursprache des Menschen, Zeichen- und Regelsystem, Phylogenese, Ontogenese, Sprache, Sprechen, funktionelle Superstruktur, Sprachbad, native speakers, Fördermodelle für Kleinkinder, Handlungskonzepte der Sprachförderung, langue, parole, faculté de langage

Fragestellungen

- Warum spricht Chomsky beim Sprachbegriff von der kompliziertesten Fähigkeit des Menschen und Kainz von der funktionellen Superstruktur?
- Ist die Sprache des Menschen ein gesellschaftliches oder ein individuelles Objekt?
- Was versteht man unter dem Begriff „native speaker"?
- Was versteht Ferdinand de Saussure unter „langue", „parole" und „faculté de langage" und wie hängen diese Begriffe zusammen?

Querverbindungen in diesem Buch

vgl. hierzu auch die Kapitel 1.3, 2.2 und 2.3

Weiterführende Literatur

Bergmann, R./Pauly, P. & Stricker, St. (2005): Einführung in die deutsche Sprachwissenschaft. Heidelberg: Universitätsverlag Winter.

Kolonko, B. (1997): Sprachpädagogische Arbeit im Kindergarten. Eine Arbeitshilfe für Ausbildung und Praxis. Hamburg: E. B. Verlag.

Vollmert, J. (Hrsg.) (2000): Grundkurs Sprachwissenschaft. München: Wilhelm Fink Verlag.

2.2

Modelle

Da wir bis heute nicht genau erklären können, wie sich die menschliche Sprache entwickelt und sich als Sprachsystem manifestiert, müssen wir uns an geeigneten Modellen zur Erklärung der Sprache und des Sprechens orientieren. Modelle sind der Versuch, möglichst nahe an die Realität des komplexen Gegenstandes Sprache heranzurücken.

2.2.1 Kommunikation

Kommunikation stammt aus dem Lateinischen „communicare" und bedeutet „teilen, mitteilen, teilnehmen lassen, gemeinsam machen, vereinigen". Kommunikation bezeichnet den Austausch von Informationen zwischen zwei oder mehr Personen. Kommunikation erfolgt über die Sprache des Menschen. Der gesamte Alltag des Kindes in den Bildungseinrichtungen, in der Familie und im gesamten Freizeitbereich ist geprägt durch die mündliche Kommunikation. Es gibt verschiedene Kommunikationstheorien, die das Zusammenleben von Menschen untersuchen und erklären wie z. B. das Organon-Modell des Psychologen Bühler (1934) oder der theoretische Ansatz des Kommunikationsquadrats von Schulz von Thun (1981). Es gibt zum

Begriff und Bereich der Kommunikation verschiedene Modelle und teilweise recht unterschiedliche Ansichten. Im Folgenden sollen einige übereinstimmende Erkenntnisse kurz zusammengefasst und dargestellt werden.

Kommunikation meint die Verständigung von Menschen untereinander, die in den unterschiedlichsten Lebenslagen sowie auf verschiedenen kognitiven, sozialen und emotionalen Ebenen miteinander stattfinden kann. Grundlage der Kommunikation ist die Interaktion. Dabei sind die Bereitschaft und die Fähigkeit, mit anderen Personen Kontakt aufzunehmen und Beziehungen einzugehen, für die Kommunikation unerlässlich. Die Kommunikation selbst ist dabei in unterschiedlichen Formen vorzufinden: die verbale Kommunikation durch die menschliche Sprache realisiert durch das Sprechen und die nonverbale Kommunikation repräsentiert durch Mimik, Gestik, Tonfall, Melodie und Sprechstil. Weiterhin gibt es in Anlehnung an die Veröffentlichungen von Watzlawick, Beavon und Jackson (1993) wichtige Grundgesetze der zwischenmenschlichen Kommunikation, die in allen Lebenslagen immer wieder in Erscheinung treten und zuweilen Probleme bereiten.

1. Axiom

„Wahr ist nicht, was A sagt, sondern was B versteht", d.h. wahr ist nicht, was die Erzieherin erzählt oder von dem Kind fordert, sondern was das Kind versteht. Hier gibt es viele – manchmal unnötige – Missverständnisse und Irritationen auch innerhalb der Sprachförderung gerade im Umgang der Kinder untereinander und insbesondere mit den Kindern, die keine ausreichenden Deutschkenntnisse vorweisen.

2. Axiom

„Man kann nicht nicht kommunizieren", d.h. auch das Wegschauen eines Kindes bei der Sprachförderung oder im Unterricht, das Schweigen und der Rückzug in der spontanen Gesprächssituation ist Kommunikation. Hier bedarf es dann der weiteren Interpretation, weil auch diese Signale dem Gesprächspartner Informationen über das persönliche Wohlbefinden vermitteln. Hier gibt es einen engen Zusammenhang zu dem Bereich der emotionalen und sozialen Kontaktstörungen. Die Kommunikation ist also kein einseitiger, linearer Prozess, sondern ein komplizierter und kreisförmiger Vorgang mit wechselseitigen Rückkopplungen zwischen dem Sender (Sprecher) und Empfänger (Hörer). Dabei findet, wie bereits erwähnt, auf verschiedenen Ebenen ein Austausch von Signalen verbaler und nonverbaler Art statt (vgl. Deutsches Institut für Fernstudien an der Universität Tübingen 1988, Bd. 6, 1 ff.).

3. Axiom
„Jede Kommunikation hat einen Inhalts- und Beziehungsaspekt, derart, dass letzterer den ersteren bestimmt", d. h. während der Inhalt der Botschaft sprachlich ausgedrückt wird, erfolgt die Information über die Beziehung meist nonverbal. Der Beziehungsaspekt wird in der Auseinandersetzung mit der menschlichen Kommunikation mindestens als gleichwertig, wenn nicht sogar noch als wichtiger und wertvoller als der Inhaltsaspekt eingestuft.

Nicht alle Kinder bringen die Entwicklungsvoraussetzungen mit, die man für die zwischenmenschliche Kommunikation braucht. Manche Kinder haben Kommunikationsstörungen, die sich zum einen auf biologisch-physiologische Beeinträchtigungen wie z. B. Hörprobleme und Sprachstörungen und zum anderen auf emotional-soziale Störungen zurückführen lassen wie z. B. Kontaktstörungen oder emotionale Störungen.

Hier sind zurückhaltende und introvertierte Kinder zu nennen und Kinder, die sich sozial zurückziehen und jeglicher Art der zwischenmenschlichen Kommunikation aus dem Weg gehen. Dabei kann es sich sowohl um gestörte oder gar behinderte Kinder als auch um hoch begabte Kinder handeln, die sozial sehr ängstlich oder sprechscheu sind. Dabei kommen wir dann auch mit dem Begriff des Mutismus in Berührung: Mutismus meint das Nichtsprechen bei Intaktheit des peripheren und zentralen Sprechapparates. In der älteren Literatur werden hier auch die Begriffe Sprachhemmung, Sprachscheu und freiwilliges Schweigen synonym benutzt. Auf der anderen Seite gibt es aber auch übermäßig kontaktbedürftige Kinder, die das andere Extrem von Kontaktstörungen repräsentieren. Wir haben damit eine sehr enge Verzahnung von Sprache, Sprechen und Kommunikation auf der einen Seite und dem emotionalen und sozialen Verhalten auf der anderen Seite. Hier sollten wir auch weiterhin das gesamte soziale Umfeld stärker in den Blick nehmen als bisher, damit wir sowohl präventiv im frühen Erkennen von Risiken als auch im Sinne der gezielten Intervention fachgerecht und kompetent die Entwicklung des Kindes begleiten und unterstützen können. Wir müssen uns stärker als bisher auch auf sprachscheue, introvertierte, ängstliche, übermäßig kontaktfreudige, aggressive und unterwürfige Kinder einstellen und uns auch hier Wissen aneignen, um als Pädagogen kompetent vorzubeugen (Prävention) und einzugreifen (Intervention).

2.2.2 Sprache als Ganzheit

Die menschliche Sprache ist das zentrale Medium der zwischenmenschlichen Kommunikation und das wichtigste Werkzeug des menschlichen Denkens. Sprache stützt sich auf zentrale Entwicklungsbereiche wie z. B. die Wahrnehmung, die Motorik, die Emotionen und die vielfältigen sozialen Beziehungen und Kontakte. Für die weiteren Überlegungen der Sprachförderung im Elementarbereich wird das Modell der Sprachganzheit von Bindel und Günther (2002) herangezogen. Bei diesem handelt es sich weder um ein linguistisches noch um ein neurophysiologisches noch um ein psychologisches Modell, sondern um ein pädagogisch ausgerichtetes und in der Praxis erprobtes Modell der Sprache und der Sprachförderung. Dabei wird die Sprache als ein funktionelles System aufgefasst und zum einen als Einheit von äußerer Form und sprachbezogener Norm betrachtet und zum anderen als untrennbare Einheit von Sinn und Bedeutung verstanden. In diesem Modell der Sprachganzheit geht es nicht nur um die expressive Seite, d. h. die Produktion von Sprache, sondern gleichermaßen um die impressive Seite der Sprache, d. h. um das Zuhören, Verstehen und Nachdenken über das Gehörte und Gesagte. Das aufmerksame Zuhören und das Verstehen gesprochener Äußerungen sind wichtig. Die formale Betrachtung der Sprache mit den Kategorien Aussprache, Satzbau und Wortschatz werden zwar als wichtig erachtet, stehen jedoch auf gleicher Stufe mit den motivationalen, kognitiven, interessegeleiteten und vor allem interaktionalen Aspekten und Dimensionen des funktionellen Systems der Sprache.

1. Partnerorientierung

Ein erster wichtiger Faktor des Systems Sprache ist die soziale Beachtung des Gesprächspartners, d. h. hier geht es um das Herstellen von sozialen Kontakten zu anderen interessanten Personen und Gesprächsteilnehmern. Der erste und wichtigste Gesprächspartner im Leben des Kindes ist die Mutter; von daher bleibt die Aussage des amerikanischen Psychologen und Sprachforschers Bruners weiterhin unumstritten: Die Mutter ist die beste Sprachlehrerin der Welt! Neben den kompetenten Gesprächspartnern sind auch die in manchen Familien vernachlässigten Aspekte Vertrauen, Interesse, Motivation und Selbstvertrauen in die eigenen sprachlichen Fähigkeiten zu berücksichtigen. Die Partnerorientierung zu den Kindern, das Zusehen und Zuhören und damit die soziale Beachtung anderer Personen sollte permanent angeregt und in entsprechenden Situationen immer wieder angestrebt werden. Das soziale Netz ist sozusagen die Basis einer sozial und interaktionistisch geprägten Sprachförderung.

2. Verstehen
Das Verstehen von sprachlichen Äußerungen ist ein zweiter wichtiger Faktor, bei dem es um das Erfassen von Zusammenhängen, um den Sinn und die Bedeutung von Begriffen und Sätzen geht. Hypothesen werden aufgestellt, überprüft und wieder verworfen, und vor allem muss das Gesagte behalten und abgespeichert werden. Hier steht das Mitdenken und vor allem Verstehen des Gesagten im Vordergrund. Geistige Denkprozesse, innere Aktivitäten und Erkenntnisse im Sinne einer stark kognitiven Sprachverarbeitung sollten zum Thema der Sprachförderung gemacht werden.

3. Interesse und Motivation
Ein dritter Faktor des Modells der Sprachganzheit ist das positive Selbstkonzept bzw. das Selbstbewusstsein. Dabei stehen die persönlichen Interessen an der Sprache, die Motivation, die Sprache zu beherrschen, und das selbstbewusste freie Sprechen in der alltäglichen Kommunikation im Mittelpunkt. Wir sprechen heute von Top-down-Prozessen wie Aufmerksamkeit, Motivation, volitionalen und sozialen Prozessen und Gedächtnis, die auf die Sprache und das Sprechen des Kindes permanent einwirken.

4. Erzählen
Ein vierter Faktor beschäftigt sich mit der Förderung des Erzählens, des Dialogs, der Konversation und des Gesprächs untereinander als dem hohen Ziel jeglicher individueller Sprachfördermaßnahmen. Sprache soll hier als Instrument und Mittel der zwischenmenschlichen Kommunikation erkannt und eingesetzt werden. Hier geht es um das Miteinandersprechen, die Konversation zu Zweit oder zu Dritt und die Diskussion im Sinne des Austauschens von Sachargumenten. Dabei spielen die erworbenen Kommunikationsstile und die erlernten Formen des Sprachgebrauchs wie Dialekt, Umgangssprache oder Hochsprache eine zentrale Rolle. Die Erzähler-Hörer-Rolle des Kindes sollte in dieser Phase der Sprachförderung trainiert werden.

5. Linguistische Strukturen
Schließlich beschäftigen wir uns mit dem letzten Faktor des Modells der Sprachganzheit und wenden uns den linguistischen Kategorien der Lautbildung, dem aktiven, spontan gebrauchten Wortschatz sowie dem passiven Wortschatz, der für das Verstehen von Sprache wichtig ist, und der Satzbildung zu. Dabei geht es um das Erkennen der Laute, die Lautunterscheidung, die Bedeutung der Wörter und Begriffe, den Satzbau und den aktiven Wortschatz des Kindes. Hier haben wir es mit den hörbaren Anteilen der impressiven Seite der menschlichen Sprache zu tun.

Die fünf Faktoren des Modells der Sprachganzheit bilden keine Hierarchie, sondern sind eher im Sinne eines funktionellen Systems zu betrachten. Aus diesem Modell können wir sowohl für die Diagnostik als auch für die konkrete Förderung ableiten, dass die zwischenmenschlichen Beziehungen, das Verstehen von Sprache und die Top-down-Prozesse in der Sprachförderung stärker Berücksichtigung finden sollten. Das Ziel der individuellen Sprachförderung besteht darin, das Kind zu bewussten geistigen Prozessen und sozialen Abstimmungen zu führen. Die Kinder sollen erst zum Denken und danach zum Sprechen geführt werden. Sprachförderung wird damit zur Denkschulung, aber auch zur Kulturerziehung.

Bei der Konzeption von Sprachmodellen neigen wir dazu, Konzepte zu entwickeln, die sich empirisch überprüfen lassen. Hier sollten wir stärker darüber nachdenken, dass es in der Sprache und beim Sprechen Anteile gibt, die nicht exakt zu messen sind, wie z. B. Motivationen, Emotionen, Aufmerksamkeit und die fantastischen Leistungen unseres Gedächtnisses.

Fazit

Die Kommunikation beherrscht unseren Alltag in den und außerhalb der Bildungseinrichtungen. Kommunikation meint die Verständigung von Menschen untereinander über das Medium der Sprache. Die Grundlage der zwischenmenschlichen Kommunikation ist die Interaktion. Die Kontakte und Beziehungen zu anderen Personen sind entscheidend für den Erwerb und die Entwicklung der menschlichen Sprache. Da wir bis heute nicht genau wissen, wie sich Sprache und Kommunikation entwickeln, stützen wir uns zum einen auf Modelle der Kommunikation und zum anderen auf Modelle der Sprache.

Schlüsselbegriffe

Kommunikation, Organon-Modell, Kommunikationsquadrat, vereinfachtes Kommunikationsmodell, intrapersoneller Kreislauf, interpersoneller Kreislauf, expressive und impressive Seite der Sprache, Modell der Sprachganzheit

Fragestellungen

- Wieso braucht die zwischenmenschliche Kommunikation die Interaktion und damit das soziale Lernen?
- Welche Modelle der Kommunikation und Sprache kennen Sie?
- Erläutern Sie das eher pädagogische Modell der Sprachganzheit unter didaktischen Aspekten der Sprachförderung.
- Welche Rolle spielt der intrapersonelle Kreislauf für den Spracherwerb des Kinder bei der Erstsprache und beim Erwerb einer Zweitsprache?

Querverbindungen in diesem Buch

vgl. hierzu auch die Kapitel 2.1, 2.2, 2.4 und 2.5

Weiterführende Literatur

Volmert, J. (Hrsg.) (2000): Grundkurs Sprachwissenschaft. 4. Aufl. München: Wilhelm Fink Verlag.

Wagner, R. W. (2006): Mündliche Kommunikation in der Schule. Paderborn München, Wien, Zürich: Schöningh Verlag.

2.3

Formen des Sprachgebrauchs

In diesem Kapitel geht es um die sprachsoziologische Gliederung des Deutschen, also um die Frage, welche sprachlichen Formen bzw. Varianten des Sprachgebrauchs wir in bestimmten Sprechergemeinschaften vorfinden. Die Einteilung in bestimmte Formen des Sprachgebrauchs hängt von bestimmten Merkmalen der Sprecher ab wie z. B. Alter, Geschlecht, Bildungsniveau, Beruf, Einkommen, Region und Kulturzugehörigkeit (vgl. Bergmann/Pauly & Stricker, 2005, 126). Im Bildungsbereich ist die deutsche Sprache grundsätzlich die Unterrichtssprache und pädagogische Verkehrssprache, dies gilt auch für den Elementarbereich.

2.3.1 Varietät

Bei der individuellen Sprachförderung steht die gesprochene, mündliche Sprache im Mittelpunkt, d. h. es geht um die äußere hörbare Form der Sprache, weniger um die schriftliche Sprache. Die Sprache in der inneren wie in der äußeren Form weist verschiedene Ausprägungen auf; dies bezeichnen wir in der Linguistik als Varietät und verstehen darunter – bezogen auf die deutsche Sprache – eine Abweichung gegenüber der Standardsprache

Deutsch als Zielsprache. Die Standardsprache des Deutschen selbst ist eine Varietät innerhalb der menschlichen Sprache. Von Varietät sprechen wir jedoch immer nur dann, wenn die Sprachform einer bestimmten Gruppe von Menschen eindeutige sprachliche Gemeinsamkeiten aufweist. Von daher kennen wir seit jeher bei der menschlichen Sprache eine Reihe von Subsystemen der menschlichen Sprache, wie z. B. die regional verbreiteten Dialekte. In der Literatur kennt man auch die Unterscheidung zwischen der Hochsprache und der Volksprache als Ausdrucksmöglichkeit der allgemeinen Bevölkerung, die wiederum beeinflusst wurde durch historische, natürliche und wirtschaftliche Grenzen (vgl. Franke 1978, 167). Alle Varietäten zusammen genommen bilden den Gesamtbau der Sprache, man spricht hier sogar von Architektur aller Varietäten. Beim Begriff der Varietät unterscheiden wir zunächst in

- standardisierte Varietäten im Sinne von Standardsprachen einer Einzelsprache wie des Deutschen und
- nichtstandardisierte Varietäten wie z. B. Dialekt, Mundart, Regionalsprache, Gruppensprache und Umgangssprache.

Die Standardsprache bzw. Hochsprache ist eine Varietät, die durch die Aussprache und Grammatik bestimmt ist. Im deutschen Sprachraum existiert das Standarddeutsch in verschiedenen nationalen Varietäten: in der Schweiz das Schweizer Hochdeutsch, in Österreich das Österreichische Deutsch und in Deutschland das Bundesdeutsche Hochdeutsch. Weitere Varietäten finden wir in Belgien, in Italien (Südtirol), in Liechtenstein und in Luxemburg (vgl. hierzu Metzler 2005, 717; Wikipedia 2008).

2.3.2 Formen

Sprache hat verschiedene Seiten und Aspekte; wichtige Aspekte sind zum einen die Form der Sprache und zum zweiten der Inhalt, der Sinn und die Bedeutung. Die soziologische Gliederung einer Sprache und Sprachgemeinschaft führt in allen Völkern zu einer teilweise recht unterschiedlichen Realisierung von menschlicher Sprache, je nachdem, zu welcher Gruppe die Sprecher gehören. Im Deutschen gibt es unterschiedliche Gruppen mit bestimmten Normen und Erwartungen sowie verschiedene sprachliche Formen und Subsysteme.

Hochsprache/Standardsprache
Beide Begriffe werden synonym gebraucht. Die Hochsprache ist eine Sprachform, die hinsichtlich der Aussprache, des Wortschatzes und der grammatischen Regeln, also hinsichtlich der Form, des Inhalts und des Gebrauchs, als vorbildliche Sprachform charakterisiert wird.

Volkssprache
Im Gegensatz zur vorbildlichen Hochsprache bzw. Standardsprache ist die Volkssprache die Sprache des Volkes. Diese Sprache wurde weitgehend durch historische Einflüsse, natürliche Gegebenheiten und wirtschaftliche Aspekte beeinflusst. Der Einfluss der Volkssprache geht heute mehr und mehr zurück und wird durch die Umgangssprache verdrängt.

Umgangssprache
Diese Sprachform hat sich im Laufe der Jahre aus der Volkssprache entwickelt. Sie orientiert sich jedoch in Form, Inhalt und Gebrauch an der Hochsprache und wird von den mittleren und breiten Schichten eines Volkes im täglichen Umgang miteinander gesprochen. Man bezeichnet die Umgangssprache auch als Alltagssprache. Die Umgangssprache lehnt sich an die Hochsprache an, ist teilweise mundartlich gefärbt und besitzt teilweise eine „lässige" Artikulation. Die Umgangssprache ist weit verbreitet, und da sie vorrangig als mündliche Sprache benutzt wird, ist sie eine Sprache des täglichen Kontakts der betreffenden Personen untereinander. In der Förderung und im Unterricht können wir beobachten, dass die Umgangssprache teilweise die Bildungssprache verdrängt und im Unterricht von den Kindern und Schülern und teilweise auch von den Lehrkräften eingesetzt wird.

Mundart/Dialekt
Die Begriffe Mundart und Dialekt werden hier synonym gebraucht; nur wenige Autoren differenzieren zwischen Mundart und Dialekt. Als Mundart oder Dialekt wird eine Sprachform bezeichnet, die vorwiegend mündlich eingesetzt wird. Die Mundart ist im Gegensatz zur Hochsprache eine lokal unterschiedlich benutzte Sprachform hinsichtlich Form, Inhalt und Gebrauch und weist eine Vielzahl von sprachlichen Eigenheiten auf, die nicht immer logisch oder plausibel erscheinen. Sie besitzt eine eigene Artikulationsbasis, teilweise einen eigenen Wortschatz und teilweise eine eigene Syntax. Diese Sprachform erstreckt sich manchmal nur auf wenige Ortschaften bzw. Städte hinsichtlich der Aussprache, einer besonderen Syntax und eines örtlich bestimmten Wortschatzes. Die Mundart ist eine Sprache, die auf bestimmte Dörfer, Städte oder Landstriche begrenzt ist. Viele Kinder wachsen dialekt-

sprechend in der Familie und der Umgebung auf und haben im Kindergarten Schwierigkeiten, sich vom Dialekt zu lösen, insbesondere dann, wenn die Familienmitglieder, die direkten Bezugspersonen wie Freunde und Bekannte und die pädagogischen Fachkräfte im Kindergarten und in der Grundschule ebenfalls Dialekt sprechen. In der Bundesrepublik Deutschland können wir ein Nord-Süd-Gefälle beobachten, d. h. in den südlichen Bundesländern wie Hessen, Rheinland-Pfalz, Saarland, Baden-Württemberg und Bayern wird weitgehend Mundart gesprochen. Hier trifft der Satz zu: „Wir können alles – außer Hochdeutsch!"

Bildungssprache

Als Folge der bundesweit geführten Bildungsdebatte mit dem Schwerpunkt der Sprachförderung von Migrantenkindern hat sich in den letzten Jahren der Begriff der schulischen Bildungssprache herausgebildet (vgl. Neumann 2008, 36). Diese Sprache soll in den schulischen Einrichtungen eingeübt und gesprochen werden. Dies gilt gleichermaßen für einsprachig, zweisprachig und mehrsprachig aufwachsende Kinder. Zwei- und mehrsprachig aufwachsende Kinder sind jedoch häufiger davon betroffen, weil sie immer noch mit geringen Deutschkenntnissen ins erste Schuljahr kommen. Hier hat der vorschulische Bereich eine schwierige Herausforderung zu meistern, damit künftig der Übergang vom Kindergarten in die Grundschule besser gelingt. Die wesentlichen Merkmale dieser neuen Bildungssprache sind die Ausrichtung an der Schriftsprache, ein hoher Grad an Abstraktheit und Präzision, die Kontextbezogenheit und die grammatische Komplexität.

Die Aufgabe der Elementarpädagogik besteht darin, die Grundlagen für den Erwerb der Bildungssprache zu schaffen, und zwar mit dem Bereitstellen von Literalitätserfahrungen in der Familie, im Kindergarten oder in der Vorschule. Der Erwerb der Bildungssprache bedarf einer systematisch angelegten und kontinuierlich durchgeführten Sprachförderung ab der ersten Grundschulklasse. Zwei Sprachhandlungstypen sind dabei von Bedeutung: das Erzählen und das Erklären. Beide Handlungsmuster können insbesondere im letzten Kindergartenjahr eingeübt und trainiert werden. Generell sollten wir die Forderung erheben, dass in den Bildungseinrichtungen die Bildungssprache Deutsch als Hochsprache gesprochen wird; dies klingt selbstverständlich, trifft allerdings in vielen Fällen nicht zu. Hier haben wir noch erhebliche Defizite bei allen pädagogischen Fachkräften, denn nicht selten erleben wir, dass die Umgangssprache oder gar Dialekte im Kindergarten und in der Grundschule die dominante Verkehrssprache sind.

Mischsprache

Mischsprache meint, dass Kinder und Erwachsene Strukturen verschiedener Sprachen wie z. B. ihrer Muttersprache und von Deutsch als Zweitsprache fast wahllos mischen. Dabei werden Wörter, Begriffe und Phrasen aus einer Sprache in eine andere Sprache übernommen. Darunter fassen wir alle Kinder, die ein-, zwei- oder mehrsprachig aufwachsen und sprechen, „wie ihnen der Schnabel gewachsen ist", d. h. sie sprechen teilweise ausschließlich Dialekt, wechseln dann in der Schule über die Umgangssprache in die von der Schule geforderte Standardsprache; hier sprechen wir dann von einem Code-Wechsel oder von „code switching". Innerhalb der Familie sprechen diese Kinder jedoch ausschließlich Dialekt oder ihre Muttersprache wie z. B. russisch, polnisch, italienisch oder türkisch. In dieser Mischsprache finden wir keine Sprache, die formal und inhaltlich beherrscht wird (vgl. Niedersächsisches Ministerium für Frauen, Arbeit und Soziales 2002, 59).

Modische Sprachwellen

Die Einflüsse anderer Sprachen und Kulturen auf das Hochdeutsche bzw. die Standardsprache Deutsch haben sich in den letzten Jahren verstärkt. Hier gibt es eine Reihe von sprachlichen Entwicklungen, die den Hütern der deutschen Sprache, den Germanisten und Deutschlehrern, große Sorge bereiten. Da ist zum einen der immer stärker werdende Einfluss der Anglizismen, die ohne kritische Reflexion von den Bildungseinrichtungen und den Medien übernommen und eingedeutscht werden. Weiterhin werden bestimmte Begriffe, Phrasen und Sätze wegen ihrer Beliebtheit und täglichen Präsenz in den Medien ebenfalls gerne aufgenommen und benutzt, wobei Grammatikregeln, sprachliche Ästhetik und Höflichkeiten missachtet werden wie z. B. „Da werden Sie geholfen". Ebenso beobachten wir Entwicklungen zum schnelleren „Rap-Sprechen", oft gepaart mit Geräuschen und Floskeln der Körpersprache, die Wörter oder Sätze ersetzen. Wir haben die Aufgabe und Pflicht, diese sprachlichen Trends und Tendenzen kritisch zu beobachten und nur so lange zu akzeptieren, wie sie keine Kränkung und Verletzung unserer Sprache darstellen (vgl. Wagner, 2006, 41).

Fazit

Innerhalb der deutschen Sprachgemeinschaft beherrschen und sprechen nicht alle Mitglieder die Hochsprache. Hier gibt es regional gesehen große Unterschiede. Wir können ein Nord-Süd-Gefälle dergestalt beobachten, dass in den südlicheren Regionen Deutschlands verstärkt Dialekte als Umgangssprache gesprochen werden. Diese unterschiedlichen Formen des Sprachgebrauchs werden meist unbewusst akzeptiert; dabei spielen sie für die Planung und Durchführung der individuellen Sprachförderung eine wichtige Rolle. Wir finden einen insbesondere nach Wohnlage, Beruf, Bildungsniveau, Einkommen, Alter und Geschlecht unterschiedlich starken Gebrauch von Dialekten vor, aber auch die Umgangssprache ist weit verbreitet. Hinzu kommt noch die Mischsprache, die von zugewanderten Kindern gesprochen wird. Die Hochsprache als Standardsprache sprechen nur sehr wenige Kinder und Familien.

Schlüsselbegriffe

- Hochsprache, Standardsprache, Umgangssprache, Volkssprache, Mundart, Dialekt, Mischsprache, Bildungssprache, Modische Sprachwellen

Fragestellungen

- Welche Formen des Sprachgebrauchs finden wir in den verschiedenen sozialen Schichten unseres Volkes?
- Wie gehen wir mit dem Dialekt um; sollen wir den Dialekt im Unterricht völlig verbieten?
- Wie sollen wir mit den dialektsprechenden Kindern im Unterricht umgehen?
- Was ist unter dem Begriff der Familiensprache zu verstehen, der in der Literatur und in Fachdiskussionen ebenfalls immer wieder benutzt wird?
- Welche Probleme ergeben sich aus dem Dialekt für den Lese- und Schreiblernprozess am Schulanfang?

Querverbindungen in diesem Buch

vgl. hierzu auch die Kapitel 1.4, 1.7, 2.1, 2.2 und 2.4

Weiterführende Literatur

Besch, W./Löffler, H. & Reich, H. H. (1976): Dialekt/Hochsprache kontrastiv/ Hessisch, Bayrisch, Alemannisch, Schwäbisch, Westfälisch. Düsseldorf: Schwann Verlag.

Wegera, K.-P. (1982): Probleme des Dialektsprechens beim Erwerb der deutschen Standardsprache. In: Besch, H. u. a. (Hrsg.): Dialektologie. Berlin.

Wespel, M. (2008): Wir können alles außer Hochdeutsch. Dürfen Kinder im Unterricht Dialekt sprechen? In: Grundschule, 2, 30–33.

2.4

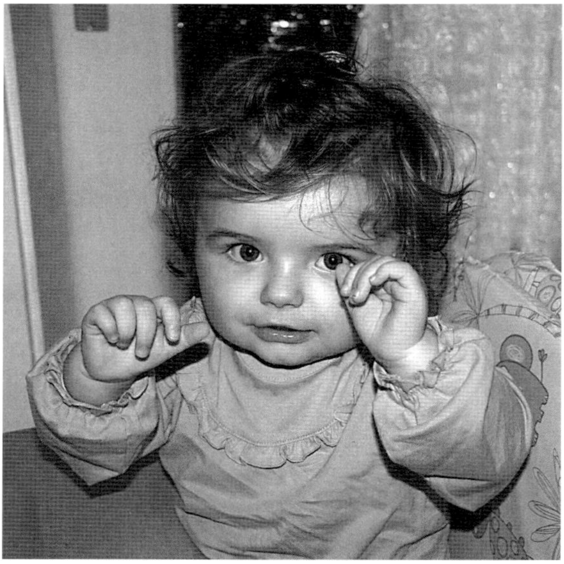

Begriffsklärungen

Sprachförderung zielt auf die Verringerung der Differenzen zwischen den praktizierten Formen des Sprachgebrauchs der Kinder und Schüler und den Anforderungen der Bildungseinrichtungen an die Sprachkompetenz im Sinne einer Bildungssprache und gleichzeitig an die Ausschöpfung aller vorhandenen sprachlichen Potenziale wie z. B. bei Hochbegabten. Für die Darstellung eines grundlegenden Orientierungsrahmens ist es notwendig, den vielgebrauchten Begriff der Sprachförderung näher zu beschreiben und verwandte Begriffe zu definieren. Definitionen von Begriffen sind notwendig, damit wir uns in der Fachsprache verständigen und unnötige Missverständnisse vermeiden können. Begriffe sind dann nützlich und brauchbar, wenn sie

- zum einen präzise sind, d. h. der Kommunikationspartner kann bei einem Ereignis erkennen, was zum Begriff gehört und was nicht, und
- zum anderen konsistent sind, d. h. alle Kommunikationspartner kommen bei der Definition zum gleichen Ergebnis.

Alle Begriffe sollten angemessen sein, d. h. nicht zu weit und nicht zu eng gefasst sein.

Die folgende Auflistung erhebt weder den Anspruch auf Vollständigkeit noch ist sie als Ranking zu verstehen.

2.4.1 Individuelle Sprachförderung

Die individuelle Sprachförderung wird hier als Forderung und Leitbegriff verstanden, der die positive Unterstützung und sozial-emotionale Begleitung während der kindlichen Sprachentwicklung in den ersten zehn Lebensjahren in der Familie, in der Krippe, in der Kindertagesstätte und in der Grundschule meint. Dabei sollten wir einige Begriffe definieren, die immer wieder in diesem Zusammenhang gebraucht und teilweise synonym benutzt werden.

Die individuelle Sprachförderung ist ein weit verbreiteter pädagogischer und bildungspolitischer Sammelbegriff, der sich auf die Unterstützung und Begleitung der Entwicklung der Erstsprache (Muttersprache) in den ersten Lebensjahren bezieht. Zielgruppe sind die deutschen Kinder, die in Deutschland geboren und aufgewachsen sind und Störungen beim Erwerb der Muttersprache und in der Wahrnehmung aufweisen. Die gezielte Unterstützung des Spracherwerbs ist insbesondere für solche Kinder gedacht, deren Umfeld für den Erwerb der Sprache ungünstig ist. Hier können wir von ca. 10 bis 20 % der Vorschulkinder ausgehen. Ein Teil dieser Kinder braucht zudem auch logopädische Unterstützung und Therapie.

Die integrative Sprachbildung bezieht sich auf die Wertschätzung und Förderung der Muttersprache von zugewanderten Kindern in ihrer Familie und ihrem Freundeskreis und gleichzeitig auf den Erwerb von Deutsch als Bildungssprache. Hier geht es darum, dass die deutsche Sprache als Bildungssprache anerkannt und in allen Bildungseinrichtungen und Bildungsphasen gesprochen wird. Die Betonung liegt hier bewusst auf dem Aspekt der Bildung, weil neben der Vermittlung der Sprachkompetenz auch kulturelle Werte und literarische Inhalte wie Reime, Gedichte und Kinderliteratur im Sinne einer interkulturellen Bildung vermittelt werden. Hier können wir aufgrund von Untersuchungen und Expertenschätzungen von ca. 20 % der Kinder ausgehen. Als Zielgruppe verstehen wir all jene Kinder, die aus einem anderen Herkunftsland stammen und Deutsch als zweite Sprache erlernen.

Die bilinguale Sprachförderung geht weg vom monolingualen Habitus und führt hin zu der Notwendigkeit der bilingualen bzw. mehrsprachigen Erziehung im Alter zwischen null und sechs Jahren. Das frühe Fremdsprachenlernen mit leicht abweichenden Konzepten bedeutet das Vorhandensein zweier und mehr Sprachen im frühkindlichen Bildungsraum. Zwei Sprachen werden zu gleichen Anteilen angeboten und benutzt, wobei Muttersprachlerinnen die Sprachen anbieten, nach dem Prinzip: eine Person – eine Sprache. Als Zielgruppe meinen wir die Kinder, die neben der Muttersprache eine oder gar zwei weitere Sprachen gleichberechtigt im Alter zwischen null und sechs Jahren erlernen.

Der grundlegende Sprachunterricht gehört zum Aufgabenspektrum des Deutschunterrichts in der Grundschule und Förderschule. Er hat einen Paradigmenwechsel erlebt weg von der Input-Steuerung über Lehrpläne und Handreichungen hin zu einer kompetenzorientierten Output-Orientierung, wobei insbesondere auf die erzielten Lernergebnisse der Schülerinnen und Schüler geachtet wird (vgl. Bremerich-Vos/Granzer 2009, 7 f.). Sprachunterricht versteht sich einerseits als weitere Entfaltung der kindlichen Sprachkompetenz mit den zentralen Kompetenzbereichen Sprechen und Zuhören, Schreiben, Lesen, mit Texten und Medien umgehen und Sprache und Sprachgebrauch untersuchen und andererseits als basale Vorbereitung des Vorschulkindes auf den Erwerb der Schriftsprache. Hierunter fallen die Vorläuferfertigkeiten wie das differenzierte und aufmerksame Zuhören, die Entfaltung der auditiven Wahrnehmung, das deutliche Sprechen, der differenzierte und situationsadäquate Gebrauch der Sprache, der Umgang mit der Literalität sowie die in den letzten Jahren herausgestellte phonologische Bewusstheit. Zielgruppe sind die Kinder, die aufgrund ihrer häuslichen Defizite und sozialen Vernachlässigung Unterstützung und Förderung benötigen; hierunter fallen insbesondere die Risiko- bzw. die Problemkinder, die heute in allen Studien auf ca. 20 % eines Altersjahrgangs geschätzt werden.

Die Sprecherziehung kümmert sich um die Grundlagen des kindlichen Sprechens und fördert elementare Vorgänge der Atmung, der Stimme und der Aussprache. Gerade die Aussprache ist es, die vielen Kindern in der frühkindlichen Bildungsphase Schwierigkeiten bereitet. Es geht um Ausspracheübungen, um das betonte und deutliche Sprechen bei Liedern, Gedichten und Spielen. Zielgruppe sind all jene Kinder, die Schwierigkeiten mit der Aussprache von Deutsch als Standardsprache haben; hierunter können Kinder aus den bisher beschriebenen Teilbereichen und Zielgruppen (1) bis (4) fallen. Die genannten Teilbereiche zusammen genommen machen das aus, was wir unter dem Oberbegriff der individuellen Sprachförderung verstehen.

Die hier vorgestellte individuelle Sprachförderung wird in den Bildungseinrichtungen Krippe, Kindertagesstätte und Schule von kompetenten pädagogischen Fachkräften als den verantwortlichen Pädagogen übernommen. Mit dem Begriff „pädagogische Fachkräfte" sind die Erzieherinnen und Erzieher und die Lehrerinnen und Lehrer gemeint. Der Begriff „Pädagoge" wurde aus dem Lateinischen „paedagogus" entlehnt, das wiederum aus dem Griechischen „päd-agogos" übernommen ist. Wörtlich übersetzt heißt dies Kinder- bzw. Knabenführer; ein Sklave begleitete die Kinder der Reichen und Privilegierten in die Schule und führte sie wieder nach Hause zurück. Das Wort wurde im Sinne von Aufseher und Betreuer von Knaben und erst später im Sinne von Erzieher und Lehrer gebraucht. Diese Tätigkeit war ausschließlich eine Angelegenheit von Männern. Im Deutschen gebrauchte man im 16. und 17. Jahrhundert Pädagoge zunächst als Privat- und Hauslehrer und erst in der Neuzeit als Erzieherin oder Lehrerin (vgl. Duden, Bd. 7, 1997). Sprachförderung und Sprachbildung in Theorie und Praxis gehören in den Kompetenzbereich der Pädagogik, auch wenn verschiedene andere Wissenschaften wie Medizin, Psychologie und Soziologie zur Erfüllung ihrer Aufgaben immer wieder herangezogen werden. Wir können nur im Zuge einer interdisziplinären Fachdiskussion sowohl innerhalb der Förderdiagnostik als auch der eigentlichen Prävention und Intervention eine erfolgreiche Sprachförderung betreiben. Die Pädagogen im Elementarbereich und Primarbereich begleiten die Kinder hin auf dem Weg zur Sprache und zum Sprechen, geben Anregungen und Hilfestellungen, wenn in den „Welten der Kinder“ (vgl. Wagner 2008, 11) kurzfristige Probleme auftreten wie z. B. Konflikte in der Familie oder vorübergehende Erkrankungen und wenn länger andauernde Hindernisse sich in den Weg stellen wie z. B. eine Behinderung. Dabei sollten wir uns mit den auftretenden Problemen und Schwierigkeiten auseinander setzen, die eine bestimmte Anzahl von Kindern mit Deutsch als Erstsprache (Muttersprache) haben; man schätzt den Anteil auf ca. 20 bis 25 % im Durchschnitt eines Altersjahrgangs im Vorschulalter und auf ca. 5 bis 10 % im Grundschulalter. Dabei ist es beängstigend, dass sich die Sprachstörungen trotz früher Erkennung und Förderung in den ersten Grundschuljahren nicht immer beseitigen lassen.

2.4.2 Sprachstörungen im Überblick

Im Folgenden werden die häufigsten Auffälligkeiten und Störungsbilder in den ersten zehn Lebensjahren beschrieben, weil dieses Grundlagenwissen unentbehrlich ist für die Gestaltung der individuellen Sprachförderung. Der hier gegebene Überblick bezieht sich auf häufige Sprachstörungen bei Kindern im Kindergarten und in der Grundschule. Das pädagogische Personal ist jedoch nicht zu einer selbständigen Sprachtherapie befähigt. Dieses Grundwissen soll dazu führen, bei leichteren Sprachstörungen konkrete Hilfen anzubieten und bei schwereren Sprachstörungen die Hilfe von Experten wie HNO-Ärzten und Logopädinnen zu beanspruchen.

Sprachentwicklungsstörungen

In der Fachliteratur wird dieser Begriff durch SES abgekürzt; manche Autoren sprechen bei schwerwiegenden Störungsbildern von der Sprachentwicklungsbehinderung (SEB): Das Kind hat hier über das normale Maß hinaus

Probleme mit dem Sprachverständnis im passiven und aktiven Wortschatz, in der Grammatik und damit der Satzbildung sowie bei der korrekten Bildung der Laute.

Aussprachestörungen

In der Fachsprache spricht man von Artikulationsstörungen, Dyslalien, phonologischen bzw. phonetischen Störungen oder von Stammeln, die wiederum drei verschiedene Schweregrade (partiell, multipel und universell) aufzeigen. Das Kind ist im Alter von vier oder fünf Lebensjahren nicht in der Lage, alle Laute der deutschen Sprache zu sprechen. Laute werden nicht gebildet, also ausgelassen wie z. B. „– onne" statt „Sonne" oder Laute werden durch andere ersetzt wie z. B. „Tinderdarten" statt „Kindergarten". Die meisten Probleme haben Kindergartenkinder mit den Zischlauten, darunter fassen wir die S- und Sch-Laute bzw. Lautverbindungen. Hier sprechen vier- bis fünfjährige Kinder oft „Sule" statt „Schule" oder „Fis" statt „Fisch". Auffällig und weit verbreitet ist das so genannte Lispeln, d. h. die S-Laute werden falsch ausgesprochen. Die Zungenspitze schiebt sich zwischen die obere und untere Zahnreihe und das Kind „lispelt". Lispeln wird umgangssprachlich benutzt und meint die Fehlaussprache der S-Laute. Folgende Laute bzw. Lautverbindungen werden am meisten gestammelt: s, sch, str, g, k, r und l. Diese Störungen der Aussprache betreffen 20 bis 25 % eines Altersjahrgangs im Kindergartenalter und ca. 5 bis 10 % eines Altersjahrgangs in der Grundschule. Hier kann die pädagogische Fachkraft in Absprache mit Experten wie ambulanten Sprachheillehrern, der Sprachtherapeutin oder der Logopädin die Sprache unterstützen und fördern.

Näseln

Die Aussprache des Kindes ist undeutlich, weil das Kind durch die Nase spricht. Beim Sprechen kommt es dabei zu Nebengeräuschen, weil zu viel oder zu wenig Luft aus der Nase entweicht.

Satzbildungsstörungen

Gemeint sind hier Verstöße gegen die deutsche Grammatik und Syntax; von daher spricht man auch von Dysgrammatismus. Die Kinder sind nicht in der Lage, einen gedachten Sachverhalt in grammatisch korrekte Sätze zu kleiden. Hier werden Wörter in Sätzen einfach ausgelassen wie z. B. „Gabi Spielplatz spielen" statt „Gabi spielt auf dem Spielplatz". Eine Satzbildungsstörung liegt auch dann vor, wenn die Sätze oft nur aus ein oder zwei Wörtern bestehen, so genannte Einwort- oder Zweiwortsätze, wie z. B. komm, halt, stopp usw. gepaart mit Mimik, Gestik und Blickkontakt. Diese Probleme betreffen ca.

10 % der Kinder eines Altersjahrgangs im Kindergarten und ca. 5 % eines Altersjahrgangs in der Grundschule. Auch hier kann im Rahmen der individuellen Sprachförderung und insbesondere über das geeignete Feedback des pädagogischen Personals in der Einrichtung und der Eltern innerhalb der Familie die Sprache unterstützt und gefördert werden.

Stottern
In der Fachsprache spricht man auch von Balbuties; diese Sprachstörung ist in der Bevölkerung sehr gut bekannt, wird jedoch oft mit anderen Sprachstörungen wie dem Stammeln verwechselt oder synonym gebraucht. Das Kind wiederholt über einen längeren Zeitraum, der länger als ein halbes Jahr andauert, Laute, Silben oder Wörter, insbesondere an den Satzanfängen, dann spricht man von klonischem Stottern. Die „Schicksalslaute" des stotternden Kinde sind p, t und k. Spricht das Kind mit gepresster Stimme und will die Laute und Wörter regelrecht aus dem Mund herausdrücken, dann spricht man von tonischem Stottern. Beide Formen des Stotterns kommen in der reinen Form selten vor. Das Stottern betrifft zum Glück lediglich 1 % des Altersjahrgangs, ist aber schwer zu therapieren und bleibt über längere Jahre bestehen. Hier sollte man unbedingt den Facharzt konsultieren und eine logopädische Therapie beantragen.

Poltern
Poltern wird oft auch unter Pädagogen mit dem Stottern verwechselt. Hierbei handelt es sich um eine Störung, die meist bei hyperaktiven und „wuseligen" Kindern vorkommt. Das Kind spricht viel zu schnell und undeutlich, dabei werden einzelne Laute, Silben oder Wörter „verschluckt".

Stimmstörungen
Man spricht hier in der Fachliteratur von Dysphonien und versteht darunter eine heisere, raue und belegte Stimme. Es kann aber auch sein, dass das Kind zu hoch oder zu tief spricht. Die Stimme ermüdet relativ rasch, nach etwa ein bis zwei Stunden, es können zuweilen auch Halsschmerzen auftreten oder die Stimme bleibt in seltenen Fällen ganz weg. Stimmstörungen müssen unbedingt durch den Facharzt, den Phoniater oder Pädaudiologen diagnostisch abgeklärt werden, und die Therapie gehört in die Hand der Logopädin.

Orofaciale Störungen
Diese Störung betrifft nur sehr wenige Kinder, kommt aber sowohl im Kindergarten als auch in der Grundschule vor. Das Kind hat extreme Zahnstellungsfehler. Die Zahnstellung weicht extrem vom normalen Biss ab, wie beim

offenen Biss, dem Unterbiss (Progenie) oder dem Überbiss (Prognathie). Des Weiteren atmet das Kind ständig durch den Mund, d. h. der Mund steht ständig offen und die Zungenspitze ist sichtbar. Dadurch kommt es zu einem vermehrten Speichelfluss. Beim Sprechen sind meist auch Schnaufgeräusche zu hören.

Neben diesen Sprachstörungen sollten wir auch Störungen berücksichtigen, die mit den dargestellten Sprachstörungen eng verzahnt sind oder gar als Auslöser für Sprachstörungen in Frage kommen.

Wahrnehmungsstörungen
Wahrnehmung ist ein sehr aktiver Prozess der Informationsaufnahme; dabei geht es nicht nur um die reine Reizaufnahme, sondern auch um die Reizverarbeitung. Die funktionierende Wahrnehmung ist die Basis der Intelligenz, der Konzentration, der gesprochenen Sprache sowie der Schriftsprache. Wahrnehmungsstörung ist ein Sammelbegriff, der verschiedene Störungen in der Wahrnehmungsentwicklung umfasst. Wir verstehen darunter alle Störungen in der sinnvollen Verarbeitung der im Zentralen Nervensystem (ZNS) einlaufenden Sinnesreize. Für die Entwicklung der Sprache und des Sprechens und damit für die individuelle Sprachförderung ist die auditive Wahrnehmungsstörung von besonderer Bedeutung (vgl. Pfluger-Jakob 2006, 4 ff.).

Kognitive Störungen
Darunter verstehen wir Defizite und Ausfälle im Umgang mit sprachlichen und nichtsprachlichen Informationen, also in den Prozessen des Aufnehmens, Speicherns, Verarbeitens, Reproduzierens und Anwendens von Informationen. Mehr oder weniger synonym gebrauchte Begriffe sind Lernstörungen, Lernbehinderung, Lernschwierigkeiten, Lernschwächen, Schulleistungsschwäche, Schulversagen usw. (vgl. Deutsches Institut für Fernstudien 1988, Bd. 8, 28 ff.). Die Ursachen sind analog zu den Sprachstörungen in der Person des Kindes (Persönlichkeitseigenschaften und organische Ursachen), in der familiären Umwelt (Familie) und im schulischen Bildungssystem wie z. B. unterrichtlichen Lücken (Qualität des Unterrichts) zu sehen.

Emotionale Störungen
Eine emotionale Störung liegt nach Ulich (1982, 218) vor, wenn die subjektive Befindlichkeit und Stimmung längere Zeit beeinträchtigt ist und bei dem Betroffenen eine Art Leidensdruck erzeugt, und damit die Erlebnis-, Verarbeitungs- und Handlungsmöglichkeiten negativ in Mitleidenschaft gezogen

werden. Meistens werden diese Störungen erst deutlich und spürbar, wenn sie gestört sind, wie z. B. bei permanenten Angstzuständen, depressiver Niedergeschlagenheit, endloser Trauer, bei ungewöhnlicher Verschlossenheit oder ausgeprägter Feindseligkeit.

Motorische Störungen
Wahrnehmung, Bewegung und Sprache bilden eine komplexe Einheit und stehen in einem sehr engen Zusammenhang. Sprache und Sprechen haben natürlich auch mit Bewegung zu tun, wenn wir z. B. an den Sprechvorgang denken, bei dem eine Vielzahl von Organen und motorischen Funktionen beteiligt sind. Dabei unterscheiden wir die Grob- und Feinmotorik und die Sprechmotorik, bei der vor allem die Lippen, die Zunge, der Mund, die Stimmlippen, der Kehlkopf und die Zähne betroffen sind. Die Koordinationsfähigkeit spielt eine zentrale Rolle.

Fazit

In der Diskussion der letzten Jahre hat sich der Begriff der Sprachförderung in der öffentlichen Diskussion durchgesetzt. Er wird in der einschlägigen Fachliteratur, in den Fachdiskussionen und Gremien benutzt. Von daher sollten wir ihn als Oberbegriff weiter gebrauchen, allerdings je nach Sichtweise und Trageweite der Problematik durch ähnliche und besser geeignete Begriffe ersetzen. Wir brauchen klare, scharfsinnige und unmissverständliche Begriffe. Auch brauchen wir einen Überblick über die kindlichen Sprachstörungen, die im Kindergarten und in der Grundschule vorkommen. Es ist bekannt, dass Sprachstörungen immer wieder in Zusammenhang gebracht werden mit weiteren Störungen der Wahrnehmung, der Motorik, der Intelligenz und des Sozialverhaltens.

Schlüsselbegriffe

Sprachförderung, Sprachbildung, bilinguale Sprachförderung, Sprecherziehung, Sprachunterricht, Sprachstörungen, Sprachentwicklungsstörungen, Aussprachestörungen, Näseln, Stottern, Poltern, Satzbildungsstörungen, Stimmstörungen, Orofaciale Störungen, Wahrnehmungsstörungen, Kontaktstörungen, Emotionale Störungen, Motorische Störungen, Kognitive Störungen

Fragestellungen

- Was verstehen wir unter dem Begriff der individuellen Sprachförderung?
- Welche Begriffe stehen mit der individuellen Sprachförderung in einem engen Verhältnis und werden teilweise synonym gebraucht?
- Sollten wir den Begriff der Sprachförderung nicht durch Sprachbildung ersetzen?
- Bei welchen Sprachstörungen kann die individuelle Sprachförderung weiterhelfen und bei welchen Störungen brauchen wir externe Hilfen von Experten?
- Welche Experten können die Eltern und die pädagogischen Fachkräfte um Rat fragen?

Querverbindungen in diesem Buch

vgl. hierzu auch die Kapitel 1.7, 2.1, 2.2 und 2.3

Weiterführende Literatur

Hellrung, U. (2002): Sprachentwicklung und Sprachförderung. Ein Leitfaden für die Praxis. Freiburg i. Br.: Herder Verlag.

Mannhaupt, A. & Scheib, K. (2007): Was Erzieherinnen über Sprachstörungen wissen müssen. 2. Aufl. München, Basel: Ernst Reinhard Verlag.

Ministerium für Generationen, Familie, Frauen und Integration des Landes Nordrhein-Westfalen (Hrsg.) (2009): Kinder bilden Sprache – Sprache bildet Kinder. Sprachentwicklung und Sprachförderung in Kindertagesstätten. Münster, New York, München, Berlin: Waxmann.

Pfluger-Jakob, M. (2006): kindergarten heute. spezial. Wahrnehmungsstörungen bei Kindern – Hinweise und Beobachtungshilfen. Freiburg i. Br.: Herder Verlag.

Rotmann, A./Braun, W./Reisch, A. & Bücklein, T. (1999): Eltern-Ratgeber. Sprachtherapie. Die häufigsten Elternfragen zu Sprachauffälligkeiten bei Kindern praxisnah, anschaulich und verständlich erklärt. Konstanz: Trialogo.

Wendlandt, W. (1998): Sprachstörungen im Kindesalter. 3. Aufl. Stuttgart: Thieme Verlag.

2.5 Mehrsprachigkeit und Integration

Die wirtschaftliche und demografische Entwicklung sowie die gesellschaftlichen und sozialen Veränderungen in unserer Gesellschaft haben uns schleichend in eine multikulturelle und gleichzeitig mehrsprachige Gesellschaft geführt. Wir müssen erkennen, dass die Einsprachigkeit heutzutage zur Ausnahme und die Zwei- und Mehrsprachigkeit zur Regel wird.

2.5.1 Zum Begriff

Die Gruppe der mehrsprachigen Kinder im vorschulischen und schulischen Bereich ist in den letzten Jahren in den Blickpunkt der Gesellschaft, der Bildungspolitik und der Bildungsforschung geraten. Dazu haben die großen und in den Medien präsentierten Studien wie PISA, TIMSS und IGLU beigetragen. Diese Gruppe der Kinder hat heute ein großes Sprachenproblem (vgl. Chlosta & Ostermann 2008, 17). Der Begriff der Mehrsprachigkeit wird einerseits benutzt, um den Erwerb der Muttersprache und gleichzeitig von Deutsch als Zweitsprache zu erklären, und andererseits, um das Erlernen der Muttersprache und von Fremdsprachen wie Französisch, Englisch und Spanisch zu beschreiben. Mehrsprachigkeit wird für alle Formen von multipler Sprachkompetenz benutzt (vgl. Ahrenholz 2008, 5). Von Mehrsprachigkeit sprechen manche Autoren erst dann, wenn mehr als zwei Sprachen gesprochen werden (vgl. Bausch 2003, 439). Wir gelangen bei dem Begriff der Mehrsprachigkeit immer wieder zu der Gruppe von Kindern, die Deutsch als Zweitsprache erwerben. Diese Gruppe können wir durch verschiedene Merkmale beschreiben: Staatsangehörigkeit, Herkunftsland der Familie, Aussiedlungsgrund, Geburtsort, Familiensprache, Religion und Vorname (vgl. Herwatz-Emden 2005). Lange Zeit war die Hypothese verbreitet, Zweisprachigkeit führe zu schlechteren Schulleistungen, mangelhafter Intelligenz und verhindere seelische Stabilität und ein Heimatbewusstsein. Erst seit den neunziger Jahren setzt nach und nach die Erkenntnis ein, dass zwei- und mehrsprachige Erziehung sich positiv auf die allgemeine Entwicklung der Kinder auswirkt. Insgesamt werden heute die Möglichkeiten und Chancen der Mehrsprachigkeit in allen Bereichen erkannt, und die deutsche Sprache gewinnt in allen Familien und Einrichtungen an Bedeutung für die persönliche Karriere der Kinder (vgl. Beauftragte der Bundesregierung für Ausländerfragen 2000, 32). Wir können als Ergebnis verschiedener Studien festhalten: Mehrsprachigkeit ist vielfältiger als uns die zur Verfügung stehenden statistischen Daten suggerieren (vgl. Chlosta & Ostermann 2008, 21). Auch was die Kommunikation innerhalb der Familie angeht, mit dem Vater, mit der Mutter, mit den Geschwistern, den Verwandten und Bekannten, ergibt sich ein sehr differenziertes Bild der Mehrsprachigkeit (vgl. Projektgruppe SPREEG 2001).

2.5.2 Migration als Prozess

Migration ist kein einheitlicher sozialer Vorgang. Die in den letzten 30 Jahren zunehmende Wanderbewegung aus anderen Staaten nach Deutschland sowie die sich daraus ergebende Heterogenität der Zuwanderergesellschaft bieten uns vielfach bisher nicht gesehene Entwicklungschancen für die Gesellschaft. Gerade vor dem Hintergrund der prognostizierten demografischen Entwicklung sollten wir die Mehrsprachigkeit und die Heterogenität der Kinder früher als Ressource für die zunehmenden internationalen Kontakte und Austauschbeziehungen nutzen (vgl. Konsortium Bildungsberichterstattung 2006, 137). Das Lebensalter spielt dabei eine wichtige Rolle. Die Bevölkerung mit Migrationshintergrund ist deutlich jünger als die Bevölkerung ohne Migrationshintergrund. Bei der Altersgruppe der unter 25-Jährigen beträgt die Anzahl der Personen mit Migrationshintergrund mehr als ein Viertel (27,2 %), dies entspricht ca. 6 Mio. Personen. Die Mehrzahl der Kinder zwischen drei und sechs Jahren besucht in Deutschland einen Kindergarten, immer mehr besuchen eine Krippe. Jedes fünfte Kind im Kindergarten hat mindestens ein Elternteil, welches aus einem ausländischen Herkunftsland stammt, und bei jedem sechsten Kind wird in der Familie nicht vorrangig Deutsch gesprochen (vgl. Statistisches Bundesamt 2007, 225). Zwei Drittel der Kinder und Jugendlichen mit Migrationshintergrund sind in Deutschland geboren, und in manchen Regionen unserer Republik haben wir einen Anteil an zugewanderten Kindern von 40 bis 50 %. Die angenommene praktizierte Einsprachigkeit in Deutschland wird immer mehr zur Ausnahme und die Zwei- und Mehrsprachigkeit wird immer mehr zur Regel werden. Die Zahl der Familien mit bi-nationalen Eltern (zurzeit ca. 10 bis 12 %) und die Zahl der Familien, in denen die Fremdsprachen geschätzt und gelehrt werden, steigen ebenfalls rapide an. Wir müssen jedoch davon ausgehen, dass speziell über die Praktiken in den einzelnen Haushalten und Familien nur wenig gesicherte Daten vorliegen (vgl. Krause 2008, 117). Das Bundesamt für Migration und Flüchtlinge liefert uns hierzu folgende Daten:

Wir haben es in der Bundesrepublik auch mit einer ungleichen Verteilung der Personen mit Migrationshintergrund auf die einzelnen Bundesländer bezogen zu tun. Die Gruppe der zugewanderten jungen Menschen beträgt in Hamburg und in Bremen 40 %, in Baden-Württemberg, Berlin, Hessen und Nordrhein-Westfalen noch über ein Drittel (vgl. Konsortium Bildungsberichterstattung 2006, 143). Des Weiteren können wir festhalten, dass die Personen ohne Migrationshintergrund einen höheren persönlichen Bildungsstand haben als die Menschen mit Migrationshintergrund. Daraus ergeben sich unterschiedliche Anstrengungen bei der sprachlichen und kulturellen Förderung im Elementarbereich und in den anderen Bildungseinrichtungen. Je besser uns die Integration der unter Sechsjährigen in Deutschland gelingt, umso besser stehen die Chancen für die gleichberechtigte Bildungsbeteiligung und für die Entwicklung der kindlichen Möglichkeiten. Der Bildungsstand der Eltern hängt eng zusammen mit dem Besuch des Kindergartens. Zugewanderte Kinder von Eltern mit Hauptschulabschluss besuchen seltener den Kindergarten (5 %) als die zugewanderten Kinder, deren Eltern einen höheren Bildungsabschluss haben. Zurzeit besuchen zugewanderte Kinder ab vier Jahren bis zum Schuleintritt zu über 80 % den Kindergarten. Im Rahmen der individuellen Sprachförderung müssen wir dabei immer wieder folgende Fragen beantworten: Mit welchem Alter gelangen die Kinder zu uns? Sind die Kinder Angehörige der zweiten Generation oder sind die Kinder als „Quereinsteiger" zugewandert? Aus den bisherigen Erfahrungen und Studien wissen wir, dass Kinder mit Migrationshintergrund und einer vorhandenen sprachlichen Heterogenität eine weitere Sprache bzw. weitere Fremdsprache schneller und kompetenter erwerben als deutsche Kinder, die bisher keine Erfahrungen mit der Mehrsprachigkeit machen konnten. Wir können davon ausgehen, dass ein bereits ausgebildetes und funktionierendes Sprachsystem Vorteile bietet, wenn eine weitere Sprache erworben werden soll. Mehrsprachigkeit ist in jungen Jahren offenbar für das menschliche Gehirn kein Problem, es werden weitere Sprachlernstrategien gebildet und neue kognitive Fähigkeiten entwickelt. Von daher sollten wir uns bemühen, dass die Kinder mindestens zwei Sprachen lernen.

2.5.3 Frühe Mehrsprachigkeit

Die bisher gültige Vorstellung, dass das Lernen mehrerer Sprachen in sehr jungen Jahren dazu führt, dass keine der angebotenen Sprachen richtig gelernt wird, ist aufgrund der heutigen Erkenntnislage nicht mehr aufrechtzuhalten. Insbesondere die Neurobiologen und Hirnforscher haben mit den bildgebenden Verfahren aufgezeigt, dass es keine spezielle Hirnfunktion gibt, die ausschließlich von zweisprachig aufwachsenden Kindern benutzt wird. Bilingualismus ist für das Gehirn des Menschen auch im Kleinst- und Kleinkindalter der ersten drei Lebensjahre keine besondere Herausforderung. So können wir beobachten, dass die Kinder, die nur eine Sprache sprechen, in den unterschiedlichen Lebenslagen verschiedene Sprachformen benutzen; sie sprechen in der Schule eine andere Sprache als im Freundeskreis oder in ihrer Familie. Gerade Kinder unter drei Jahren lernen zwei Sprachen, ohne sich der Grammatik bewusst zu sein, sie konzentrieren sich auf das Verstehen und die Bedeutung des Gesagten. Die Kinder lernen aber dennoch offenbar nebenbei die Regeln der Grammatik und Satzbildung und setzen sie auch systematisch ein. Wenn eine zweite Sprache erst im Grundschulalter und noch später erworben wird, muss das Kind die grammatischen Regeln und das notwendige Vokabular mehr lernen. Die Bilingualismus-Forscher de Bleser und Paradis werben daher für das frühe Lernen von zwei und mehr Sprachen auch deshalb, weil dadurch die gesamte kognitive Entwicklung dieser Kinder erheblich positiv beeinflusst wird. Zwei- und mehrsprachig aufwachsende Kinder können besser mit anderen kognitiven Aufgaben umgehen. Sie verbessern auch andere soziale Fähigkeiten, wie z. B. das Sich-Hineinversetzen in eine andere Person. Mehrsprachige Früherziehung kann jedoch politisch nicht erzwungen werden, obwohl die EU fordert, dass künftig die Bürgerinnen und Bürger Europas mindestens zwei Fremdsprachen beherrschen sollen. Wenn alle Kinder einen Kindergarten und danach Ganztagesschulen besuchen, bleibt genug Lern-

und Bildungszeit, um dieses Vorhaben umzusetzen (vgl. Gehirn & Geist 2006, 54 f.).

2.5.4 Eingliederung in die Gesellschaft

Hierbei geht es nicht nur um die Integration Behinderter und von Behinderung bedrohter Kinder und Jugendlicher, sondern vor allem um die gesellschaftliche Integration von Menschen aus anderen Kulturen und Sprachgemeinschaften. Der Nationale Integrationsplan ist die politische Basis für die pädagogischen Überlegungen und Anstrengungen in allen Bundesländern. Hier werden neue Wege aufgezeigt, um eine nachhaltige Integration zu erzielen. Integration heißt, auf andere zugehen, sich öffnen, sich mit anderen unterhalten und die Teilhabe aller Menschen gleich welcher Herkunft, Religion, Kultur oder Sprache in der Gesellschaft in allen Bereichen ermöglichen und Verantwortung übernehmen. Dabei ist Integration keine Einbahnstraße, sondern ein gegenseitiges Bemühen, ein Geben und Nehmen, ein Fördern und Fordern. Um dieses hohe Ziel zu erreichen, müssen wir in jungen Jahren die Grundlage dafür schaffen. Dabei ist das Beherrschen der deutschen Sprache wichtig und unverzichtbar für das Gelingen, aber auch das Misslingen der Integration. Nur ausreichende Sprachkenntnisse bilden eine gute Grundlage, um soziale Netze aufzubauen, Beziehungen und Kontakte zu pflegen und weiter voranzubringen, und zwar so, dass wir die Kultur und die Werte einer Gesellschaft verstehen und weiterentwickeln können. Es geht aber dabei nicht nur um die vorschulischen, schulischen und beruflichen Ausbildungsstätten, sondern ebenso, und vielleicht noch wichtiger im Sinne der Nachhaltigkeit, um den gesamten Bereich der Freizeit und des privaten und öffentlichen Lebens (vgl. Stadt Völklingen 2009, 21). Wir müssen daher von Anfang an die deutsche Sprache als Bildungs- und Verkehrssprache in den Kindergärten und in der Grundschule fördern. Wir müssen künftig verhindern, dass Kinder und Jugendliche aus Migrantenfamilien in den Bildungseinrichtungen Probleme haben oder gar scheitern, nur weil sie unzureichende Kenntnisse und Kompetenzen in der deutsche Sprache haben. Die frühkindliche Sprachförderung muss daher hoch im Kurs stehen und die vom Nationalen Bildungsplan genannten drei zentralen Handlungsfelder noch intensiver in den Blick nehmen (vgl. Presse- und Informationsamt der Bundesregierung 2007, 16):

- Unterstützung und Förderung der Sprachentwicklung durch die Eltern,
- Sprachförderung in Krippen und Kindertageseinrichtungen und
- durchgängige sprachliche Förderung vom Kindergarten über die Grundschule bis in die weiterführenden Schulen hinein.

Die Politiker haben mit dem Nationalen Integrationsplan einen Wechsel im Denken und im Handeln der Integrationspolitik eingeleitet. Einerseits werden die Migranten und Migrantenorganisationen als gleichberechtigte Partner in den Dialog und die Auseinandersetzung einbezogen und andererseits werden die Kompetenzen, auch die sprachlichen Kompetenzen von Migrantinnen und Migranten, für die Bildung dringend benötigt. Wir müssen insbesondere darauf achten, dass alle Migrantinnen und Migranten ausreichende Deutschkenntnisse vorweisen, damit wir Tendenzen hin zu einer Parallelgesellschaft oder gar einer teilweise verlorenen Generation verhindern (vgl. Nationaler Integrationsplan 2008, 17).

Auf der Herbstkonferenz der Integrations-, Migrations- und Ausländerbeauftragten der Länder am 7. und 8. Dezember 2009 in Nürnberg wurde erneut die Forderung erhoben: Integration durch Bildung! Da die Bildungserfolge von Migrantinnen und Migranten zum Teil deutlich hinter denen deutschstämmiger Schülerinnen und Schüler zurückgeblieben sind, müssen wir hier auf Grund von besten Beispielen aus anderen europäischen Ländern nachlegen und die entsprechenden Projekte vorantreiben und ausbauen wie z. B.

- die frühkindliche Sprachförderung in den Krippen und Kindertagesstätten,
- den unterstützenden Sprachunterricht bzw. Deutschunterricht für Migrantinnen und Migranten,
- die Berücksichtigung der unterschiedlichen Lern- und Sprachvoraussetzungen für lernschwache und lernstarke Migranten und Migrantinnen,
- die präventive Familienhilfe im Sinne einer Hausaufgabenbetreuung für bildungsschwache Familien,
- den Ausbau der elterlichen Kompetenz in Fragen von Erziehung und Bildung,
- die verstärkte Förderung und Ausbildung von Erzieherinnen und Erziehern und Lehrerinnen und Lehrern mit Migrationshintergrund in den Bildungseinrichtungen,
- die systematische Aufnahme von interkulturellen Themen und Inhalten in die Erziehungs- und Bildungspläne der Kindertagesstätten und in die Lehrpläne der Schulen und
- eine Verbesserung der Integration von Migrantinnen und Migranten in den Ausbildungsstätten und Hochschulen.

Fazit

Das Problem der Mehrsprachigkeit insbesondere bei zugewanderten Menschen aus anderen Ländern und Kulturen wurde in der Bundesrepublik Deutschland lange Zeit unterschätzt und pädagogisch kaum aufgearbeitet. Von daher hat uns diese Problematik in den letzten Jahren inhaltlich, konzeptionell und organisatorisch vor große Herausforderungen gestellt. Migration ist als ein Prozess zu betrachten, der auch Veränderungen in den Bildungseinrichtungen nach sich ziehen muss. Hier sollten wir Mehrsprachigkeit als Chance der Weiterentwicklung betrachten. Eine gute Sprachkompetenz ist eine wichtige Voraussetzung für die gesellschaftliche und schulische Integration der betroffenen Menschen. Wenn die Integration und damit die Teilhabe der Migranten in unserer Gesellschaft gelingen soll, dann müssen wir die Anstrengungen im Bildungsbereich erhöhen

Schlüsselbegriffe

Frühe Mehrsprachigkeit, Migration, Integration, Integration Behinderter, Frühes Sprachenlernen, Nationaler Integrationsplan, Bilingualismus, erst und zweite Generation, Quereinsteiger

Fragestellungen

- Was verstehen wir unter dem Begriff der Mehrsprachigkeit?
- Welche Bedeutung hat die deutsche Sprache als Erstsprache für die Mehrsprachigkeit?
- Wieso lernen Kinder mit Migrationshintergrund eine weitere Sprache schneller und leichter?
- Warum ist die Integration von Menschen mit Migrationshintergrund für das Funktionieren unserer Gesellschaft so wichtig?
- Welche Handlungsfelder sollten wir im Rahmen der Sprachförderung gezielt angehen?
- Wieso werden durch die mehrsprachige Früherziehung andere kognitive und soziale Fähigkeiten des Kindes positiv beeinflusst?

Querverbindungen in diesem Buch

vgl. hierzu auch die Kapitel 1.1, 1.7, 2.3 und 2.6

Weiterführende Literatur

Beauftragte der Bundesregierung für Ausländerfragen (Hrsg.) (2000): Hallo, Hola, Ola. Sprachförderung in Kindertagesstätten. Bonn, Berlin: Bonner Universitätsdruckerei.

Bundesamt für Migration und Flüchtlinge (Hrsg.) (2008): Sprachliche Bildung für Menschen mit Migrationshintergrund in Deutschland. Vorschläge zur Weiterentwicklung. Paderborn: Bonifatius Verlag.

Chlosta, Ch. & Ostermann, T. (2008): Grunddaten zur Mehrsprachigkeit im deutschen Bildungssystem. In: Ulrich, W. (Hrsg.) (2008): Deutschunterricht in Theorie und Praxis (DTP). Ahrenholz, B. & Oomen-Welke, I. (Hrsg.): Deutsch als Zweitsprache, Bd. 9. Baltmannsweiler: Schneider Verlag Hohengehren, 17–30.

Herwatz-Emden, L. (2008): Migrant/innen im deutschen Bildungssystem. In: Bundesministerium für Bildung und Forschung, 2005, 7–24.

Projektgruppe SPREEG (Hrsg.) (2008): Was Kinder sprechen? Überlegung zu einer Sprachenerhebung an Essener Grundschulen. In: ELS & I. (2001), H. 2 75–89, http://www.elise.uni-essen.de/elise02_2001html (17.02.2008).

Presse- und Informationsamt der Bundesregierung (Hrsg.) (2007): Der Nationale Integrationsplan. Neue Wege – neue Chancen. Paderborn: Bonifatius.

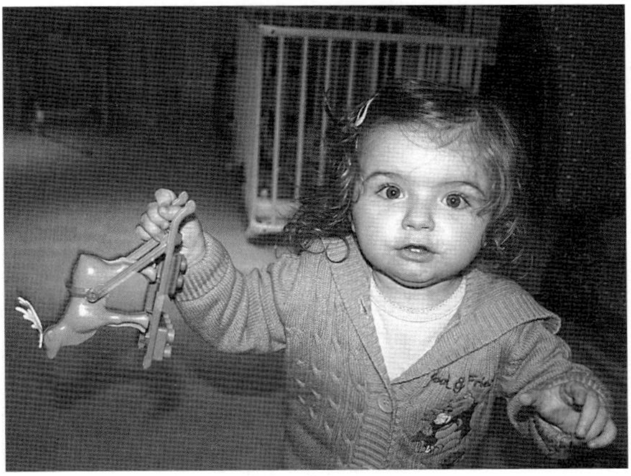

2.6 Heterogenität der Kinder

Die anthropologischen Grundaussagen „Der Mensch ist ein soziales Wesen", „Jedes Kind ist ein Individuum" und „Jedes Kind ist anders" weisen uns in aller Deutlichkeit auf die Unterschiedlichkeit der Kinder hin. Das Bild vom Kind hat sich gewandelt hin zum aktiven Konstrukteur seines Wissens und seiner Haltungen. Das Kind kann sich nur im sozialen Miteinander, im Dialog und in der Kommunikation mit anderen Menschen entfalten (Ministerium für Bildung, Jugend und Sport 2008, 13). Wir müssen uns mit der Heterogenität der Kinder theoretisch und praktisch stärker beschäftigen als bisher und entsprechende Konsequenzen für die tägliche Arbeit im Rahmen der Sprachförderung ableiten.

2.6.1 Zum Begriff der Heterogenität

In den älteren Lexika der Pädagogik und Erziehungswissenschaft ist der Begriff der Heterogenität nicht aufgenommen; erst seit den neunziger Jahren des vergangenen Jahrhunderts beschäftigt sich die Pädagogik intensiver mit der heterogenen Gruppe oder Schulklasse. Heterogenität kommt aus dem Griechischen und bedeutet Verschiedenartigkeit. Die bisherigen Fördermaßnahmen und der schulische Unterricht wurden so geplant und durchgeführt, als ob die Kindergartengruppe oder die Schulklasse in jedem Augenblick des Lerngeschehens homogen (gleichartig) seien. Diese Auffassung ist heutzutage nicht mehr aufrecht zu erhalten. Die Veränderungen in der heutigen Kindheit, die demografische Entwicklung, die aktuelle Arbeitsmarkt- und Wirtschaftskrise und die zunehmende Migration haben unsere Gesellschaft „durchgeschüttelt“ und „wachgerüttelt“. Gerade im Hinblick auf die Sprachentwicklung, die Sprache und das Sprechen finden wir vielseitige Sprachformen und teilweise nicht registrierte Varianten des Sprachgebrauchs bezüglich der Erstsprache, einer Störung oder gar Behinderung, des Geschlechts, des sozialen Milieus bzw. der sozialen Schicht, der Religionszugehörigkeit, des Kulturkreises, des Interesses und der gezeigten Fähigkeiten und Fertigkeiten (vgl. Tenorth & Tippelt 2007, 317). Die Kinder, die mit der Sprache und dem Sprechen in ihrer Muttersprache und beim Erwerb von Deutsch als Zweitsprache Schwierigkeiten haben, haben sehr unterschiedliche Lebensräume, in denen sie leben, spielen und lernen. Wir sollten mit dieser Pluralität der Lebensräume umgehen, die Heterogenität der Kinder akzeptieren und sie als positiven Beitrag für die anstehende Förderung betrachten. Von daher besteht ein hoher Individualisierungsanspruch: Sprachförderung muss sehr individuell ausgerichtet werden.

2.6.2 Zum Personenkreis

Für die pädagogische Arbeit im Elementar- und Primarbereich ist es wichtig, die Stärken und Schwächen des Kindes zu erkennen und im Zuge der Sprachdiagnostik und individuellen Sprachförderung zunächst an den Stärken des Kindes anzusetzen. Nur so können wir die Freude am Lernen, die Neugier an der Sprache und dem Sprechen und die Anstrengungsbereitschaft innerhalb der Sprachförderung wach halten.

Der viel gebrauchte Begriff der Sprachförderung erfordert auch Aussagen zu dem Personenkreis, der mit dieser Sprachförderung angesprochen werden soll. Die Gaußsche Normalverteilung dient uns hier als Hilfe und Orientierungsgrundlage. In jeder Krippen- und/oder Kindergartengruppe und Schulklasse finden wir sehr unterschiedlich begabte Kinder mit unterschiedlicher Herkunft, Umwelterfahrungen, Sprache, Religion und Kultur. Wir wollen den Versuch unternehmen, Gruppen von Kindern zu bilden, die wir in der Praxis des Alltags vermuten.

Hier soll in einer Darstellung die Heterogenität veranschaulicht werden:

Krippenkinder
Hier haben wir es mit einer Gruppe von Säuglingen, Kleinst- und Kleinkindern zu tun, die bisher im Rahmen der Sprachförderung kaum berücksichtigt wurden. Erst auf Grund der Krippenplatzdiskussion der letzten Jahre wird sich die Sprachförderung mit dieser neuen Herausforderung theoretisch und praktisch beschäftigen müssen. Welche Schwerpunkte der Sprachförderung müssen hier gesetzt werden und wie sieht die praktische Arbeit mit den Kindern aus, die sich in der rasanten Phase des Spracherwerbs befinden? Hier brauchen wir kompetente pädagogische Fachkräfte, die sich mit den Kindern beschäftigen, die über die bloße Betreuung hinausgehen, die Erziehung und Bildung anstreben und geeignete und individuell abgestimmte Sprachförderprozesse in Gang setzen.

Schwach begabte Kinder
Wir haben in jeder Kindergartengruppe zwischen 20 und 30 % Risikokinder, die Gefahr laufen, im Rahmen ihrer Bildungsbiografie Schwierigkeiten zu bekommen. Besonderes Augenmerk verdienen hierbei die schwächer begabten Kinder, die in besonderen familiären Lebenslagen aufwachsen, die allgemeine Entwicklungsverzögerungen und spezielle organische Beeinträchtigungen aufweisen und die aus den so genannten bildungsfernen und sprachschwachen Familien stammen. Bei diesen handelt es sich um deutsche und zugewanderte Kinder gleichermaßen. Diese Kinder brauchen meist neben der Sprachförderung auch noch eine spezifisch entwickelte ergänzende Förderung durch die Dienste der Frühförderung, der Ergotherapie oder Logopädie.

Durchschnittlich begabte und normal sprechende Kinder
Diese Gruppe ist die quantitativ stärkste Gruppe im Elementarbereich und wird von Experten auf ca. 50 bis 60 % der Kinder geschätzt. Diese Kinder brauchen auf Grund ihrer Entwicklung und familiären Situation meist keine spezielle und ergänzende Sprachförderung. Sie sind weitgehend unproblematisch und bereiten den pädagogischen Fachkräften auch keinerlei zusätzliche Probleme im sprachlichen Bereich. Diese Kinder sind aber für den sprachlichen und sozialen Umgang mit der Gruppe der Risikokinder sehr wichtig und können hier als Lernbegleiter, als Katalysatoren, als Tutoren und als Vorbilder im Rahmen der Sprachförderung wichtige Dienste und Aufgaben übernehmen.

Begabtere und sprachlich Hochbegabte

Diese Gruppe kann quantitativ auf 5 bis 10 % der Kinder eingestuft werden. Hier haben wir das Problem der frühen Erkennung und Identifikation von hochbegabten Kindern im Elementarbereich. Neben der fehlenden Diagnostik im Elementarbereich ist die Sprachförderung hochbegabter Kinder nicht nur eine Herausforderung, sondern pädagogisch auch bisher kaum erforscht und in der Praxis kaum umgesetzt. Diese Kinder haben sehr spezielle sprachliche Begabungen und Talente und damit auch spezielle und aus dem Rahmen der übrigen Kinder herausfallende Interessen, die ebenso gezielt gefördert werden müssen.

Sprachauffällige Kinder

Im Sinne einer Querschnittsaufgabe haben wir nun bezogen auf den jeweiligen Altersjahrgang im Kindergartenalter ca. 20 bis 30 % Kinder und in der Grundschulen 5 bis 10 % der Schüler, die mit der Muttersprache Schwierigkeiten haben. Diese Schwierigkeiten können sich auf alle Ebenen der Sprache erstrecken: auf die rezeptive Ebene wie z. B. das Zuhören und das Verstehen, auf die produktive Ebene wie das Hervorbringen von Lauten, Silben, Wörtern und Sätzen und auf die reflektive Ebene wie z. B. das kritische Nachdenken über das Gesagte. Meistens haben sprachauffällige Kinder in diesem Alter Probleme mit der Aussprache von Lauten – insbesondere mit s, sch, g, k, r und l –, mit der Bildung von korrekten Sätzen und teilweise auch mit dem fließenden Sprechen wie z. B. stotternde Kinder, die bei Wörtern oder im Satz „hängen bleiben".

Zugewanderte Kinder

Insgesamt weist im Jahr 2006 etwas mehr als 18 % der Gesamtbevölkerung einen Migrationshintergrund auf, wobei sich eine deutliche Ost-West-Dichotomie zeigt. 91 % der Migranten leben in den westdeutschen Ländern. Das bedeutet, dass 21 % der Bevölkerung in Westdeutschland einen Migrationshintergrund besitzt, jedoch nur 8 % in Ostdeutschland (vgl. Autorengruppe Bildungsberichterstattung 2008, 19). Die Zahl der zugewanderten Kinder hat in den letzten Jahren erheblich zugenommen und ist von Region zu Region sehr unterschiedlich, auch hinsichtlich der Herkunft der Kinder. Diese Kinder leben oft in sozial isolierten Familien, haben wenig Kontakt zu anderen Kindern, insbesondere fehlt meist der Kontakt zu deutschen Kinder. Dadurch wird die gesellschaftliche Integration erheblich erschwert, in vielen Fällen sogar verhindert. Gerade hier ist die sprachliche Kompetenz der Schlüssel zum Erfolg für die frühkindliche Bildung und für den späteren Erfolg in der Schule und im Berufsleben. Die Aufgabe der Sprachförderung ist hier sehr existenziell geprägt. Die Sprachförderung braucht hier vielfältige Daten und intensive Informationen über die Familiensprache dieser Kinder, die speziellen Familienstrukturen, die Religion, Sitten, Gebräuche, Werte, Normen und Kultur.

Zwei- und mehrsprachig aufwachsende Kinder
Die Zahl der bilingual aufwachsenden Kinder ist zurzeit noch gering und kann auf ca. 10% geschätzt werden. Bilinguale Erziehung bedeutet das Vorhandensein zweier Sprachen in der Familie, in der Krippe und im Kindergarten. Gerade in den Grenzregionen Deutschlands zu verschiedenen Nachbarländern wie z.B. Frankreich, den Niederlanden, Dänemark und Polen gibt es bereits in vielen Krippen und Kindergärten erfolgreiche Bemühungen zum frühen Fremdsprachenlernen. Dabei spielen Konzepte wie Immersion, integrierte Fremdsprachenarbeit, Begegnungssprache sowie die bilinguale Erziehung eine zentrale Rolle.

Wir müssen uns der vorliegenden Heterogenität der Kinder in der Diagnostik und Förderung gerade und insbesondere im Elementarbereich (Krippe und Kindergarten) stärker stellen als bisher. Dabei müssen wir erkennen und berücksichtigen: Jedes Kind ist anders, d.h. jedes Kind entwickelt sich anders und geht mit den eigenen Stärken und Schwächen anders um als andere gleichaltrige Kinder. Die Heterogenität in den Entwicklungsbereichen der Motorik, der Wahrnehmung, der intellektuellen Entwicklung, der Sprache und des Sprechens sowie in den motivationalen, emotionalen und sozialen Voraussetzungen und Lernerfahrungen erfordert gerade in der individuellen Sprachförderung die innere oder äußere Differenzierung.

Fazit

Die individuelle Sprachförderung muss sich inhaltlich-konzeptionell und didaktisch-methodisch stärker als bisher mit der Heterogenität der Kinder auseinander setzen. Nur eine gründliche Förderdiagnostik setzt die pädagogischen Fachkräfte in die Lage, die Vorbereitung, Planung, Durchführung, Kontrolle und Überprüfung der Wirksamkeit der Sprachförderung individuell zu gestalten. Wir brauchen hier eine passgenaue und maßgeschneiderte Förderung gemäß den Voraussetzungen und Förderbedürfnissen der Kinder. Von daher ist es eine Hilfe, die Gruppe bzw. Klasse der Kinder in bestimmte Teilgruppen zu untergliedern. Eine große Herausforderung für die individuelle Sprachförderung stellt die Gruppe der Säuglinge, Kleinst- und Kleinkinder dar. Hier verfügen wir zum einen über wenige Studien und wissenschaftliche Erkenntnisse und zum anderen mangelt es an praktischen Erfahrungen.

Schlüsselbegriffe

Heterogenität, Gaußsche Normalverteilung, Krippenkinder, Schwach begabte Kinder, Durchschnittlich begabte Kinder, Begabte und sprachlich Hochbegabte, Sprachauffällige Kinder, Zugewanderte Kinder, Zwei- und mehrsprachig aufwachsende Kinder

Fragestellungen

- Können Sie die Heterogenität in jeder Gruppe bzw. Klasse beschreiben und an Beispielen erläutern?
- Was verstehen wir unter der Gaußchen Normalverteilung?
- Wie können wir die Stärken und Schwächen des Kindes ermitteln?
- Welche organisatorischen, didaktischen und methodischen Konsequenzen zieht die Heterogenität der Kinder nach sich?

Querverbindungen in diesem Buch

vgl. hierzu auch die Kapitel 2.7, 2.8

Weiterführende Literatur

Autorengruppe Bildungsberichterstattung (Hrsg.) (2008): Bildung in Deutschland 2008. Ein Indikatoren gestützter Bericht mit einer Analyse zu Übergängen im Anschluss an den Sekundarbereich I. Bielefeld: Bertelsmann.

Beauftragte der Bundesregierung für Ausländerfragen (Hrsg.) (2000): Hallo, Hola, Ola. Sprachförderung in Kindertagesstätten. Bonn, Berlin: Bonner Universitätsdruckerei.

2.7

Risiken und Risikokinder

Risiko bedeutet soviel wie Gefahr, Wagnis und negativer Ausgang hinsichtlich eines Ereignisses oder eines Vorhabens. Auf die Sprache bezogen bedeutet es, dass die Entwicklung der Sprache nicht wie erwartet verläuft. Es treten Sprachstörungen oder gar Sprachbehinderungen auf. Es soll aber auch erwähnt werden, dass der Begriff „Risikokinder" keine Diskriminierung oder Etikettierung von Menschen bedeutet. Im Gegenteil geht es darum, den „Finger in die Wunde zu legen" und sich intensiv mit den Kindern und Schülern zu beschäftigen, die individuellen, familiären, emotionalen und psychischen Risiken ausgesetzt sind. Risikokinder sind Kinder, die unter besonderen soziokulturellen, sprachlichen, wirtschaftlichen, religiösen und kulturellen Bedingungen aufwachsen, die die Sozialisation und die gesamte kindliche Entwicklung stören oder aufhalten können. Risikofaktoren steigern die Wahrscheinlichkeit des problematischen Entwicklungsverlaufs, wobei Kinder mit Aufmerksamkeitsdefiziten, verstärkter Impulsivität und ungünstigem Erziehungsverhalten der Eltern besonders davon betroffen sind (vgl. Bundesministerium für Familie, Senioren, Frauen und Jugend 2009, 65). Die Abhängigkeit des jungen Kindes von Einflüssen aus der sozialen Umwelt wird durch die internationale Forschung immer wieder bestätigt. Wenn diese Risikofaktoren früh erkannt und beeinflusst werden können, ist das eine wirkliche Hilfe für die betroffenen Kinder und deren Familien. Es handelt sich hierbei um die Identifikation und Prävention von Problemen, alles andere gehört danach in den Bereich der Intervention, also der Förderung.

2.7.1 Früherkennung von Risiken

Immer wieder gibt es Eltern, die sich große Sorgen machen, wenn ihre Kinder mit zwei Jahren noch nicht oder nur sehr wenige Wörter sprechen. Vorliegende Studien und die praktischen Erfahrungen zeigen, dass bei diesen Kindern in der Tat ein erhöhtes Risiko für ihre weitere Entwicklung besteht und sie prädestiniert sind, eine Verzögerung in der weiteren Sprachentwicklung auszubilden (vgl. Tschirner/Hielscher-Fastabend/Jungmann 2007, 188). Eine solche Verzögerung der Sprachentwicklung kann fatale Folgen für die weitere Entwicklung nach sich ziehen, u. a. im motivationalen (Freude am Sprechen), emotionalen (Herausbildung von Vertrauen gegenüber anderen Bezugspersonen) und sozialen (Bildung von Kontakten und Freundschaften) Bereich. Was kann man hier im Bereich der präventiven Frühhilfe anbieten, damit sich solche Störungen erst gar nicht herausbilden und, wenn doch, danach nicht verfestigen? Wir können davon ausgehen, dass sich in den meisten Fällen diese Störungen nicht einfach auswachsen und mit der Zeit verlieren, wie vielfach angenommen und auch in Beratungsgesprächen thematisiert. Wir brauchen daher sowohl für die Eltern als auch für die pädagogischen Fachkräfte einen Überblick über mögliche Risikofaktoren, die für die Entstehung von Entwicklungsstörungen und insbesondere für Sprachstörungen verantwortlich sind. Die Kenntnis dieser Risikofaktoren ist für präventive Maßnahmen von hohem Nutzen.

Übersicht über die Risikofaktoren (vgl. Bundesministerium für Familie, Senioren, Frauen und Jugend 2009, 66 f.):

1. Biologische Faktoren auf der Ebene des Kindes

- Stressbelastung der Mutter während der Schwangerschaft (z. B. durch ungünstige Lebensbedingungen)
- Konsum von Drogen, Medikamenten, Alkohol und Nikotin während der Schwangerschaft
- ungünstiger Schwangerschafts- und Geburtsverlauf (z. B. körperliche Erkrankungen der Mutter, Sauerstoffmangel des Kindes während der Geburt)
- niedriges Geburtsgewicht (unter 2500 g)
- Frühgeburt (vor der 30. Schwangerschaftswoche)

- chronische Erkrankungen (z. B. Neurodermitis), Behinderung (Down-Syndrom) des Kindes.

2. **Psychologische Faktoren**
   - unterdurchschnittliche Intelligenz (kleiner 85 IQ-Punkte)
   - motorische und sprachliche Entwicklungsdefizite
   - mangelnde Aufmerksamkeits- und Konzentrationsfähigkeit (z. B. leicht ablenkbar, häufiger Tätigkeitswechsel)
   - mangelnde Gefühlssteuerung und Impulskontrolle (z. B. häufige und schnelle Wutausbrüche, unkontrollierte Traurigkeit)
   - eingeschränktes Problemlöseverhalten (z. B. häufige Verwendung von Aggression zur Konfliktlösung).

3. **Soziale Faktoren**

   auf der Ebene der Familie
   - unsichere Bindungserfahrungen
   - Trauma-Erfahrungen
   - ungünstiges Erziehungsverhalten (z. B. Überbehütung des Kindes oder harte körperliche Bestrafungen)
   - ungünstige Eltern-Kind-Interaktionen (z. B. geringe Rücksichtnahme auf Bedürfnisse des Kindes in Alltagssituationen, mangelnde oder inadäquate Zuwendung)
   - niedriger sozioökonomischer Status (z. B. durch ALG-II-/Sozialgeldbezug der Familie) und damit assoziierte Lebensbedingungen (z. B. beengte Wohnverhältnisse, niedriger elterlicher Bildungs- und Beschäftigungsstatus)
   - psychische Erkrankung in der Familie (z. B. Depression der Mutter)
   - chronische eheliche Disharmonie (z. B. häufige Uneinigkeit der Eltern)

   auf der Ebene sozialer Nahraum
   - unkritische Nutzung von Medienangeboten (z. B. sehr häufiges Fernsehen, unkritischer Umgang mit Gewalt verherrlichenden Videospielen)
   - Schulschwierigkeiten (z. B. schlechte Noten, Klassenwiederholungen, Schulverweigerung)

   auf der Ebene Gesellschaft/Politik
   - kinderentwöhnte Gesellschaft; strukturelle Kinderfeindlichkeit
   - gestiegene Leistungserwartungen (z. B. durch Verkürzung der Schulzeit).

Die hier genannten Faktoren zeigen sich in der Realität nicht isoliert, sondern meistens in einem Gesamtspektrum von Risikofaktoren, die bei der Entstehung von Entwicklungsabweichungen und Sprachstörungen eine bedeutende Rolle spielen. Die Kenntnis dieser Faktoren ist präventiv von sehr großem Nutzen.

In vielen Familien und Lebensgemeinschaften finden wir quantitativ und qualitativ eine recht unterschiedliche Risikoverteilung. Risiken wie etwa für die Kinder junger, sozial benachteiligter oder selbst beeinträchtigter Mütter lassen sich dann reduzieren, wenn man diese Familien in Problemlagen unterstützt. Hier können wir angehende Eltern schon vor der Geburt ihres Kindes auf bestimmte Signale hin sensibilisieren. Die emotionale und soziale Bindung der Kinder an Bezugspersonen wie die Mutter kann durch nichts ersetzt werden und ist für die Selbstsicherheit, das Selbstvertrauen und die Belastbarkeit der Kinder von größtem Gewinn.

2.7.2 Familiäre Bedingungen

Insgesamt müssen wir den Blick im Bereich der frühkindlichen Bildung stärker auf das untere Drittel dieser Risikokinder und ihre Familien bzw. Lebensgemeinschaften richten. In vielen Familien fehlen die wirtschaftlichen, kulturellen und sozialen Ressourcen, um die Kinder im Bereich der Bildung angemessen unterstützen zu können. Bei Eltern, die nicht erwerbstätig sind, die selbst keinen oder nur einen niedrigen Schulabschluss erworben haben und die in Armut leben, wachsen die Kinder in Risikolagen auf. Diese Faktoren können sich nachteilig auf die Kinder auswirken. Wir unterscheiden drei Risikolagen (vgl. Autorengruppe Bildungsberichterstattung 2008, 16):

- eine emotional-soziale Risikolage, wenn kein Elternteil erwerbstätig ist und dadurch emotionale und soziale Spannungen und Konflikte das Familienklima erheblich stören und beeinträchtigen; dauernde, aber auch vorübergehende Arbeitslosigkeit belastet die familiäre Situation und damit auch die Erziehung, Bildung und Förderung der Kinder. Hierzu gehört aber auch, dass manche Eltern ihren Kindern keine Liebe, kein Vertrauen und keine Zuwendung zuteil werden lassen;
- eine kulturell-intellektuelle Risikolage, wenn kein Elternteil über einen Abschluss des Sekundarbereichs II oder höher verfügt, also Fachabitur oder Hochschulreife, und die Eltern ein relativ schwaches Bildungsniveau vorweisen. Damit werden den Kindern in vielen Fällen eine anregungsreiche Umwelt und bildungsadäquate Angebote vorenthalten und
- eine ökonomische Risikolage, wenn das Familieneinkommen unter der Armutsgefährdungsgrenze liegt und dadurch die Kinder unter materiel-

len und finanziellen Entbehrungen leiden. So werden manche Kinder von schulischen Angeboten wie z. B. Schullandheimaufenthalte, Klassenfahrten oder Museumsbesuche und von Freizeitaktivitäten wie Sportverein, Kino- oder Theaterbesuch ausgeschlossen.

Solche und ähnliche Risikolagen beeinträchtigen die Entwicklung eines sozialen Netzes und damit auch die Entwicklung der Sprache und des Sprechens, weil eben vielfältige und anregungsreiche Gesprächspartner mit anspruchsvollen und interessanten Themen fehlen.

In Deutschland lebte 2006 mehr als jedes zehnte Kind unter 18 Jahren in einer Familie, in der kein Elternteil erwerbstätig ist. Bei über 3,4 Mio. bzw. 23 % der Kinder lag das Einkommen der Familie unter der Armutsgefährdungsgrenze. 13 % der Kinder wuchs in Familien auf, in der niemand über einen Abschluss des Sekundarbereichs II oder höher verfügt. Dies wirkt sich auf die Bildungszeit und Bildungswege der Kinder unmittelbar aus. Von mindestens einer dieser genannten Risikolagen sind 4,2 Mio. oder 30 % aller Kinder betroffen. Wenn wir davon ausgehen, dass ein Leben unter der Armutsgefährdungsgrenze zu einer Verschlechterung der Bildungschancen führt, so ist die Entwicklung in den letzten Jahren besonders bedenklich. Jedes fünfte Ehepaar mit Kindern unter 18 Jahren muss mit weniger als 60 % des durchschnittlichen Familieneinkommens auskommen. Jede vierte Lebensgemeinschaft mit Kindern lebt unter der Armutsgefährdungsgrenze. Am stärksten betroffen sind Alleinerziehende, deren Armutsrisiko doppelt so groß ist wie das von Ehepaaren (vgl. Autorengruppe Bildungsberichterstattung 2008, 26).

Die Gruppe der Risikokinder im Bereich der Sprachförderung macht gut ein Drittel des Altersjahrgangs aus und rekrutiert sich im Wesentlichen aus

- Jungen,
- Mehrlingen,
- zugewanderten Kindern mit komplexem Migrationshintergrund,
- Kindern mit familiärer Belastung (vgl. Straßburg 2000, 101).

Des Weiteren müssen wir uns intensiver und umfassender mit den Kindern und Schülern mit folgenden Symptomen auseinander setzen:

- Defizite in den Top-down-Prozessen wie Gedächtnis, Aufmerksamkeit und Motivation,
- Wahrnehmungsstörungen vor allem im visuellen und auditiven Bereich,
- Sprachstörungen in der Muttersprache Deutsch wie z. B. Stammeln, Dysgrammatismus oder Stottern,
- Defizite in den Vorläuferfertigkeiten wie z. B. der phonologischen Bewusstheit,

- Leserechtschreibstörungen als leichte und Legasthenie als schwere Störungen des Schriftspracherwerbs,
- Rechenschwächen in Verbindung mit anderen Entwicklungsstörungen; diese werden als Dyskalkulie bezeichnet.

2.7.3 Jungen als Risikogruppe

Die in letzter Zeit in den Medien und in der Wissenschaft aufkommende Wahrnehmung und Diskussion der aktuellen gesellschaftlichen Situation von Jungen kann durch verschiedene Schlagzeilen belegt werden: „Jungen als Bildungsverlierer" oder „Schlaue Mädchen – dumme Jungen" oder „Jungs – das benachteiligte Geschlecht". Es fällt immer wieder in den Auseinandersetzungen mit der Thematik der Geschlechterdifferenzierung auf, dass die Bildungserfolge der Mädchen den Misserfolgen der Jungen gegenübergestellt werden. Hier kann man die Frage stellen, ob wir demnächst nicht auch eine gezielte Jungenförderung brauchen (vgl. Waldmann 2009, 29). Diese Jungenproblematik ist ein in der aktuellen Sprachförderung wenig oder kaum beachtetes Phänomen, d. h. Jungen werden mehr und mehr zu den „Bildungsverlierern" unserer Zeit gerechnet. Das Berlin-Institut für Bevölkerung und Entwicklung spricht sogar von einer „Bildungskrise der jungen Männer". In allen zurzeit zugänglichen Negativ-Rankings liegen die Jungen vorn. Sie stellen die Mehrheit der Schulabbrecher (62 %), der verspätet Eingeschulten (5,9 zu 3,5 % Mädchen), der Sitzenbleiber (62 %) und der Förderschüler (61 %) (vgl. FOCUS 2009, 11). Des Weiteren wissen wir, dass die Jungen bei den sprachgestörten und sprachbehinderten Kindern und Jugendlichen zwei Drittel ausmachen und gegenüber den Mädchen im sprachlichen Bereich viel stärkere Leistungsrückstände aufweisen. Beim Erzählen, Diskutieren, Kommentieren und Argumentieren liegen die Mädchen deutlich vorn. In diesem Bereich haben die Mädchen die Jungen nicht nur eingeholt, sondern überholt. Jungen können in vielen Bereichen nicht mehr mithalten. Von daher sollten wir auch in der individuellen Sprachförderung Ursachen diskutieren und Wege aufzeigen, wie wir die Jungen aus dieser aktuellen Krise herausführen. Jungen benötigen eine Sprachförderung, die ihren geschlechtsspezifischen Bedürfnissen in der gesprochenen und geschriebenen Sprache gerecht wird. Wir müssen zunächst das Anderssein von Jungen und Mädchen in bestimmten Bereichen akzeptieren und daraus einen anderen pädagogischen Umgang ableiten. Wir müssen die Sozialisationsräume Kindergarten und Schule verändern, und zwar bei der Raumgestaltung, den Materialien, dem Spielzeug, der Technik und den Medien. Dadurch, dass sowohl in den

Kindertagesstätten als auch in den Grundschulen weit mehr Frauen als Männer fördern und unterrichten, ist die gesamte theoretische und praktische Ausrichtung sehr frauenorientiert. Wir sollten das bisherige Wissen aus der Jungenforschung bündeln und jungenorientierte Zugangsweisen in der Sprachförderung entwickeln. Erste gute Ansätze finden wir in dem neuen Handbuch Jungen-Pädagogik von Matzner und Tischner (2008).

Die Bildungspolitik hat die Jungenproblematik erkannt und in dem neuen Koalitionsvertrag zwischen CDU, CSU und FDP für die 17. Legislaturperiode aufgegriffen. Sie will einen Perspektivenwechsel; so wird dort formuliert, dass eine eigenständige Jungenpolitik entwickelt werden soll.

2.7.4 Late Talker

„Late Talker" sind Kinder, die verspätet und zeitlich stark verzögert die Muttersprache erwerben. Der aus dem anglo-amerikanischen Sprachraum stammende Begriff wurde in den letzten Jahren zunehmend von der Fachliteratur übernommen. Nach der zurzeit gültigen Definition sprechen „Late-Talker"-Kinder mit 24 Monaten weniger als 50 Wörter und sprechen auch nur einzelne Wörter, produzieren keine Zweiwortäußerungen oder gar kleine Sätze (vgl. Grohnfeldt 2007, 181). Hier haben wir es mit einer Risikogruppe zu tun, die zum einen von den Eltern und den Fachleuten kaum bemerkt wird und zum anderen als sprachliche Spätzünder eine echte Risikogruppe darstellt. Bei früher Identifikation und entsprechenden Ratschlägen und Hilfen bestehen durchaus Chancen für diese Kinder, die Muttersprache – wenn auch ein wenig verzögert – korrekt zu erwerben. Die Zahl der Kinder, die beim Erwerb der Muttersprache Schwierigkeiten haben, obwohl sie gesund und normal entwickelt sind, ist nicht klein; hierzu einige Daten aus der Forschung (vgl. Kauschke 2006): Zwischen 10 und 15 % aller Kinder eines Jahrgangs haben ohne ersichtlichen Grund Probleme, ihre Muttersprache korrekt und ohne zeitliche Verzögerung zu erwerben. Ungefähr die Hälfte dieser Kinder holt ihren Rückstand im Rahmen der Selbstheiltendenz oder einer gezielten Hilfestellung durch Eltern oder pädagogische Fachkräfte bis zum dritten Lebensjahr auf; diese Kinder werden als Spätzünder, Himmelsstürmer oder „Late Bloomer" (Spät-Blüher) bezeichnet (vgl. Grohnfeldt 2007, 181). Die verbleibende Hälfte der „Late Talker" entwickelt eine Spezifische Sprachentwicklungsstörung (SSES), obwohl es in ihrer Entwicklung keine erkennbaren Auffälligkeiten gibt. Hier ist es notwendig, die Risiken dieser Kinder früh zu erkennen und die Kinder spätestens im Alter von drei Jahren einer gezielten logopädischen Sprachtherapie zu unterziehen. Immer wieder hören Eltern von Fachleuten wie Pädagogen, Sprachheilpädagogen und Fachärzten den Ratschlag „Abwarten – das kommt noch". Nur eine gezielte und von Logopädinnen durchgeführte Therapie kann hier Folgeschäden bei der weiteren Sprachentwicklung und vor allem beim Lesen- und Schreibenlernen in der Schule vorbeugen und vermeiden. Mögliche und vermutete Risikofaktoren sind: familiäre Disposition, elterliches Sprachverhalten sowie sprachlich-rezeptive und symbolische Fähigkeiten des Kindes (vgl. Grohnfeldt 2007, 181). Hierzu hat Kauschke (2006, 51) einen interessanten Fragenkatalog entwickelt mit dem Titel „Ist mein Kind ein Late Talker?" Aus diesem Fragekatalog werden einige zentrale Fragen als Anregung zur weiteren Diskussion und Verwendung vorgestellt:

1. **Wenn ein Kind mit 24 Monaten wenig oder nicht spricht:**
   - Gibt es Sprachprobleme in der Familie?
   - Gibt es besondere Vorkommnisse, in der Schwangerschaft, bei der Geburt und danach wie etwa Krankenhausaufenthalte?
   - Wie verlief die bisherige nichtsprachliche Entwicklung?
   - Hat das Kind im ersten Lebensjahr gelallt oder gebabbelt wie etwa „bababa" oder „dadada"?
   - Wann hat es die ersten Wörter gesprochen?
   - Wie kommuniziert es mit den Eltern und anderen Personen?
2. **Wenn ein Kind mit 30 Monaten wenig oder nicht spricht:**
   - Umfasst der aktive Wortschatz weniger als 100 Wörter?
   - Benutzt das Kind keine Wortkombinationen?
   - Versteht es Wörter und Sätze schlecht?
   - Liegen andere Störungen vor wie etwa emotionale oder soziale Störungen?

Das Frühwarnsystem in der Krippe sollte künftig darauf achten und die betroffenen Kinder früh erkennen, damit die notwendigen Schritte wie eine umgehende fachärztliche und psychologische Diagnostik und logopädische Therapie eingeleitet werden können. Dies ist eine neue und große diagnostische Herausforderung.

Fazit

Risikokinder wachsen unter besonders ungünstigen familiären und umweltbedingten Voraussetzungen auf. Die normale Entwicklung dieser Kinder kann gestört oder verhindert werden. Es geht darum, mögliche Gefahrenquellen früh zu erkennen und diese Hindernisse aus dem Weg zu räumen. Damit können wir echte Prävention leisten. Eine wichtige Gefahrenquelle ist die Struktur des familiären Umfeldes; hier können wir beobachten, dass das Aufwachsen in Armut eine erste Risikolage für das Kind darstellt. Aber auch die Früherkennung körperlicher Gebrechen wie z. B. von Hörstörungen oder von Sehfehlern ist eine wichtige Vorbeugung von Sprachstörungen. Zwei Problemkreise werden deutlich: Zum einen sollten wir intensiver die Entwicklung der Familienstrukturen und sich dort anbahnende Veränderungen in den Blick nehmen und mögliche Risiken sichten und zum anderen sollten wir uns verstärkt der Jungenproblematik und den „Late Talker" widmen. Hier brauchen wir Erkenntnisse und neue Handlungskonzepte.

Schlüsselbegriffe

- Risiko, sensible Phase, Familienstruktur, Prävention, Risikofaktoren, Armut, Armutsrisiko, Jungenproblematik, Bildungsverlierer, Late Talker

Fragestellungen

- Was verstehen wir unter sozialen Brennpunkten und bildungsfernen Familien?
- Was verstehen wir unter einem Risiko bzw. was sind Risikolagen?
- Was bedeutet echte Prävention?
- Was verstehen wir unter dem Begriff der Vorläuferfertigkeiten für das Lesen und Schreiben?
- Kann die präventive Familienhilfe Risiken früherkennen und womöglich beseitigen?
- Welche Möglichkeiten haben wir konkret, die Jungenproblematik in den Kindertagesstätten und in den Grundschulen anzugehen?
- Wann bezeichnen wir ein Kind als „Late Talker"?

Querverbindungen in diesem Buch

vgl. hierzu auch die Kapitel 1.1, 1.4, 1.5, 2.6 und 3.3

Weiterführende Literatur

Butzkamm, J. (2004): Sprachlust für Frühstarter und Spätzünder. Theorie und Praxis der Sozialpädagogik. TPSD. Sprache fördern, 4–7.

Kauschke, C. (2006): Hilfe für Spätzünder. Gehirn & Geist, 6, 48–53.

Matzner, M. & Tischner, W. (Hrsg.) (2008): Handbuch Jungen-Pädagogik. Weinheim, Basel: Beltz Verlag.

Schule – Das Magazin für engagierte Eltern (Hrsg.) (2009): So lernen Jungen, so lernen Mädchen, 4, 10–19.

Waldmann, K. (2009): Über die These der Feminisierung der Pädagogik hinausdenken. In: Forum Jugendhilfe, 4, 29–31.

2.8 Familiäre Bedingungsanalyse und Prävention

In allen Fachbüchern zum Spracherwerb, zur Sprachentwicklung und zur Sprachförderung finden wir Kapitel zur Elternarbeit oder, wie wir heute sagen, Elternpartnerschaft oder Bildungspartnerschaft. Diese Kapitel können wir meist unter dem Begriff „Sonntagsreden" abhandeln, weil die direkte Umsetzung der dort vorgeschlagenen Hinweise schwierig ist und meistens nicht gelingt. Wir gehen davon aus, dass die Kooperation mit den Eltern auf Augenhöhe erfolgt und dass wir uns alle als Bildungspartner betrachten. Nur kommen wir damit konkret nicht weiter. Die entscheidende Frage lautet: Wie kommen wir an die Eltern heran, die wir brauchen, die Eltern und Sorgeberechtigten der Problem- und Risikokinder? Hier soll der Einstieg in eine neue Auseinandersetzung mit den Eltern und, noch wichtiger, mit der gesamten Familiensituation begonnen werden. Dabei geht es nicht nur um die Mütter und Väter, es geht um die gesamte familiäre Situation und die dort vorhandenen Bedingungen und ablaufenden Wechselbeziehungen. Wir müssen stärker als bisher eine offensive und aktive Strategie angehen und die gesamte Situation in der Familie in den Blick nehmen.

Wir sollten die persönliche Lebenssituation des Kindes in seinem familiären Umfeld untersuchen und in Erfahrung bringen, wie das Kind lebt, was seine echten Bedürfnisse sind und wo die Probleme und Schwierigkeiten liegen. Der familiäre Lebensraum des heranwachsenden Kindes und die dort herrschenden Bedingungen sind systematischer zu beobachten und zu kontrollieren. Wir brauchen im Umgang mit den Eltern eine andere Herangehensweise. Wir brauchen eine offensive und instruktive Familienarbeit. Wir sollten mehr Mut aufbringen, vorhandene Risiken und Störfaktoren der kindlichen Entwicklung früher zu erkennen, um im wahrsten Sinne des Wortes präventiv wirksam werden zu können. Es muss möglich sein, ein sprachliches Frühwarnsystem bezogen auf mögliche Probleme beim Sprechen und in der Sprache zu installieren. Dieses Frühwarnsystem sollte allen Verantwortlichen bekannt sein und es sollte in der Praxis auch funktionieren. Hier haben wir noch einen riesigen Nachholbedarf. Dabei könnten folgende Schritte eingeleitet werden:

1. Schritt: Medizinische Früherkennung umsetzen

Wenig bekannt und genutzt werden die Leistungen und Möglichkeiten der Pränataldiagnostik Hier können Eltern sich schon während der Schwangerschaft mit möglichen Risiken ihres noch ungeborenen Kindes auseinander setzen und beschäftigen. Auf die Nachricht, dass das Kind vielleicht mit einer bleibenden Störung oder gar Behinderung zur Welt kommen wird, reagieren die Eltern meist mit großer Bestürzung und Angst. Im Zuge der ganzheitlichen Beratung durch die Ärztin oder den Arzt haben Schwangere neuerdings einen Rechtsanspruch auf vertiefende psychosoziale Beratung. Diese ist freiwillig und kostenlos und erfolgt in einer Schwangerenberatungsstelle durch geschulte Fachkräfte. Die hier angebotene Beratung und die Fördermöglichkeiten können wesentlich dazu beitragen, dass die Belastungen z. B. durch eine Hörbehinderung und eine in der Folge nicht ausbleibende Sprachbehinderung bestmöglich eingeschätzt werden. Folgende Schritte sind möglich (vgl. Bundeszentrale für gesundheitliche Aufklärung 2009, 2 ff.):

1. Staatlich anerkannte Schwangerschaftsberatungsstelle aufsuchen
2. Vermittlung an Selbsthilfegruppe und Hilfe zur Selbsthilfe
3. Rechtliche Beratung hinsichtlich geeigneter Hilfs- und Fördermöglichkeiten
4. Alltag organisieren wie z. B. die Untersuchung beim Hals-Nasen-Ohren-Arzt (Hörtest) oder die Beantragung einer logopädischen Therapie bei der Krankenkasse und das Aufsuchen einer Logopädin
5. Netzwerke schaffen zwischen Eltern und den Fachleuten
6. Unterstützung in Anspruch nehmen
7. Frühförderung beantragen und auch in Anspruch nehmen.

Weiterhin gibt es die Früherkennungsuntersuchungen im Kindesalter für Säuglinge und Kleinkinder bis zum Alter von fünf Jahren. Mit ihrer Hilfe sollen im Sinne des Screening Verdachtsmomente und damit Risiken für Störungen oder Krankheiten ermittelt werden wie z. B. Augenfehler, Diabetes, Fehlbildungen, Herzfehler, Hörschäden, psychische Entwicklungsstörungen, Stoffwechselstörungen und Sprachstörungen. Hier sollten die pädagogischen Fachkräfte einen ersten Blick auf die bisher durchgeführten kostenlosen Vorsorgeuntersuchungen U1 bis U9, also die Untersuchungen bis zum fünften Lebensjahr, werfen. Dabei stellt die ärztliche und speziell die kinderärztliche Praxis für die Untersuchungen die erste Anlaufstelle dar. Da wir aus Studien wissen, dass lediglich 78 % der Eltern die U8 und U9 mit ihren Kindern durchführen lassen, müssen wir diese besonders beachten. Versäumnisse sollten konsequent zum Wohle des Kindes nachgeholt werden. Denn das ist ein erster und wichtiger Schritt, um Risiken zu erkennen und präventiv zu arbeiten.

2. Schritt: Erziehungsauftrag der Familie stärken

In einem zweiten Schritt müssen wir uns gezielter mit der elterlichen Erziehung auseinander setzen; dabei verstehen wir unter dem Erziehungsbegriff alle Maßnahmen, die die Eltern in der täglichen Interaktion und Kommunikation mit ihren Kindern aushandeln. Die Kinder sollen bestimmte Verhaltensweisen, Handlungsmuster, Werte und Normen übernehmen, die den Vorstellungen der Eltern entsprechen. Dabei stellen wir immer wieder fest, dass die Erziehungsabsichten, die Erziehungsziele und das Erziehungshandeln nicht immer mit den Erziehungsvorstellungen der Bildungseinrichtungen wie Kindergarten und Schule übereinstimmen. Daraus ergibt sich notgedrungen immer wieder aufs Neue Gesprächsbedarf mit den Eltern, um die Erziehung abzustimmen.

Wichtig sind die familiären Bedingungen, unter denen die Kinder aufwachsen. Dabei sind u. a. als wichtige Faktoren zu nennen (Deutsches Institut für Fernstudien an der Universität Tübingen 1988, 55):

- Struktur der Familie (unvollständig, disharmonisch, konfliktträchtig, Einschätzung des „broken home" wie z. B. Streit und Konflikte vor einer Trennung)
- Größe der Familie (Anzahl der in der Familie regelmäßig und unregelmäßig lebenden Personen)
- Art des Zusammenlebens (Gestaltung des Tagesablaufs, schulische Betreuung der Kinder, Freizeitaktivitäten, Einflüsse und Mitwirkung von Großeltern oder anderen Personen wie Tagesmutter, Grad der Zufriedenheit)
- Geschwisterposition (Verhältnis Erst- und Letztgeborene und zu den Eltern)

- Schichtzugehörigkeit und
- Erziehungsstil der Eltern.

Die pädagogischen Fachkräfte müssen sich fragen, welche Erziehungsmethoden und Erziehungsstile im Elternhaus praktiziert werden oder auch nicht. Hierbei geht es um die Frage der täglich aufgebrachten Erziehungszeit, aber auch um den Umgang mit Medien wie Fernsehen. Erziehung soll auf der einen Seite führen, d. h. Vorbild sein, Grenzen setzen, konsequent sein und die Richtung vorgeben, auf der anderen Seite im Sinne von „Wachsenlassen" die kindliche Individualität ermöglichen, den eigenen Weg suchen und finden lassen und eine anregende Lernumgebung schaffen. Wir sollten uns mit den Erziehungszielen und Erziehungsstilen der Eltern konstruktiv auseinander setzen und eine Abstimmung zu den Zielen und Methoden in der Bildungseinrichtung erzielen.

Erziehungsstil wird als Oberbegriff verstanden von Erziehungsmaßnahmen, die untereinander in Beziehung stehen. Allgemein verstehen wir darunter die Art und Weise, wie Eltern mit ihren Kindern im Rahmen der Sozialisation und Erziehung Tag für Tag umgehen. Im Erziehungsstil spiegeln sich die Haltung der Eltern gegenüber der Gesellschaft, Normvorstellungen, Werte, Fragen von Bildung und Erziehung wieder. Der Erziehungsstil wird dabei durch eine Vielzahl von Faktoren definiert wie z. B. Wohnort, Größe des Wohnraumes, Kinderzahl, Einkommen der Eltern, wirtschaftliche Situation, Bildungsniveau der Eltern usw. Da die genannten Faktoren einem gesellschaftlichen und demografischen Wandel unterliegen, verändern sich auch die Erziehungsstile. In der Erforschung der Erziehungsstile gibt es verschiedene Einteilungen; im Folgenden werden einige Erziehungsstile kurz beschrieben:

strenger (autoritärer) Erziehungsstil,
d. h. eine strenge Erziehung, die die Kinder lenkt und steuert; sie orientiert sich an den kulturellen Traditionen der Herkunftsgesellschaft und den Erfahrungen der Eltern selbst, wie z. B. das in manchen Kulturen doch sehr unterschiedliche Rollenverhalten zwischen Mann und Frau. Die Kommunikation ist sehr stark geprägt durch Befehle und Anordnungen, Dominanz der Körpersprache, nicht-konstruktive Kritik und Vermeiden von Diskussionen.

gewährender (laissez-faire) Erziehungsstil,
d. h. dieser Stil lässt die Kinder in ihrer Lebenswelt weitgehend gewähren, ohne streng, konsequent und nachhaltig einzugreifen, im Sinne des „Wachsenlassens", wobei Grundregeln wie z. B. der Höflichkeit und des Respekts

vor anderen Menschen eingehalten werden müssen. Hier herrscht eine übergroße Nachgiebigkeit, teilweise auch eine gewisse Interesselosigkeit. Das Kind bleibt sich sozusagen weitgehend selbst überlassen. Den Kindern werden keine Grenzen gesetzt. Von daher haben diese Kinder Probleme im Umgang mit Regeln und Vorschriften.

verzärtelnder Erziehungsstil,
d.h. bei der Erziehung mehrerer Kinder gibt es erkennbare Unterschiede hinsichtlich der Geschwisterposition und des Geschlechts, und zwar bei Mädchen und Jungen und bei Erstgeborenen und Letztgeborenen. Während erstgeborene Kinder eher streng, erfolgsorientiert, diszipliniert erzogen werden, erfahren letztgeborene Kinder eine erhöhte emotionale Zuwendung, soziale Aufmerksamkeit und werden verwöhnt und verzärtelnd erzogen. Zuweilen neigt man dazu, das Verhalten von Kindern zu verherrlichen und sie als Prinzen und Prinzessinnen zu betrachten, also „auf wohlbehüteten Händen durch die Kindheit zu tragen".

sozialintegrativer (demokratischer) Erziehungsstil,
d.h. hier finden wir nur ein sehr geringes Maß an Befehlen und Anordnungen; die Beteiligung der Kinder an der Verantwortung und Entscheidung für bestimmte Tätigkeiten ist gegeben sowie eine permanente Anregung zum selbständigen Handeln erkennbar. Die Eltern zeigen sich ausgeglichen und partnerschaftlich und neigen zur Eigeninitiative und Bereitschaft zu sehr persönlichen und kritischen Gesprächen. In diesem Erziehungsstil finden sich Eltern, die ihre Kinder liberal, eigenständig, selbständig und freizügig erziehen wollen.

Die hier skizzierten Erziehungsstile finden wir in allen sozialen Schichten unserer Gesellschaft, auch in der Gruppe der zugewanderten Kinder und von deren Eltern. Die in der Familie praktizierten Erziehungsstile prägen in entscheidendem Umfang die familiäre Atmosphäre und das Verhalten der heranwachsenden Kinder. In den meisten Untersuchungen zum schichtspezifischen Erziehungsverhalten zeigt sich, dass die Eltern der Mittelschicht eher ein demokratisches und die Eltern der Unterschicht eher ein machtorientiertes, autoritäres Erziehungsverhalten praktizieren. Dieses machtorientierte Erziehungsverhalten finden wir gehäuft auch in bestimmten Kulturkreisen und Sprachgemeinschaften. Es besteht ein sehr enger Zusammenhang zwischen dem elterlichen Erziehungsverhalten und der zwischenmenschlichen Kommunikation. Diese Aspekte und Zusammenhänge sollten wir bei der Planung, Durchführung und Reflexion der individuellen Sprachförderung stärker berücksichtigen als bisher. Zahlreiche Forschungsarbeiten der letzten Jahre zeigen für die Eltern und Pädagogen eine einheitliche Leitlinie; dabei sind für die kindliche Entwicklung ungünstig (Walper & Wendt 2009):

- eine sehr strenge Erziehung,
- inkonsequentes Belohnen und Bestrafen,
- widersprüchliche Anweisungen,
- Uneinigkeit der Eltern hinsichtlich der Erziehungspraktiken und
- unzureichende emotionale Wärme und mangelhaftes Einfühlungsvermögen.

Dennoch ist ein strenger Erziehungsstil verbunden mit viel Liebe und Wärme, Zuwendung und elterlicher Hilfe und Unterstützung einschließlich klarer Regeln, Grenzen und Kontrollen deutlich günstiger für die kindliche Entwicklung als alle anderen Erziehungsstile. Wir sollten von daher den Kindern im Rahmen der individuellen Sprachförderung klare Regeln wie z. B. Gesprächsregeln vorgeben, Grenzen aufzeigen und dafür Sorge tragen, dass sich die Kinder auch daran orientieren.

3. Schritt: Sprachwelt des Kindes durchleuchten

In einem dritten Schritt sollten wir uns die Sprachwelt der Kinder und die unmittelbare Lebenswelt erschließen und dabei die folgenden Fragen stellen und Antworten bei den betroffenen Bezugspersonen suchen (vgl. Niedersächsisches Ministerium für Frauen, Arbeit und Soziales 2002, 119):

- Wer spricht mit dem Kind welche Sprache?
- Spricht das Kind Deutsch als Muttersprache?
- Hat das Kind bereits erkennbare Schwierigkeiten mit der Sprache wie z. B. dem Wortschatz oder der Satzbildung oder mit dem Sprechen wie z. B. mit der Aussprache von Lauten und Wörtern?
- Wird in der Familie Dialekt oder Hochdeutsch gesprochen?
- Wird in der Familie gern und viel gesprochen?
- In welchen Situationen während des gesamten Tages spricht wer mit dem Kind?
- Gibt es neben Vater und Mutter auch andere Bezugspersonen aus der Nachbarschaft, dem Freundeskreis oder der Verwandtschaft, die viel mit dem Kind sprechen?
- Welche Sprache wird in der Familie vorwiegend gesprochen?
- Gibt es Situationen in der Familie, in der nur die eine oder die andere Sprache gesprochen wird?
- Wird das Kind innerhalb der Familie, aber auch extern von anderen Personen in seiner Sprachentwicklung unterstützt und gefördert?

- Wurde mit den Eltern bzw. den Sorgeberechtigten ein Gespräch über die Bedeutung der Sprache und der Sprachpflege geführt?

4. Schritt: Elternbesuche in den Bildungseinrichtungen fordern
Wir kommen an die Eltern der Problemkinder nur heran, wenn wir sie direkt ansprechen und in die Bildungseinrichtung einladen. Dort können wir folgende Angebote unterbreiten:

- Kontaktaufnahme und Gespräch zum gegenseitigen Kennenlernen; dabei sollte das Gespräch auf Augenhöhe erfolgen, wenn notwendig in der lokal gesprochenen Umgangssprache oder gar im Dialekt und im Geiste der gegenseitigen Wertschätzung.
- Die Information der Eltern über die Arbeit in der Bildungseinrichtung erfolgt am besten in der Einrichtung selbst. Hier kann ein ernsthaftes Informations- und Beratungsgespräch mit den Eltern erfolgen. Die Eltern können sich vor Ort über die praktizierte Arbeit selbst einen Eindruck verschaffen, Fragen stellen, und es können gemeinsame Ziele absteckt werden. Die Eltern können so den Tagesablauf, die Ziele und Methoden sowie die eingesetzten Medien und Materialien wie Förderprogramme erfahren und miterleben.

5. Schritt: Hausbesuche der pädagogischen Fachkräfte durchsetzen
Wir sind auf den Kontakt und die Mitarbeit der Eltern und Sorgeberechtigten angewiesen. Wenn die Eltern nicht zum Elternabend, zum Elternsprechtag oder in die Elternsprechstunde kommen, dann müssen wir versuchen, den Weg zu den Eltern zu finden. Es gibt immer wieder Eltern, die den Kontakt zur pädagogischen Fachkraft und zur Bildungseinrichtung aus negativer Erfahrung mit Kindergarten und Schule heraus scheuen. Hier sollten wir nach sensibler Rücksprache mit den Eltern einen Hausbesuch in gegenseitiger Abstimmung planen und durchführen. Beim Hausbesuch sollte eine weitere pädagogische Fachkraft im Sinne des „Vier-Augen-und-Ohren-Prinzips" dem Gespräch beiwohnen, Fragen stellen und möglicherweise ein Protokoll zur Dokumentation anfertigen. Hier sind dann auch Einblicke in das häusliche Milieu und das erzieherische Verhalten der Eltern möglich.

6. Schritt: Kompetenzen der Eltern verbessern
Wir können auf die Mitarbeit und die Hinweise der Eltern nicht verzichten und sollten die vorhandenen Kompetenzen der Eltern berücksichtigen und in die Planung, Durchführung und Bewertung der individuellen Sprachförderung einbeziehen. Die Eltern können selbst Angebote oder gar Aktivitäten einbringen, die zu einer Erweiterung der Lebenswelt der Kinder beitragen.

Die Kinder selbst erleben dann auch hautnah, dass sich ihre Eltern für die Erziehung, Bildung und Sprachförderung interessieren. So können z. B. Einblicke in die Berufs- und Arbeitswelt der Eltern erfolgen, es können aber auch Lieder, Gedichte, Geschichten, Spiele und Märchen aus dem kulturellen Umfeld der Kinder mit in die Sprachförderung aufgenommen werden. Manche Eltern sind auch bereit, im Rahmen der Sprachförderung Geschichten zu erzählen, Lieder mit den Kindern zu singen und Märchen in ihrer Heimatsprache vorzutragen. Diese Perspektive der Zusammenarbeit mit den Eltern sollten wir stärker nutzen.

Auf die Mitarbeit der Eltern kann und darf nicht verzichtet werden, insbesondere auch deshalb nicht, weil die Eltern ein großes Interesse an der Entwicklung ihres Kindes und vor allem an der Sprachentwicklung haben. In der Regel haben gerade die Eltern aus zugewanderten Familien ein großes Interesse daran, dass ihre Kinder die deutsche Sprache lernen. Dagegen fehlt es bei vielen Eltern aus sozial schwachen und benachteiligten Familien an dem Interesse und der aktiven Mitarbeit in Sachen Erziehung und Bildung.

Fazit

Viele Schwierigkeiten im Rahmen der kindlichen Erziehung und Bildung werden nicht gesehen oder in der Bedeutung für die Entwicklung der Sprache als nicht problematisch erachtet. Genau hier müssen wir ansetzen und künftig auf Grund einer exakten Analyse der familiären Bedingungen die richtigen Konsequenzen ableiten und entsprechende Maßnahmen einleiten. Die Eltern sollten in ihrer Verantwortung für die Erziehung und Bildung ihrer Kinder stärker in die Verantwortung genommen werden. Es gibt einen engen Zusammenhang zwischen den Erziehungsstilen der Eltern, der Atmosphäre in der Familie, dem Verhalten, der Sprache und dem Sprechen der Kinder. Die pädagogischen Fachkräfte sollten früher und schneller auf die Eltern zugehen und auf mögliche Gefahren hinweisen, damit Sprachprobleme vermieden oder abgeschwächt werden.

Schlüsselbegriffe

Familie, familiäres Umfeld, persönliche Lebenssituation, Frühwarnsystem, Medizinische Früherkennung, Erziehungsauftrag, Hospitationen, Hausbesuche, Kompetenzen der Eltern, echte Prävention, Pränataldiagnostik, Erziehungsstile, Sprachwelten

Fragestellungen

- Welche Erziehungsstile werden in den Familien praktiziert?
- Gibt es Zusammenhänge und Wechselwirkungen zwischen den in den Familien praktizierten Erziehungsstilen und dem Spracherwerb?
- Können Sie die Erziehungsstile auch in den Bildungseinrichtungen erkennen?
- Wie können wir die echte Prävention im Rahmen der individuellen Sprachförderung umsetzen?
- Warum ist die familiäre Bedingungsanalyse für die Förderung wichtig?

Querverbindungen in diesem Buch

vgl. hierzu auch die Kapitel 1.4, 1.5, 1.7.1, 2.3, 2.5.4, 2.7 und 3.6

Weiterführende Literatur

Andresen, S./Casale, R./Gabriel, Th./Horlacher, R./Klee, S. & Oelkers, J. (Hrsg.) (2009): Handwörterbuch Erziehungswissenschaft. Weinheim, Basel: Beltz Verlag.

Miller-Kipp, G. & Oelkers, J. (2007): Erziehung. In: Tenorth, H.-E. & Tippelt, R. (Hrsg.): Beltz Lexikon. Weinheim, Basel: Beltz Verlag, 204–211.

Tenorth, H.-E. & Tippelt, R. (Hrsg.) (2007): Beltz Lexikon Pädagogik. Weinheim, Basel: Beltz Verlag.

Walper, S. & Wendt, E.-V. (2009): Familie. In: Andresen, S./Casale, R./Gabriel, Th./Horlacher, R./Klee, S. & Oelkers, J. (Hrsg.): Handwörterbuch Erziehungswissenschaft. Weinheim, Basel: Beltz Verlag, 307–321.

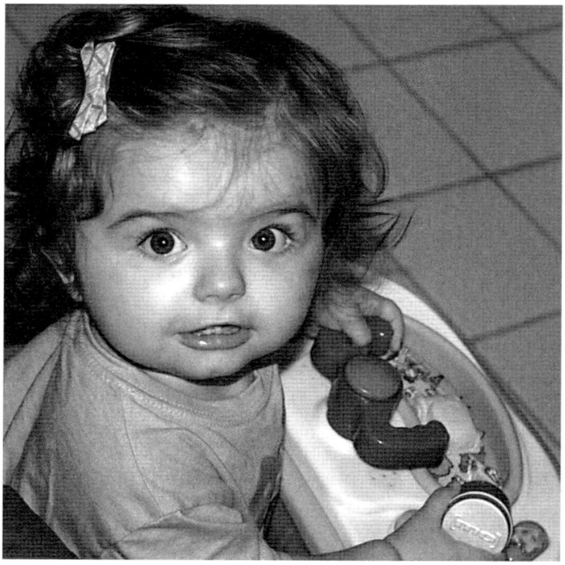

2.9

Leitbilder als Orientierungshilfe

Die individuelle Sprachförderung braucht nicht nur klare Vorstellungen zu der inhaltlichen und organisatorischen Gestaltung, sie braucht auch Hilfen und Stützen in Form von „Leitbildern" und Leitzielen. Diese Leitbilder können von Personen wahr genommen werden, die im Leben des Kindes eine besondere Aufgabe übernehmen und wichtige Rolle spielen wie z. B. die Mutter, der Vater in der Familie, die Erzieherin im Kindergarten und die Lehrerin in der Schule. Leitbilder sind die Summe der Einstellungen und Haltungen pädagogischer Fachkräfte, die in den Bildungseinrichtungen arbeiten. Eine Haltung z. B. gegenüber Erziehung und Bildung wird von einer Person in ihrem Verhalten und im Umgang mit dem Kind zum Ausdruck gebracht. Haltungen entstehen durch Erfahrungen, wobei die wichtigsten Erfahrungen im Umgang mit anderen Menschen gemacht werden. Diese Erfahrungen bilden die Grundlage für das weitere schulische und außerschulische Lernen. Erfahrungen zeichnen sich dadurch aus, dass sie „unter die Haut gehen". Dabei werden Erfahrungen immer kognitiv und emotional erworben und abgespeichert. Haltungen können wir auch umschreiben mit innerer Überzeugung oder Gesinnung (vgl. Hüther 2009, 4). Diese Einstellungen und Haltungen bilden die Grundlage für unser pädagogisches Handeln und sind damit wichtige Leitbilder für die Orientierung in der täglichen Arbeit.

Der pädagogische Geist, die innere Einstellung zu Fragen der Erziehung und Bildung und die Haltungen gegenüber der Sprache und dem Sprechen des Menschen in einer Kindertagesstätte und Schule prägen und bestimmen die generelle Lernatmosphäre, das Wohlfühlen aller Beteiligten und das Lernklima innerhalb der Sprachförderung. Die Sprachförderung tut gut daran, die Kinder und Eltern einzuladen, neue sprachliche Erfahrungen zu machen. Als oberstes Leitziel können wir festhalten: Jeder junge Mensch hat ohne Rücksicht auf seine wirtschaftliche Lage, seine Herkunft und sein Geschlecht ein Recht auf schulische Bildung, Erziehung und individuelle Förderung. Das Leitziel ist die individuelle Förderung (vgl. § 1 Schulgesetz NRW). Die entscheidende Frage lautet: Wie kann individuelle Förderung organisatorisch umgesetzt und inhaltlich-konzeptionell gestaltet werden? Um diese Frage zu beantworten, müssen wir uns mit dem dahinterstehenden Menschenbild und konkreten Leitbildern beschäftigen.

2.9.1 Menschenbild

Die moderne Bildung und Erziehung, hier insbesondere die Sprachförderung, braucht ein Menschenbild als Leitidee und Orientierungshilfe. Menschenbilder sind theoretische Konstrukte, die die pädagogische Arbeit im Alltag der Sprachförderung steuern und leiten. Wir sollten alle Kinder gemäß der UN-Kinderrechtskonvention nach ihren Begabungen, Neigungen und Interessen fördern, Entfaltungsräume schaffen, geeignete Anregungsfelder anbieten und dabei fordern, ohne zu überfordern.

Wir sollten klären, mit welchen Menschen wir es zu tun haben. Der Personenkreis, mit dem sich die individuelle Sprachförderung beschäftigt, sind Problemkinder mit verschiedenen Begabungen und teils sehr unterschiedlichen Förderbedürfnissen in verschiedenen sozialen Settings verteilt auf alle Altersgruppen zwischen null und zehn Jahren. Die Kinder und Schüler mit ihren persönlichen Lernvoraussetzungen und familiären Bedingungen werden in den Mittelpunkt gerückt. Sprachliche Lernprozesse werden dabei als soziale Prozesse definiert; hieran beteiligen sich die pädagogischen Fachkräfte, die Kinder selbst, deren Eltern und andere Erwachsene aus der Lebenswelt der Kinder im Sinne einer Bildungs- und Erziehungspartnerschaft. Auf der Suche nach tragfähigen pragmatischen Konzepten der Bildung, Betreuung und Erziehung von Kindern und Jugendlichen brauchen wir ein zentrales Leitbild, das die Ziele vorgibt, d. h. ein modernes Menschen- und Familienbild. Das Menschenbild soll als Ausgangspunkt für eine übergreifende Modellbildung betrachtet werden. Menschenbilder sind konkret nicht greifbar und objektiv nicht beweisbar, sondern sind subjektiv geprägte Antworten eines Menschen bei der Auseinandersetzung mit seiner Lebenswelt. Dabei gehen wir allgemein von einem dynamischen und ganzheitlichen Menschbild aus, das als zentrale Kategorie die Zielsetzungen, Perspektiven und Leitbilder der Bildung prägt und mitbestimmt. Das der Förderung zu Grunde liegende Menschenbild sollte sich durch kulturelle und religiöse Toleranz, mitmenschliche Kooperation und Teamfähigkeit, geistige Offenheit, gelebte Mehrsprachigkeit sowie gesellschaftliche Dynamik, Flexibilität und Mobilität auszeichnen. Bei der künftigen Entwicklung müssen wir diese Trends berücksichtigen und in die aktuelle Diskussion um Veränderungen in der Schullandschaft mit aufnehmen.

Kinder werden als kompetente Säuglinge geboren, sind ausgestattet mit funktionsfähigen Sinnesorganen und entwicklungsbereiten Wahrnehmungssystemen und gestalten von Anfang an aktiv ihre eigene Bildung. Kinder äußern ihre Wünsche und Bedürfnisse im Kleinkindalter und im Vorschulalter und gestalten so den Bildungsprozess entwicklungsangemessen mit. Kinder sind von Anfang an neugierig, wissensdurstig, wollen persönliche Erfahrungen mit den Mitmenschen und Vorgängen in ihrer Lebenswelt sammeln. Ihr Lerneifer, ihr Wissensdrang und ihre Lernfähigkeit sind größer, als wir meist annehmen. Sie nehmen über die soziale Interaktion, die gesprochene Sprache, die Kommunikation und den Dialog aktiv am Weltgeschehen teil und teilen dies durch ihre Fragen und Wünsche immer wieder mit.

2.9.2 Leitbilder der Sprachförderung

Zur Umsetzung der individuellen Sprachförderung stützen wir uns auf drei wichtige Eckpfeiler:

1. das Kind mit seinen speziellen Stärken und Potenzialen in der sprachlichen Kompetenz, aber auch mit seinen Schwächen und individuellen Förderbedürfnissen,
2. die Familie bzw. die ausgewählte Form der Lebensgemeinschaft mit den spezifischen Möglichkeiten des sozialen Netzes, aber auch Problemen in den sozialen Beziehungen und Kontakten sowie
3. die Bildungseinrichtungen wie Krippe, Kindergarten und Schule mit den Chancen in der jeweiligen Kommune und mit den regionalen Besonderheiten bei der Sprachförderung in der Erstsprache, aber auch bei der Zwei- und Mehrsprachigkeit.

Pädagogische Leitbilder dienen der Ausrichtung und Orientierung in der individuellen Sprachförderung. Folgende allgemeine Leitbilder sind zu nennen:

- eine breit angelegte Konzeption der Sprachförderung, die auch motivationale, emotionale und soziale Aspekte einbezieht;
- die kognitive und psychische Stärkung des Menschen durch sprachliche Kompetenzen,
- die emanzipatorische Befreiung des Menschen zu sich selber,
- die Selbstbestimmung des Menschen im Sinne der Entwicklung von Mündigkeit, auch als Fähigkeit zur Solidarität gegenüber Schwächeren,
- die Toleranz gegenüber Andersdenkenden und Akzeptanz der Vielfalt von Sprache, Kultur und Religion,
- die individuelle Förderung im Bereich der Kommunikation und Sprache gemäß den vorhandenen individuellen Begabungen, genetischen Dispositionen und familiären Möglichkeiten des Kindes.

Als konkrete Förderleitbilder können genannt werden:

- Lebendige und multiple Interaktionen, um das Netz der sozialen Beziehungen und persönlichen Kontakte zu erhalten und weiter auszubauen,
- Sprachverstehen und Symbolfähigkeit, um die auf das Kind einströmenden Zeichen wahrzunehmen und zu verstehen wie Wörter, Laute und Silben, Firmenlogos, Verkehrszeichen und Piktogramme,
- Körpersprache und Prosodie, um im Gespräch und bei der Erzählung die Sprache interessant zu gestalten,
- Sprache und Sprechen, um bewusst die Unterscheidung von Hör- und Sprecherziehung und Sprachförderung deutlich zu machen,
- Fantasie und Sprachwitz, um gerade den kreativen Umgang mit der Sprache und dem Sprechen als gute Voraussetzung für die weitere sprachliche Entwicklung und Ausdifferenzierung hervorzuheben,
- Erfahrungen mit dem Buch, wie z. B. das dialogische Bilderbuchbetrachten und das Vorlesen aus Büchern als wichtige Voraussetzung für den bevorstehenden Schriftspracherwerb und
- Sprachbewusstsein und phonologische Bewusstheit, um die formalen Aspekte und Strukturen der Sprache wie die linguistischen Einheiten und die Lehre von den Lauten aufzugreifen (vgl. Günther 2003).

Diese Leitbilder sind gedankliche Konstrukte und Visionen der individuellen Sprachförderung, die sich auf Grund von vorliegenden Erkenntnissen, aber auch durch Erfahrungen und Wissen subjektiv bilden. Diese Leitbilder prägen die Konzeption der Sprachförderung, und das dahinterstehende dynamische und tolerant-offene Menschenbild steuert die Fördermaßnahmen.

Fazit

Die Philosophie der individuellen Sprachförderung wird maßgeblich beeinflusst durch die theoretische Position des sozialen Konstruktivismus, der die sozialen Kontakte und lebendigen Interaktionen zwischen den Menschen als wichtige Basis der Sprache betrachtet. Oberstes Leitziel ist die sprachliche Förderung des einzelnen Kindes gemäß seinen persönlichen Voraussetzungen und individuellen Förderbedürfnissen in der Interaktion mit anderen Personen. Leitbilder wie Unabhängigkeit, Stärkung und Selbstbestimmung steuern die Planung, Durchführung und Kontrolle der Sprachförderung.

Schlüsselbegriffe

Menschen- und Familienbild, Leitbilder, pädagogischer Geist, Einstellungen, Haltungen, innere Überzeugung, Gesinnung, allgemeine Leitbilder, konkrete Leitbilder

Fragestellungen

- Brauchen wir Leitbilder zur Orientierung innerhalb der individuellen Sprachförderung?
- Was verstehen wir unter einem pädagogischen Leitbild?
- Wie definieren wir den Begriff Menschenbild?
- Wieso kann ein definiertes Menschenbild eine Hilfe für die Planung und Durchführung der individuellen Sprachförderung sein?
- Welche der genannten Leitbilder sind für die Lernatmosphäre und das Lernklima der individuellen Sprachförderung unverzichtbar?

Querverbindungen in diesem Buch

vgl. hierzu die Kapitel 1.1.2, 1.3, 1.5, 1.7, 3.1 und 3.2

Weiterführende Literatur

Grohnfeldt, M. (1989): Merkmale der pädagogischen Sprachtherapie. In: Grohnfeldt, M. (Hrsg.): Grundlagen der Sprachtherapie. Handbuch der Sprachtherapie. Bd. 1. Berlin: Wissenschaftsverlag Volker Spiess, 13–31.

Günther, H. (2003): Sprachförderung: Die Fitness-Probe. Bausteine für einen erfolgreichen Schulanfang. Weinheim, Basel: Beltz Verlag.

Hüther, G. (2009): Jede Kita braucht einen guten Geist. In: Caritasverband für die Diözese Trier e. V. (Hrsg.): Zur Sache Kita, 9, 4–7.

3

Konzeptionell-pädagogische Kategorien der individuellen Sprachförderung

In einem dritten Schritt wenden wir uns den konkreten und damit praktischen Kategorien zu, die sich auf die pädagogische Gestaltung und Strategie der individuellen Sprachförderung beziehen. Des Weiteren sollten wir die intensive Kooperation mit den betroffenen Eltern als Partner in Sachen Erziehung, Bildung und Förderung sowie die konkrete Förderung präziser darstellen. Insbesondere sollte sich die Sprachförderung in Theorie und Praxis mit dem Sprachlernen und dem Lernbegriff intensiver auseinander setzen. Das spielerische Moment und die bereitgestellten Freiräume sind weiterhin wichtig, ebenso gehören Motivation und Anstrengungsbereitschaft zur individuellen Sprachförderung. Bildungs- und Lernprozesse gehören aufs Engste zusammen und ihre Bedeutung sollte stärker herausgestellt werden.

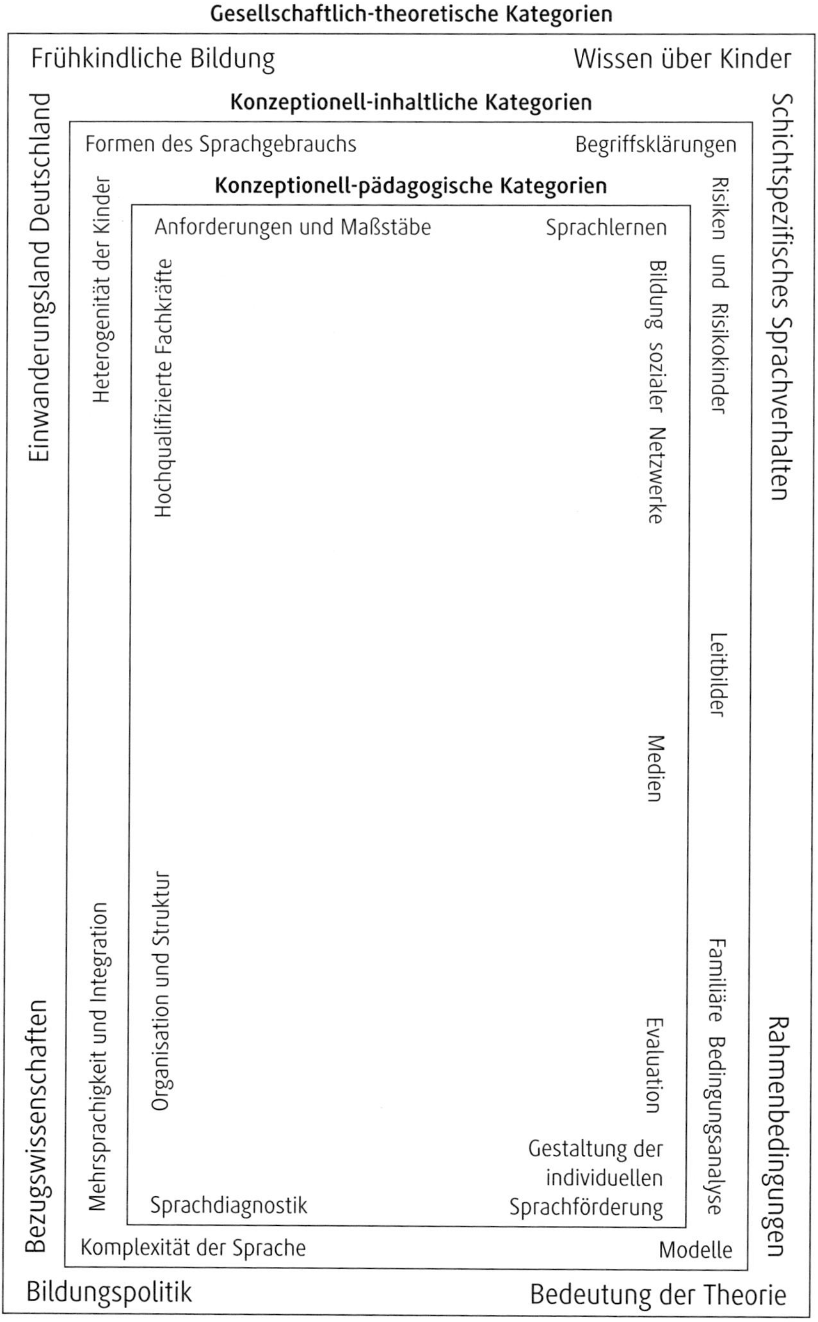

Abb. 3: Konzeptionell-pädagogische Kategorien der individuellen Sprachförderung

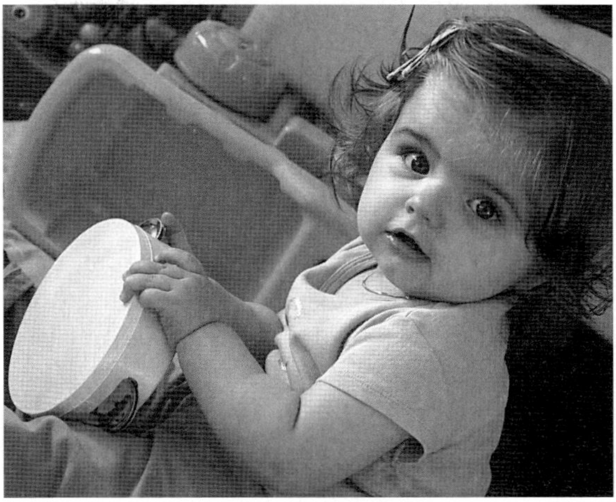

3.1

Anforderungen und Maßstäbe

Bildung hat sich zu einem viel diskutierten und zentralen Begriff der Bildungspolitik und deutschsprachigen Pädagogik entwickelt. Die Anforderungen an die Bildungseinrichtungen Kindergarten und Grundschule werden seit einigen Jahren bundesweit diskutiert. Bildungsstandards und der kompetenzorientierte Unterricht sind aus der aktuellen Diskussion nicht mehr wegzudenken. Die bisher dominante Input-Orientierung an Lehrplänen hat sich hinbewegt zu einer Output-Orientierung, wobei vor allem die erzielten Lernresultate im Vordergrund stehen (vgl. Bremerich-Vos & Granzer 2009, 7). Das Messen von Schülerleistungen steht im Vordergrund der bildungspolitischen Debatte; der gemessene Output ist wichtiger als der Input. In Fachkreisen der Wissenschaft und der Praxis wird diese Position teilweise sehr kontrovers diskutiert und fachlich angezweifelt. Die gesamte Diskussion um die Reform des Bildungswesens wird überlagert von der Diskussion um die Bildungsstandards.

3.1.1 Bildungsstandards

Mit der Festlegung der Bildungsstandards durch die Kultusministerkonferenz (KMK) haben sich die Länder der Bundesrepublik Deutschland auf einen gemeinsamen Bezugsrahmen hinsichtlich der schulischen Anforderungen geeinigt. Diese Bildungsstandards beziehen sich auf Kompetenzen, aber auch auf Methoden, Verfahren und Lernstrategien. In allen Erziehungs- und Bildungsplänen für die Kindertagesstätten und Lehrplänen für die Schulen der 16 Bundesländer ist Bildung als Zielbestimmung definiert. Dabei wird Bildung einerseits als Ergebnis verstanden – der gebildete Mensch –, andererseits als Prozess – auf dem Weg hin zu dem gebildeten Menschen. Dabei steht die Sprachförderung ganz oben auf der pädagogischen, gesellschaftlichen und bildungspolitischen Agenda. Die Kultusministerkonferenz hat die Bildungsstandards entwickelt, die bundesweit die pädagogische und inhaltliche „Richtung" vorgeben sollen.

Bildungsstandards sind pädagogische „Messlatten" bzw. normative Vorgaben zur Planung, Durchführung, Kontrolle und Steuerung von Bildungsprozessen in den Bildungseinrichtungen. Dabei werden inhaltliche Standards, Standards für Lehr- und Lernbedingungen, Leistungs- und Ergebnisstandards sowie Mindest-, Regel- und Maximalstandards unterschieden. Bildungsstandards umschließen Fähigkeiten, Wissen, Verstehen, Können, Handeln, Erfahrung und Motivation (vgl. Bundesministerium für Bildung und Forschung 2003, 72). Das Erreichen der gesetzten Vorgaben und Zielstellungen wird mit dementsprechend ausgesuchten Verfahren wie zentralen Vergleichsarbeiten in den Ländern und europaweiten Tests überprüft. Diese Überprüfung und der sich daran anschließende Vergleich von Schulen, Klassen und Kindern untereinander sollte aber auch sehr kritisch betrachtet werden, weil wir gerade im Bereich der Sprache und des Sprechens z. B. die Körpersprache mit Mimik, Gestik und Blickkontakt oder die Prosodie mit Sprechgeschwindigkeit, Pausen, Lautstärke, Melodie und Modulation nicht messen können. Hier werden z. B. die teilweise recht unterschiedlichen individuellen Erfahrungen der einsprachigen und mehrsprachigen Kinder im Rahmen ihrer familiären Sozialisation nicht bewertet. Für viele Kinder – deutsche und zugewanderte – ist die deutsche Sprache nicht die Familiensprache, denn manche sprechen ausschließlich Dialekt und andere ausschließlich ihre Muttersprache. Diese unterschiedlichen Entwicklungsvoraussetzungen und Kompetenzen der Kinder können nicht in die Messungen und Überprüfungen mit einfließen (vgl. Kultusministerkonferenz 2004). Von daher bereiten uns die Bildungsstandards erheblich Probleme, weil es sich nicht um Mindeststandards handelt, also um Kompetenzen, die alle Schüler beherrschen sollen, sondern um Regel- oder Durchschnittsstandards, also was durchschnittlich lernende Kinder beherrschen sollen. Hier haben beispielsweise die weniger begabten und sprachauffälligen Kinder erhebliche Probleme, die an sie gestellten Anforderungen zu erfüllen (vgl. Klieme 2003, 4). In dem viel zitierten Klieme-Gutachten heißt es auch, dass die Bildungsstandards präzise und verständlich formuliert sein sollten, damit auch Laien sie verstehen; dies trifft jedoch nicht zu.

In den Bildungseinrichtungen sollte Deutsch als Bildungssprache gesprochen und dementsprechend gefördert werden. Wir wissen aber, dass für viele Kinder Deutsch nicht die Familiensprache ist. Wir finden in den Lehrplänen der einzelnen Bundesländer für die Arbeit in der Grundschule Hinweise zur Entwicklung und Förderung der sprachlichen Bildung. Die Kinder und Schüler sollen ihre Sprachhandlungskompetenz – was die gesprochene Sprache angeht – in den in Abbildung 4 dargestellten Kompetenzbereichen erweitern:

• Kompetenzbereich 1:	Sprechen und Zuhören
• Kompetenzbereich 2:	Schreiben
• Kompetenzbereich 3:	Lesen – mit Texten und Medien umgehen
• Kompetenzbereich 4:	Sprache und Sprachgebrauch untersuchen
• Kompetenzbereich 5:	Methoden und Arbeitstechniken

Abb. 4: Kompetenzbereiche und Standards für das Fach Deutsch

Der Kompetenzbereich 5 „Methoden und Arbeitstechniken“ umfasst auch die Sprachlernstrategien und ist ein überlagernder Kompetenzbereich. Methoden und Arbeitstechniken werden jeweils in Zusammenhang mit den Inhalten und Themenbereichen der einzelnen Kompetenzbereiche erworben (Bremerich-Vos & Granzer 2009, 8).

In den Erziehungs- und Bildungsplänen sowie den Lehrplänen bzw. Kernlehrplänen der einzelnen Bundesländer erfolgt immer wieder der Hinweis auf den Gebrauch der Hochsprache und die Vorbildfunktion der pädagogischen Lehrkräfte beim Sprechen. Durch die Entwicklung der Sprachhandlungskompetenz wird die Basis für das schulische Lernen gelegt: Kinder lernen, Sprache zu verstehen und Sachverhalte sprachlich wiederzugeben.

Mit den Bildungsstandards Deutsch, die für die Grundschule, aber auch für die Arbeit im vorschulischen Bereich und insbesondere für den Übergang vom Kindergarten in die Grundschule von Bedeutung sind, ist festgelegt, welche Kompetenzen die Kinder bis zu einem bestimmten Alter (Jahrgangsstufe) erworben haben sollen. Dabei ist die Umsetzung der Standards in angemessene Lern- und Bildungsaufgaben die große Herausforderung unserer Zeit.

3.1.2 Kompetenzen

Im Europäischen Bezugsrahmen zu Kompetenzen spricht man von Schlüsselkompetenzen für lebensbegleitendes Lernen; es werden acht Schlüsselkompetenzen genannt und definiert, die in unserer modernen Wissensgesellschaft für die individuelle Entwicklung notwendig sind:

- muttersprachliche Kompetenz
- fremdsprachliche Kompetenz
- mathematische und naturwissenschaftlich-technische Kompetenz
- Computerkompetenz
- Lernkompetenz
- soziale Kompetenz
- unternehmerische Kompetenz (Eigeninitiative) und
- kulturelle Ausdrucksfähigkeit.

Die hier angebotene Sprachförderung soll den Erwerb der genannten Schlüsselkompetenzen unterstützen und begleiten; dazu brauchen wir aber die ständige Weiterbildung der pädagogischen Fachkräfte.

Die neu erstellten Kernlehrpläne der einzelnen Bundesländer orientieren sich an den KMK-Bildungsstandards aus dem Jahre 2005 und definieren die erwünschten zentralen Kompetenzen. Innerhalb der Pädagogik verstehen wir unter dem Begriff der Kompetenz die Fähigkeiten und Fertigkeiten, aber auch das erworbene Wissen des Menschen, insbesondere die geistigen Fähigkeiten. Kompetenzen sind Dispositionen zur Bewältigung bestimmter Anforderungen und Aufgabenstellungen. Sie sind Fähigkeiten und Fertigkeiten, die man braucht, um die Standards zu erreichen. Kompetenzen sind „die bei Individuen verfügbaren oder von ihnen erlernbaren kognitiven Fähigkeiten und Fertigkeiten, bestimmte Probleme zu lösen, sowie die damit verbundenen motivationalen, volitionalen und sozialen Bereitschaften und Fähigkeiten, die Problemlösungen in variablen Situationen erfolgreich und verantwortungsvoll nutzen zu können“ (Weinert 2001, 27 f.). Dabei werden in dieser allgemein akzeptierten Definition drei Fähigkeiten besonders erwähnt:

- die motivationalen Fähigkeiten wie Freude, Lust und Spaß an der Sprache und am Sprechen,
- die volitionalen Bereitschaften, die vom geistigen Willen und der Disziplin kontrolliert werden und
- die sozialen Fähigkeiten wie geeignete Sprechanlässe und gut sprechende Gesprächspartner.

Gerade diese Bereitschaften und Fähigkeiten sind in den letzten Jahren vernachlässigt worden, sollten aber viel stärker als bisher in den Fokus der individuellen Sprachförderung gestellt werden.

Die Förderung sprachlicher Kompetenzen im Sinne von persönlichen Fähigkeiten des Kindes macht deutlich, dass wir uns wegbewegen von der Input-Steuerung (Lehrpläne geben Inhalte vor) hin zur Output-Orientierung (Messung der sprachlichen Produkte). Entscheidend ist nicht, was wir an Inputs in die Lernprozesse hineingeben, entscheidend ist, was am Ende der Lernvorgänge herauskommt. Dies ist bezogen auf die Sprachförderung problematisch, weil viele Faktoren wie die Körpersprache und die Stimme nicht messbar sind. Bei der individuellen Sprachförderung geht es zunächst um die allgemein typische Fähigkeit des Menschen, mit anderen Personen zu sprechen. Danach soll der Umgang mit dem Zeichensystem Sprache über die Teildisziplinen Grammatik und Syntax vermittelt werden. Ebenso soll der Charakter der Sprache als persönliches Werkzeug für den Alltag deutlich herausgestellt werden. Es geht um den praktischen Umgang mit der Sprache in Alltagssituationen des Kindergartens und der Schule, des gesamten Freizeitbereichs und des Elternhauses. Schließlich bedeutet der Erwerb und der Gebrauch der Sprache auch Sprechen im Sinne der Umsetzung und Vermittlung von Gedanken, Wünschen und Gefühlen. Diese eher allgemeinen Fähigkeiten sind die Basis für weitere spezifischere Kompetenzen des Kindes.

Sprache ist Informations-, Kommunikations- und Ausdrucksmittel. Dabei soll gerade im Elementar- und Primarbereich sinnvolles sprachliches Handeln in Alltagssituationen im Vordergrund der Sprachförderung stehen. Wir brauchen hier dringend konzeptionelle Reformen. Wir sollten diese Reformanstrengungen auch im frühkindlichen Bildungsbereich aufgreifen und weiterführen. Die systematische Beschaffung von Informationen über den Elementarbereich ist für die anstehende Reform dringend notwendig, damit wir Maßnahmen zur Verbesserung der Qualität der Sprachförderung einleiten und umsetzen können. Trotz aller Kritik, die teilweise berechtigt ist, sollten wir auch im Elementarbereich (Krippe und Kindergarten) stärker als bisher uns folgenden Aufgaben stellen:

- regelmäßige Teilnahme an internationalen Studien und nationalen Untersuchungen,
- Definition und Überprüfung von geeigneten Bildungsstandards und
- gemeinsame Berichterstattung von Bund und Ländern zur frühkindlichen Bildung in Deutschland.

Im Rahmen der zu erwerbenden Sprachkompetenz in der Grundschule stehen folgende Kompetenzbereiche im Vordergrund; exemplarisch wird aus dem Rahmenplan Grundschule von Rheinland-Pfalz aus dem Jahre 2006 zitiert:

- die Rezeptionskompetenz, d. h. hier geht es um die Wahrnehmung durch die Sinne Hören, Sehen, Fühlen, Schmecken und Riechen, um das Verstehen des Gehörten und um die kognitive Verarbeitung und Speicherung. Das Verstehen – das Verstehen von Sprache – steht hier eindeutig im Mittelpunkt;
- die Produktionskompetenz, d. h. hier geht es um das eigentliche Sprechen, das Sich-Mitteilen anderen gegenüber, das Kommunizieren und Sich-Verständigen und die Fähigkeit, mit der Sprache gestaltend tätig zu werden. Im Mittelpunkt steht hier das Verstandenwerden und zwar in folgendem Sinne: „Wahr ist nicht, was ich sage, sondern was der andere versteht";
- die Reflexionskompetenz, d. h. das Nachdenken, das kritische Betrachten des Gehörten aus der Distanz, das Entdecken von Neuigkeiten, das Begreifen von neuen Sachverhalten und Zusammenhängen und das Einordnen der neuen Daten und Botschaften in das bisherige System des Wissens.

In der Sprachförderung werden die Rezeptionskompetenz und die Reflexionskompetenz vernachlässigt; hier muss die Sprachförderung nachbessern.

Über die Förderung dieser drei Kompetenzbereiche erreichen wir nicht nur die erwünschten Bildungsstandards für die Grundschule, sondern schaffen auch einen pädagogisch sinnvollen und verantwortbaren Übergang vom Kindergarten in die Grundschule.

Wenn wir Lernaufgaben innerhalb der individuellen Sprachförderung entwickeln und anwenden wollen, dann sollten wir nach Bremerich-Vos und Granzer (2009, 9) unterscheiden:

- die mündliche und/oder schriftliche Wiedergabe (Reproduktion von Sprache) bekannter Informationen und Daten,
- die Anwendung von erworbenem Wissen auf vertraute Sachverhalte (Produktion von Sprache, Performanz als eigentliche Ausführung) und
- das eigenständige Nachdenken und Beurteilen (Reflexion von Sprache) im Lernkontext neuer Herausforderungen.

In diesem Zusammenhang ist es weiterhin wichtig, den Wissensbegriff, der beim Lernen ebenfalls eine wichtige Rolle spielt, weiter zu untergliedern in das reine Faktenwissen, das begriffliche Wissen, das prozedurale und das metakognitive Wissen. Hierzu nun einige kurze Erläuterungen:

- Faktenwissen: Wissen, welche Satzformen es gibt,
- Begriffliches Wissen: Merkmale von Wortarten kennen wie z. B. von Substantiven,
- Prozedurales Wissen: beim spontanen Sprechen Adjektiv- und Verbformen richtig anwenden können, hier geht es um das Wissen, wie, und
- Metakognitives Wissen: Verringerung der Sprechgeschwindigkeit im Gespräch, weil der Sprecher bemerkt hat, dass manche Aussagen von den Zuhörern nicht verstanden wurden.

Eine kompetenzorientierte Sprachförderung setzt voraus, dass wir uns mit diesen neuen Herausforderungen der Bildungsstandards und Kompetenzen theoretisch beschäftigen und daraus sinnvolle und umsetzbare didaktische und methodische Konsequenzen für die praktische Arbeit ableiten.

Fazit

Bildung hat sich in den letzten Jahren zu einem zentralen und viel diskutierten Begriff entwickelt. Dabei haben wir es in der Bildungsdiskussion und in der Auseinandersetzung mit unserem Bildungssystem mit zwei wichtigen Begriffen zu tun: Bildungsstandards und Kompetenzen. Bei den formulierten Bildungsstandards im Fach Deutsch handelt es sich um Regelstandards und keine Mindeststandards, die alle Kinder erreichen sollen. Bildungsstandards sind Messlatten für durchschnittlich leistungsfähige Kinder und dienen dem Vergleich der Einrichtungen sowie der Kinder untereinander. Die erreichten Kompetenzen der Kinder werden überprüft, miteinander verglichen und daraus entsprechende Konsequenzen abgeleitet. Dabei steht die sprachliche Kompetenz des Kindes im Blickpunkt unserer Überlegungen.

Schlüsselbegriffe

Bildung, KMK-Bildungsstandards, Kompetenzen, sprachliche Kompetenz, Kernlehrpläne, Rezeptionskompetenz, Produktionskompetenz, Reflexionskompetenz, Wissensbegriff, Faktenwissen, begriffliches Wissen, prozedurales Wissen, metakognitives Wissen, motivationale, volitionale und soziale Fähigkeiten

Fragestellungen

- Welche Bildungsstandards gibt es im Fach Deutsch bzw. Sprachunterricht?
- Welche Aufgaben haben die Bildungsstandards für die individuelle Sprachförderung des Kindes?
- Welche Kompetenzen sollten die Kinder in der individuellen Sprachförderung erwerben?
- Warum sind die motivationalen, volitionalen und sozialen Bereitschaften und Fähigkeiten für die Sprachförderung so wichtig?
- Können wir alle sprachlichen Leistungen von Kindern und Schülern erfassen und mit den Leistungen anderer Kinder vergleichen?
- Wie können wir Lernaufgaben innerhalb der Sprachförderung entwickeln, damit die Kinder die genannten Kompetenzen und Kompetenzbereiche auch erwerben?

Querverbindungen in diesem Buch

vgl. hierzu auch die Kapitel 3.2.2, 3.4.4

Weiterführende Literatur

Andresen, S./Casale, R./Gabriel, Th./Horlacher, R./Klee, S. & Oelkers, J. (Hrsg.) (2009): Handwörterbuch Erziehungswissenschaft. Weinheim, Basel: Beltz Verlag.

Bremerich-Vos, A. (2009): Bildungsstandards im Fach Deutsch. Was leisten sie, was nicht? In: Pädagogik, 6, 42–45.

Bremerich-Vos, A. & Granzer, D. (2009): Gute Deutsch-Aufgaben. Bildungsstandards Deutsch – Kompetenzorientierter Deutschunterricht. In: Grundschule, 5, 6–9.

Sekretariat der Ständigen Konferenz der Kultusminister der Länder in der Bundesrepublik Deutschland (KMK) (2005): Beschlüsse der Kultusministerkonferenz. Bildungsstandards im Fach Deutsch für den Primarbereich. München: Luchterhand.

Saarland. Ministerium für Bildung, Familie, Frauen und Kultur (Hrsg.) (2009): Kernlehrplan. Deutsch. Grundschule. Dillingen: Krüger.

Tenorth, H.-E. & Tippelt, R. (Hrsg.) (2007): Beltz Lexikon Pädagogik. Weinheim, Basel: Beltz Verlag.

Weinert, F. E. (2001): Vergleichende Leistungsmessung in Schulen – eine umstrittene Selbstverständlichkeit. In: Weinert, F. E. (Hrsg.): Leistungsmessungen in Schulen. Weinheim, Basel: Beltz Verlag, 17–31.

3.2 Sprachlernen

Es gibt viele und unterschiedliche Wege, sich sprachliches Wissen anzueignen, Sprache zu erwerben bzw. Sprachen zu lernen. In der Vergangenheit ist im Rahmen der Sprachförderung relativ wenig über das eigentliche Lernen gesprochen und geschrieben worden. Sprachlernen ist heute vorwiegend ein Begriff der methodischen Sprachvermittlung nach vorgegebenen pädagogischen Zielsetzungen und didaktischen Programmen und Konzepten (vgl. Volmert 2000, 208). Doch ohne das menschliche Lernen, ohne initiierte Lernprozesse, ohne Anstrengungsbereitschaft und Motivation zur Sprache und zum Sprechen kann die Sprachförderung nicht erfolgreich und nachhaltig stattfinden. Das Sprachlernen braucht Disziplin, Fleiß und die persönliche Anstrengung.

3.2.1 Lernbegriff

In der Sprachförderung der letzten Jahrzehnte gab es verschiedene Handlungskonzepte wie z. B. die kompensatorischen Sprachförderprogramme aus den sechziger Jahren, den Funktionsansatz in den siebziger Jahren, das spiel- und wahrnehmungsausgerichtete Konzept der achtziger Jahre und den Situationsansatz in den neunziger Jahren. Alle diese Konzepte und Programme haben die Sprache und das Sprechen bei den Kindern mit recht unterschiedlichen Erfolgen, was die Nachhaltigkeit angeht, gefördert und unterstützt. Der „große Wurf" ist trotz vielfältiger Bestrebungen aller Verantwortlichen in der Bildungspolitik, in der Wissenschaft und Forschung sowie in der Praxis des Alltags nicht gelungen. Wir müssen weiter nach neuen erfolgreichen Wegen Ausschau halten. Gewiss gibt es verschiedene Wege und Formen des menschlichen Lernens, d. h. Möglichkeiten, sich Wissen und Sprache anzueignen und einen Inhalt so zu verarbeiten, dass er verstanden wird. Wir können festhalten, dass das Lernen als Grundvoraussetzung für das Sich-Bilden bzw. für die Bildung und die gesamte Sprachförderung zu betrachten ist. Im Folgenden sollen einige Überlegungen zum Lernen und zum Lernenden angestellt werden (vgl. Looß 2009, 880).

Die so genannte Lerntypentheorie geht auf den Psychologen Frederic Vester zurück, der mit seinem Buch „Denken, Lernen, Vergessen" diese theoretische Sicht entwickelt hat. Diese Theorie hat breite Anerkennung und Verbreitung gefunden und die Vorstellung vom menschlichen Lernen hat sich in den Vorstellungen wie handlungsorientiertes, ganzheitliches Lernen und Lernen mit allen Sinnen in den Köpfen der Praktiker verfestigt und niedergeschlagen. Dieses pädagogische Konstrukt vom Lernen und vom Lernenden war plausibel und ist unkritisch weitertransportiert worden. Nach seiner Vorstellung kann jeder Lern- und Wissensstoff unabhängig von seinem Schwierigkeitsgrad auf verschiedene Arten und Weisen gelernt werden, entsprechend dem jeweiligen Lerntyp des Lerners. Vester (1975; 1991) unterscheidet folgende fünf Lerntypen: der auditive Hörtyp lernt durch Zuhören und aufmerksames Hören, der visuelle Sehtyp lernt durch das Sehen und die exakte Beobachtung, der haptische Fühltyp lernt durch das Anfassen und Fühlen, der verbale Sprachtyp lernt durch Kommunikation und Sprache und der kognitive Denktyp lernt durch das Denken und geistige Operationen. Dabei hat Vester Probleme, den kognitiven Denktyp in dieses System einzubringen, weil auch bei allen anderen Lerntypen das Denken notwendig ist. Der tschechische Arzt und Sprachheilpädagoge Sovak (1987) hat folgende Untergliederung der Typen vorgenommen: den visuellen, den haptischen, der verbal-abstrakten und den kommunikativen Typ. Die Kenntnis der verschiedenen Lerntypen in der Kindergartengruppe oder der Klasse ist insbesondere für die Kinder wichtig, die Probleme mit der Erstsprache oder Schwierigkeiten beim Erwerb von Deutsch als Zweitsprache zeigen. Sprache ist im Sinne des mehrdimensionalen Entwicklungsmodells von Grohnfeldt eng verzahnt mit dem auditiven, dem visuellen und dem haptischen Wahrnehmungsbereich, mit der Motorik (Grob- und Feinmotorik) und der intellektuellen Leistungsfähigkeit des Kindes. Hier kann die pädagogische Fachkraft bei entsprechender Beobachtung und Diagnostik die notwendigen didaktischen und methodischen Planungen für die Gestaltung der individuellen Sprachförderung vornehmen.

Wir können heute davon ausgehen, dass es zwar Menschen mit gewissen Vorlieben und Neigungen hinsichtlich der Wahrnehmungskanäle gibt, doch für die Vorstellung, dass sich verschiedene Lerntypen auf der Basis von Sinneskanälen und Wahrnehmungsfähigkeiten unterscheiden lassen, gibt es weder logische Erklärungen noch empirische Belege. In den siebziger Jahren hat sich der Funktionsansatz und in den achtziger Jahren das Konzept der Wahrnehmungsförderung auf diese Vorstellung gestützt und jahrelang in der praktischen Arbeit durchgesetzt. Diese Art der Sprachförderung hatte durchaus relevante Bezüge zur eigentlichen Förderung, doch hat man sich bei den genannten Ansätzen und Konzepten eher an der Peripherie der Problematik bewegt. Von daher waren auch die Erfolge meist sehr begrenzt und wenig nachhaltig für die Lerner.

In der neueren Lern- und Wissenspsychologie werden beim menschlichen Lernen zwei Arten unterschieden:

Erstens ist Lernen die Verhaltensänderung aufgrund von Interaktionen mit der Umwelt des Kindes in der Familie, in seiner Freizeit und in den Sozialisations- und Bildungseinrichtungen. Damit wird das sprachliche Lernen des Kindes in einen sehr engen Zusammenhang mit seiner sozialen Umwelt gebracht. Wir sollten hier davon ausgehen, dass das Bildungsniveau der Eltern, das sprachliche Verhalten in der Familie – insbesondere bei sozial vernachlässigten Kinder und Kindern mit Migrationshintergrund – und in den Freizeiträumen sowie die sprachlichen Anregungen in den Bildungseinrichtungen einen sehr nachhaltigen Einfluss auf die Sprache und das Sprechen des Kindes ausüben.

Zweitens ist das Lernen auch gleichzeitig Erwerb von Wissen. Das sprachliche Wissen über die Bedeutung und den Sinn beim Erwerb von Lauten, Silben, Wörtern und Begriffen und das Wissen über die Grammatik und Syntax bei der Satzbildung hängt auch stark davon ab, wie sprachliche Signale und Informationen gespeichert, genutzt und verarbeitet werden. Der Erwerb sprachlichen Wissens ist ja gerade in den ersten Lebensjahren ein stetig voranschreitender Prozess, der den weiteren Wissensaufbau vorantreibt – man denke nur an die rasante Entwicklung des Wortschatzes. Hier haben wir es mit dem für die Sprache so wichtigen Vorgang der Aufnahme, Verarbeitung und Speicherung von sprachlichen Informationen zu tun. Die konstruktivistische Auffassung der heutigen Zeit geht davon aus, dass es sich nicht um ein passives Geschehen handelt, das nicht so sehr durch die Bedingungen der sozialen Umwelt gesteuert wird wie z. B. durch Lob und Verstärkung im täglichen Umgang miteinander, sondern in weit höherem Umfang als bisher angenommen durch die Eigenaktivität des Kindes geschieht, die sich wiederum auf die bereits erwähnten Lernstrategien des lernenden Kindes stützt (vgl. Krapp 2007, 457).

3.2.2 Sprachlernstrategien

Sprachlernstrategien leisten einen wichtigen Beitrag beim Aufbau der sprachlichen Kompetenz. Manche Kinder können diese aufgabenbezogenen und personenorientierten Sprachlernstrategien besser und geschickter einsetzen als andere und von daher gibt es gute, erfolgreiche Sprachenlerner und weniger gute (vgl. Griffiths 2008). Das Konstrukt Sprachlernstrategien steht damit für eine dynamische und erlernbare Auffassung von Sprachbegabung, was für die Sprachförderung ein wichtiger Hinweis ist. Damit wird die Lernfähigkeit zu einem wichtigen Faktor beim Erlernen einer oder mehrerer Sprachen. Der Begriff der Sprachlernstrategie wurde in den siebziger Jahren des zwanzigsten Jahrhunderts in die Sprachlehrforschung eingeführt, doch bis heute fehlt eine einheitliche Definition. Im Gemeinsamen Europäischen Referenzrahmen für Sprachen wird der Begriff definiert (vgl. Europarat 2001, 22): „Strategie bedeutet jede organisierte, zielgerichtete und gelenkte Abfolge von Handlungen oder Prozessen, die eine Person wählt, um eine Aufgabe auszuführen, die sie sich selbst stellt oder mit der sie konfrontiert wird." Unter einer Sprachlernstrategie versteht man einen definierten Plan des eigenen Vorgehens innerhalb der individuellen Sprachförderung, der dazu dient, ein bestimmtes Ziel im Bereich der Sprache oder des Sprechens zu erreichen – hier den Erwerb der Muttersprache oder von Deutsch als Zweitsprache oder gar einer oder mehrerer Fremdsprachen.

Seit Oxford (1990) und O'Malley und Chamot (1990) werden mindestens vier Typen von Sprachlernstrategien unterschieden:

- Kognitive Sprachlernstrategien beinhalten Gedächtnisstrategien wie Enkodier- (Wörter und Begriffe merken) und Abrufstrategien (Wörter und Begriffe aus dem Langzeitspeicher abrufen), das Herstellen mentaler Bezüge (Wortgruppen bilden und Assoziationen mit dem Vorwissen herstellen), die Verwendung von Bildern und Lauten (Eselsbrücken benutzen) und das Handeln (Wörter und Begriffe schauspielerisch darstellen), ebenso Sprachgebrauchsstrategien, die sich weiter untergliedern in Rezeptions-, Produktions- und Interaktionsstrategien. Unter den Typ der Produktionsstrategien fällt auch der Einsatz von non-verbalen Signalen und das so genannte „Code-Switching", bei dem ein Wort aus der Erstsprache oder einer Zweitsprache benutzt wird. Bei den Interaktionsstrategien sind die fragende Intonation, Pausen oder Nachfragen wie z. B. „Wie meinst du das?" zu nennen.

- Metakognitive Strategien dienen der Kontrolle und der Steuerung des eigenen Sprachlernprozesses wie z. B. über das interpersonelle und intrapersonelle Hören; ebenso sind hier das häufige, kurze Üben, das Ausschalten von Störfaktoren wie Lärm und Müdigkeit, die Auswahl geeigneter Medien und Materialien und die Selbstreflexion zu nennen.
- Affektive Sprachlernstrategien sollen helfen, Stress und Ängste abzubauen über Atemübungen, Meditation, Musik oder Lachen, und sich selbst Mut zur Sprache und zum Sprechen zu machen über Selbstlob und Selbstanfeuerung; auch die motivationalen und volitionalen Strategien werden zu den affektiven Sprachlernstrategien gezählt (vgl. Oxford & Schramm 2007, 53).
- Soziale Sprachlernstrategien, bei denen es um das Fragenstellen geht, um die Bitte um eine sprachliche Verbesserung oder eine Erklärung, warum der Fehler nicht noch einmal vorkommen sollte, sowie das Sich-Hineinversetzen in eine andere Person (vgl. Schramm 2008, 101).

Eine Sprachlernstrategie meint die individuelle Art des Lerners, sich sprachliches Wissen anzueignen und so eine Sprachlernaufgabe wie Zuhörfähigkeit, Wortschatzerweiterung oder Ausdifferenzierung der Satzmuster zu bewältigen. Sprachlernstrategien sind also übergeordnete Prozesse und Handlungspläne, aber auch Lern- und Arbeitstechniken, die in verschiedenen Lernsituationen des Alltags und des Unterrichts anwendbar sind und die sich wiederum aus einzelnen Handlungssequenzen zusammensetzen. Erste Sprachlernstrategien finden wir bereits beim kindlichen Spracherwerb der Erstsprache und im Zuge der weiteren sprachlichen Entwicklung:

- Strategien des Spracherwerbs über Zuhören, Verstehen, Mimik, Gestik, Blickkontakt und die gesamte Ausstrahlung der Eltern als direkter Bezugspersonen.
- Wort-Konzepterwerbsstrategie, um sich den notwendigen und in den Angeboten möglichen Wortschatz zu erschließen und anzueignen (vgl. Ministerium für Generationen, Familie, Frauen und Integration des Landes Nordrhein-Westfalen 2008, 2). Diese in der englischen Fachsprache als „Syntactic-bootstrapping"-Strategie bezeichnete Strategie meint, dass der Erwerb eines Wortes auch immer den Erwerb grammatischer Informationen beinhaltet (vgl. Rothweiler 2009, 248 f.).

- Strategien der Informationsbeschaffung aus Dialogen mit der Mutter, Gesprächen mit den Eltern und pädagogischen Bezugspersonen, aus den Medien wie Büchern, Internet usw.
- Strategien der kognitiven Auseinandersetzung mit dem Inhalt bzw. Thema wie Reflektieren und Nachdenken über das Gehörte.
- Strategien der Darstellung und Präsentation eines Themas bzw. eines Wissensinhaltes vor fremden Personen durch Fotos, Skizzen, Wandzeitungen, Collagen, Dialoge, Statements, Diskussionen, freie Rede, Referate.
- Strategien der Weiterentwicklung der Sprache wie z. B. in fachlichen Diskussionen und Auseinandersetzungen, das aufmerksame Zuhören, das sinnentnehmende Verstehen, das Einüben von Phrasen und Satzmustern sowie das Memorieren von Wörtern und Begriffen.

Die Kenntnis und richtige Anwendung solcher Lernstrategien im Bereich der Sprache ist eine wichtige Voraussetzung für das selbstgesteuerte Lernen. Gerade das selbstgesteuerte und selbstkontrollierte Lernen ist für die spontane Sprache und das Sprechen von größter Bedeutung (Krapp 2007, 455 f.). Bei dem Begriff der Lernstrategien handelt es sich um sehr komplexe Konstrukte der Wissensaneignung und des Erkenntnisgewinns, und es wird wieder deutlich, dass es ein einfaches Rezept für erfolgreiches und effizientes Lernen nicht gibt. Für die Sprachförderung brauchen wir Lernformen, die die Kinder motivieren, ihren Wortschatz und ihre Satzmuster je nach Situation unterschiedlich zu gestalten, und die zum Sprechen anregen. Ein wichtiger Ansatz für die Sprachförderung besteht darin, die Kinder mit Aufträgen zur Erklärung von Wörtern, Begriffen und Zusammenhängen dazu zu bringen, den Inhalt zu durchdenken und dementsprechend sprachlich zu wiederholen und vor anderen Kindern zu präsentieren. So können sie lernen, sich in die Perspektive anderer Personen zu versetzen und anderen Kindern etwas zu erklären, die nicht über ihr Vorwissen verfügen. Die Kinder sollten auch den Auftrag erhalten, anderen Kindern etwas sachlich richtig zu erklären, was sie bisher falsch verstanden haben. Die erteilten Aufträge sollten auf das Vorwissen und die Erfahrungen der Kinder zurückgreifen, also auf das Anspruchsniveau abgestimmt sein.

Fazit

Die individuelle Sprachförderung ist auf das menschliche Lernen und damit auf die Entwicklungsfähigkeit und die Bildungsmöglichkeiten des Menschen angewiesen. Die Lerntypenlehre in Anlehnung an Vester und Sovak findet heute kaum noch Anerkennung. In der neueren Lernpsychologie werden beim Lernen zwei Aspekte betont: erstens die Verhaltensänderung auf Grund von Interaktionen mit der Umwelt und zweitens der Wissenserwerb. Die Sicht des Sozialkonstruktivismus betont das aktive und eigenständige Handeln des Kindes. Das Kind entwickelt Sprachlernstrategien beim Spracherwerb und in der weiteren Sprachförderung und eignet sich relativ selbständig und unterstützt durch die Anregungen der sozialen Umwelt die Sprache an. Sprachlernstrategien sind beim Erwerb der Erstsprache und der Zweitsprache der Schlüssel zum Erfolg.

Schlüsselbegriffe

- Sprachlernen, Verhaltensänderung, Wissenserwerb, Lerntypen, Lernarten, Bedeutung der sozialen Umwelt, soziales Lernen, Sprachlernstrategien, Lern- und Arbeitstechniken, Kompetenz, Performanz, selbstgesteuertes Lernen, kognitive, metakognitive, affektive und soziale Sprachlernstrategien

Fragestellungen

- Welche Aspekte sollten wir beim heutigen Verständnis des Lernbegriffs deutlich machen?
- Wird das eigentliche Lernen, das Disziplin, Mühe und Anstrengungsbereitschaft erfordert, aber auch motivationale und volitionale Voraussetzungen benötigt, in der Sprachförderung nicht zu sehr vernachlässigt?
- Warum sind Sprachlernstrategien gerade für das selbstorganisierte Lernen so wichtig?
- Können Sie Beispiele für affektive und soziale Sprachlernstrategien nennen?

Querverbindungen in diesem Buch

vgl. hierzu auch die Kapitel 3.1, 3.3, 3.4 und 3.5

Weiterführende Literatur

Lin-Klitzing, S. (2009): Zwischen kontrolliertem und forschendem Lernen. In: Forschung & Lehre, 9, 884–885.

Looß, M. (2009): Die Lerntypentheorie. Hilfreiches Rezept oder populärer Irrtum? In: Forschung & Lehre, 9, 880–881.

Ministerium für Generationen, Familie, Frauen und Integration des Landes Nordrhein-Westfalen (Hrsg.) (2008): Delfin 4 – Sprachförderorientierungen. Eine Handreichung. Bottrop: Verlag Peter Pomp.

Schumacher, R. (2009): Was heißt es, etwas verstanden zu haben? Menschliches Lernen aus der Sicht der Psychologie. In: Forschung & Lehre, 9, 882–883.

Schramm, K. (2008): Sprachlernstrategien. In: Ulrich, W. (Hrsg.): Deutschunterricht in Theorie und Praxis (DTP). Ahrenholz, B. & Oomen-Welke, I. (Hrsg.): Deutsch als Zweitsprache, Bd. 9. Baltmannsweiler: Schneider Verlag Hohengehren, 95–106.

Sovak, M. (1987): Spracherziehung im Kindesalter. Horneburg/Niederelbe: Persen.

Tenorth, H.-E. & Tippelt, R. (Hrsg.) (2007): Beltz Lexikon Pädagogik. Weinheim, Basel: Beltz Verlag.

Vester, F. (1991): Denken, Lernen, Vergessen. Was geht in unserem Kopf vor, wie lernt das Gehirn und wann lässt es uns im Stich. München: dtv.

3.3

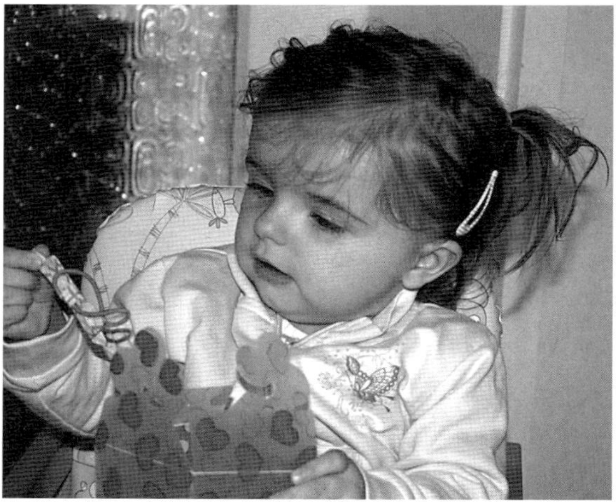

Sprachdiagnostik

Die Sprachdiagnostik will die persönliche Geschichte des Kindes und seines Erwerbs und/oder Gebrauchs von Sprache und Sprechen rekonstruieren, um die aktuellen Förderbedürfnisse zu erkennen und in einen Zusammenhang zur Prävention und Sprachförderung (Intervention) zu stellen. Das hier vertretene Verständnis der Sprachdiagnostik wird gleichgesetzt mit dem Begriff der Förderdiagnostik. Die Grundlage der Sprachförderung ist die Förderdiagnostik, d.h. wir müssen bereits in den ersten Wochen, Monaten und Jahren der kindlichen Entwicklung genauer die Sprache und das Sprechen einschließlich der hierzu notwendigen Entwicklungsbereiche betrachten und genauer hinschauen. Darauf hat bereits im 18. Jahrhundert der französische Philosoph Rousseau u.a. in seinem Erziehungsroman „Emile" hingewiesen. Wenn Sprache und Sprechen soziale Prozesse sind, dann müssen wir auch die sozialen Prozesse in der Förderdiagnostik erfassen und erhellen. Die Inhalte der Förderdiagnostik konzentrieren sich dabei auf die sprachlich-kommunikativen Fähigkeiten, auf die familiäre Situation und das dazugehörende Umfeld, auf die sensorischen, motorischen, kognitiven und sozial-emotionalen Fähigkeiten im Rahmen der kindlichen Gesamtentwicklung (vgl. Grohnfeldt 2007, 69). Wir wollen den individuellen Sprachstand des Kindes aktuell und treffsicher ermitteln. Unter Sprachstand verstehen wir eine Momentaufnahme der Sprache und des Sprechens, über die ein Kind verfügt (vgl. Reich 2008, 421).

3.3.1 Instrumente und Verfahren

Die Sprachdiagnostik kommt immer vor der eigentlichen und konkreten Förderung. Im Rahmen der kindlichen Sprachentwicklung gibt es temporär abweichende Sprachlernprozesse, aber auch strukturelle Probleme im System der Sprache. Die frühe Identifikation und Erfassung von sprachauffälligen Kindern ist ein erster Schritt. Die Erhebung des Sprachstandes erfolgt über pädagogische Verfahren, die Aussagen erlauben über die Fähigkeiten der Kinder in spontanen Sprachsituationen (vgl. Reich 2008, 420). Die dadurch eingeholten Daten und Informationen sind eine wichtige Entscheidungshilfe für das weitere Vorgehen im Bereich der Sprachförderung. Dabei sollten wir uns im Klaren sein, dass Kinder mit deutscher Muttersprache andere Verfahren brauchen als zugewanderte Kinder mit Migrationshintergrund. Gerade was die Standards und Maßstäbe angeht, gibt es hier Unterschiede. Beim Erwerb der Muttersprache (Erstsprache) ist das Lebensalter ein Anhaltspunkt und Indikator für den normal ablaufenden Spracherwerb, wie z. B. das erste Lebensjahr für den einsetzenden und das fünfte Lebensjahr für den abgeschlossenen Spracherwerb hinsichtlich der Lautbildung. Beim Erwerb von Deutsch als Zweitsprache treten an die Stelle des Lebensalters die Dauer und die Intensität des Kontakts mit der jeweiligen Sprache (vgl. Reich 2008, 423). Zur Feststellung des Sprachentwicklungsstandes gibt es erprobte Verfahren:

- das strukturierte Gespräch mit dem Kind, den Eltern bzw. Sorgeberechtigten im Sinne einer ersten subjektiven Einschätzung und Einordnung der Sprachkenntnisse,
- die gezielte Beobachtung des Kindes in unterschiedlichen Situationen des Alltages, die die Beschreibung der Sprache und des Sprechens im Mittelpunkt sieht,
- Spontansprachproben, die sich ausschließlich mit der aktuell und spontan gesprochenen Sprache beschäftigen, indem sie die sprachlichen Handlungen in Cluster und Kategorien einordnen,
- Profilanalysen, bei denen aufgezeichnete Ton- und Videoaufnahmen einer nachträglichen Analyse unterzogen werden,
- der Einsatz von Testverfahren, die die Gütekriterien berücksichtigen und die ein theoriegestütztes Abfragen bestimmter sprachlicher Routinen und Handlungsfähigkeiten sind, und

- verstärkt in den letzten Jahren im Kindergarten und in der Grundschule das Portfolio als Mittel der Systematisierung und Zusammenfassung von Beobachtungsdaten. In manchen Bundesländern und in manchen Fächern der Grundschule werden Portfolios immer verbindlicher eingesetzt. In Portfolios werden Entwicklungsberichte über die geförderten Kinder und sogar immer mehr von den geförderten Kindern selbst angefertigt. Dabei können innerhalb des Portfolios drei Bereiche unterschieden werden (vgl. Ministerium für Bildung, Jugend und Sport des Landes Brandenburg 2008, 25):
  - in Lernporträts hat das Kind die Möglichkeit, sich selbst vorzustellen, wie z. B. „das bin ich" oder „das kann ich";
  - Lernwege dokumentieren die Lernschritte des Kindes im Bereich der Sprache und des Sprechens und
  - im Lernalbum wählen die Kinder selbst Arbeiten und Produkte nach bestimmten Kriterien aus, die sie für besonders wichtig erachten, wie z. B. „das ist mein schönstes Bild" oder „mein schönstes Gedicht".

Die Portfolios werden von den pädagogischen Fachkräften geführt, können aber mit zunehmendem Alter und zunehmender Erfahrung vom Kind selbst mitgestaltet werden. Die Portfolios gehören dem Kind und werden beim Übergang vom Kindergarten in die Grundschule oder von der Grundschule auf eine weiterführende Schule mitgenommen und dementsprechend weitergeführt.

Die Beobachtung ist eine alte Forderung der klassischen Pädagogik. Bereits Pestalozzi, Rousseau und Fröbel haben immer wieder auf das genaue Beobachten der Zöglinge aufmerksam gemacht. So weist der Schweizer Pädagoge Pestalozzi in seinem Werk „Lienhard und Gertrud" bereits darauf hin, dass „recht sehen und hören [...] der erste Schritt zur Weisheit des Lebens" ist. Gerade die Beobachtung von Kindern ist es, die u. a. das „recht Hören" und „recht Sehen" braucht. Ebenso mahnte Rousseau bereits 1762 in seinem bekannten Erziehungsroman „Emile": „Fangt damit an, eure Schüler und Zöglinge zu studieren, denn ihr kennt sie mit Sicherheit nicht!" Hier geht es um das gründliche, exakte, wissenschaftlich abgesicherte Beobachten des Kindes in den unterschiedlichen Spiel- und Lernsituationen des Alltags. Wenn die Beobachtung an Grenzen stößt, dann müssen wir informelle und standardisierte Testverfahren einsetzen, um die Sprache und das Sprechen des Kindes weiter zu untersuchen. Tests sind jedoch bis heute weder in der Praxis des Kindergartens noch in der Schule angekommen (vgl. Fried 2004, 6), weil es gegenüber Tests persönliche Befürchtungen und praktische Widerstände gibt. Kann man mit Fragebögen, Kontrolllisten, Einschätzskalen,

Dokumentationen und Videoaufzeichnungen die Sprache des Kindes erfassen, in Zahlen übertragen und daraus pädagogische Handlungsanweisungen für die tägliche Arbeit ableiten? Der Test ist ein wissenschaftliches Routineinstrument zur Erfassung und Untersuchung spezifischer Leistungen und Funktionen. Testverfahren sind normiert und so kann über eine Ziffer ein Vergleich der kindlichen Leistungen vorgenommen werden. Sprachtests müssen sich an Kriterien messen lassen. Sie sollten sich erstens auf anerkannte Sprachtheorien stützen, zweitens messtheoretischen Standards genügen und drittens aktuelle elementarpädagogische Erkenntnisse berücksichtigen. Tests sollten die Gütekriterien der Objektivität, der Validität (Gültigkeit) und der Reliabilität (Messgenauigkeit) berücksichtigen. Neben diesen standardisierten Tests gibt es eine Reihe von förderdiagnostischen Verfahren, die eine Gewinnung von Entwicklungsdaten als Basis für die weitere Förderung benötigen. Bei diesen sprachförderdiagnostischen Verfahren geht es nicht um die Klassifikation und Selektion der Kinder, sondern hier geht es um Informationen über das Kind, um möglichst früh den Spracherwerb unterstützen zu können. In einer Zusammenfassung werden Verfahren der Sprachstandserfassung überblicksartig vorgestellt, ohne den Anspruch auf Ranking oder Vollständigkeit zu erheben (vgl. Fried 2004, 18 ff.).

Brunner, M. & Schöler, H. (2002): HASE – Heidelberger Auditives Screening in der Einschulungsuntersuchung (auch zum Einsatz in der Untersuchung U9). Wertingen: Westra.

Grimm, H. (2003): Sprachscreening für das Vorschulalter (SSV). Kurzform des SETK 3–5. Göttingen: Hogrefe.

Heinemann, M. & Höpfner, C. (1999): Screening-Verfahren zur Erfassung von Sprachentwicklungsverzögerungen (SEV) bei Kindern im Alter von 3 1/2 bis 4 Jahren bei der U8. Weinheim: Beltz.

Breuer, H. & Weuffen, M. (2002): Lernschwierigkeiten am Schulanfang. Schuleingangsdiagnostik zur Früherkennung und Frühförderung. Erweiterte Neuausgabe. Weinheim: Beltz.

Hobusch, A./Lutz, N. & Wiest, U. (2002): Sprachstandsüberprüfung und Förderdiagnostik für Ausländer- und Aussiedlerkinder (SFD). Horneburg: Persen.

Niedersächsisches Kultusministerium (2003): Fit in Deutsch – Feststellung des Sprachstandes 10 Monate vor der Einschulung. Hannover: Autor.

Pochert, A. et al. (2002): Bärenstark. Berliner Sprachstandserhebung und Materialien zur Sprachförderung für Kinder in der Vorschul- und Schuleingangsphase. Berlin: Senatsverwaltung für Schule, Jugend und Sport, 2. überarb. Version.

Reich, H. & Roth, H.-J. (2003): Hamburger Verfahren zur Analyse des Sprachstandes bei Fünfjährigen (HAVAS). Landau: Universität Koblenz-Landau, Institut für Interkulturelle Bildung (mimeo).

Staatsinstitut für Schulpädagogik und Bildungsforschung (Hrsg.). (2002): Kenntnisse in Deutsch als Zweitsprache erfassen. Screening-Modell für Schulanfänger. München: Autor.

Angermaier, M. J. W. (1977): Psycholinguistischer Entwicklungstest (PET). Weinheim: Beltz.

Grimm, H. & Schöler, H. (1998): Heidelberger Sprachentwicklungstest (HSET). Göttingen: Hogrefe.

Grimm, H. (2001): SETK 3–5. Sprachentwicklungstest für drei- bis fünfjährige Kinder. Diagnose von Sprachverarbeitungsfähigkeiten und auditiven Gedächtnisleistungen. Göttingen: Hogrefe.

Häuser, D./Kasielke, E. & Schneidereiter, U. (1994): KISTE. Kindersprachtest für das Vorschulalter. Weinheim: Beltz.

Krampen, G. (2001): Test zur Komparativen Sprachentwicklungs- und Förderdiagnostik – Version IV (TKS-IV). Handanweisung und Testmaterialien. Trier: Universität, Fachbereich I: Psychologie.

Kiese, Ch. & Kozielski, P. M. (1996): Aktiver Wortschatztest (AWST 3–6). Göttingen: Hogrefe.

Jansen, H./Mannhaupt, G./Marx, H. & Skowronek, H. (2002): Bielefelder Screening zur Früherkennung von Lese-Rechtschreibschwierigkeiten (BISC). Göttingen: Hogrefe.

Fried, L. (1997): LBT. Lautbildungstest für Vorschulkinder (4–7 Jahre). Weinheim: Beltz.

Fried, L. (1995): LUT. Lautunterscheidungstest für Vorschulkinder (4–7 Jahre). Weinheim: Beltz.

Schäfer, H. (1986): Bildwortserie zur Lautagnosieprüfung und zur Schulung des phonematischen Gehörs. Weinheim: Beltz.

Kolonko, B. & Krämer, K. (1993): Beobachtungshilfe. Zur Beobachtung von Kommunikation in Kindergarten und Schule. Ulm: Kinders.

Martschinke, S./Kirschhock, E.-M. & Frank, A. (2002): Diagnose und Förderung im Schriftspracherwerb. Der Rundgang durch Hörhausen. Erhebungsverfahren zur phonologischen Bewusstheit. Donauwörth: Auer.

Ministerium für Generationen, Familie, Frauen und Integration (Hrsg.) (2008): Delfin 4 – Sprachförderorientierungen. Eine Handreichung.

Holler-Zittlau, I./Dux, W. & Berger, R. (2003): Marburger Sprach-Screening für 4- bis 6-jährige Kinder (MSS). Ein Sprachprüfverfahren für Kindergarten und Schule. Horneburg: Persen.

Ulich, M. & Mayr, T. (2003): SISMIK. Sprachverhalten und Interesse an Sprache bei Migrantenkindern in Kindertageseinrichtungen.

Die Entscheidung für das eine oder andere Verfahren zur Feststellung des Sprachstandes bedarf einer weitergehenden und intensiven persönlichen Auseinandersetzung mit dem Gegenstand Sprache, der Erstsprache und dem

Alter der Kinder. Wir sollten uns auf eine allgemein verständliche und akzeptierte Definition und Modellvorstellung einigen. Hier liegt ein wesentlicher Punkt bei der Ermittlung des Sprachstandes, und hier gehen die Meinungen weit auseinander. Empirisch orientierte Fachkräfte glauben an die Messbarkeit von Sprache und Sprechen und gehen von einem relativ künstlichen Sprachmodell aus, obwohl sie Fehler und Zufälligkeiten bei den vorgenommenen Messungen eingestehen. In der Praxis gibt es weiterhin große Zweifel und Unsicherheiten, ob die Tests in der Lage sind, Indikatoren, Prädiktoren und die so genannten Vorläufer-Fertigkeiten treffsicher und messgenau zu erfassen. Es gibt auch unterschiedliche Motive z. B. aus der Gesundheitspolitik, der Bildungspolitik oder der zuständigen Pädagogik. Festzuhalten ist, dass die Sprachtests lediglich ganz spezifische und ausgewählte Aspekte der Sprachentwicklung, der Sprache und des Sprechens messen. Wir sollten die vorgestellten Verfahren und Instrumente als Hilfe und Ergänzung betrachten, unter Berücksichtigung der bekannten Methoden wie des Gesprächs mit den Kindern sowie den Eltern und der systematischen Beobachtung der Kinder in natürlichen und wenn notwendig auch in künstlich arrangierten Situationen.

3.3.2 Kritische Anmerkungen

In der täglichen Arbeit der vorschulischen und schulischen Bildungseinrichtungen sind die genannten Verfahren flächendeckend und systematisch nicht oder nur vereinzelt angekommen. In der Praxis gibt es eine gewisse Aversion und Vorbehalte gegen den Einsatz von Tests, insbesondere bei jüngeren Kindern im Vorschulalter. Das hat verschiedene Gründe, die sich auf Hypothesen stützen. Im Folgenden sollen einige kritische Fragen gestellt werden.

1. Sind wir heute bereits in der Lage, mit den uns zur Verfügung stehenden wissenschaftlichen Methoden und diagnostischen Instrumenten alle Faktoren der menschlichen Sprache einschließlich des Sprechens zu messen?

   Diese Frage muss verneint werden, weil die sehr spezifisch menschliche und hoch komplexe Fähigkeit der Sprache in der Struktur, in den Prozessen und im Ergebnis viele emotionale Dimensionen und soziale Aspekte enthält, die weder in Modellen der Sprache abgebildet noch exakt messbar sind. Gleiches gilt für die Prosodie mit Melodie, Akzent und Sprechgeschwindigkeit und für die Körpersprache mit Mimik, Gestik und Blickkontakt, die ebenso schwierig zu messen sind.

2. Sind alle pädagogischen Fachkräfte in den Kindergärten und Grundschulen in der Lage, auf Grund ihrer Ausbildung und ihres Studiums die diagnostischen Kompetenzen einzubringen, um Beobachtungsverfahren und standardisierte Tests als diagnostische Instrumente professionell einzusetzen und für die tägliche Arbeit zu nutzen?

   Diese Frage muss generell verneint werden, weil weder die Ausbildung noch die Fort- und Weiterbildung verpflichtende Angebote hinsichtlich der Planung, Durchführung und Auswertung von standardisierten Testverfahren anbietet. Hierbei hat die Kultusministerkonferenz in den letzten Jahren immer wieder darauf aufmerksam gemacht und betont, dass die diagnostische Kompetenz der Lehrkräfte unzureichend ist.
3. Können wir Kinder testen bzw. sind Kinder in der Entwicklung der ersten sechs Lebensjahre überhaupt im Bereich der Sprache und des Sprechens testbar?

   Diese Frage muss aus der Sicht eines Praktikers eindeutig mit Nein beantwortet werden. Die Auswahl der Testverfahren führt zu einer bestimmten theoretischen Sicht von Sprache und Sprachförderung. Das Kind wird in einer künstlich hergestellten Testsituation überprüft. Außerdem handelt es sich um eine einmalig vorliegende Situation. Die augenblickliche körperliche und geistige Verfassung des Kindes in der Testsituation wie z. B. gesund oder krank kann zu einem verfälschten Testergebnis führen. Der Individualtest kann nie das gesamte Spektrum der kindlichen Sprachfähigkeit abprüfen und in Zahlen fassen. Aspekte wie das Verstehen von Sprache und der soziale Aspekt können dabei kaum berücksichtigt werden. Echte Kommunikation und Interaktion sind nicht messbar. Der Selektionsaspekt steht beim Testen im Vordergrund und der Test als Instrument der Förderung wird dabei kaum gewürdigt.
4. Sind wir heute in der Lage, die dialektgefärbten, umgangssprachlichen und teilweise unvollständigen sprachlichen Äußerungen mit einem Test zu messen?

   Diese Frage muss ebenfalls eindeutig verneint werden, denn nicht wenige Kinder erwerben eine stark dialekt- oder umgangssprachliche gefärbte Sprache, für die es keine Testverfahren gibt. Diese Kinder werden einer künstlich arrangierten Testsituation unterworfen, der sie überhaupt nicht gewachsen sind. Die erzielten Testresultate sind nicht valide.
5. Brauchen wir nicht auch die Einschätzung und Bewertung der Sprache des Kindes durch den zuständigen Facharzt oder evtl. den Psychologen?

   Die ausschließlich pädagogisch orientierte Diagnostik reicht nicht aus, um mögliche Risiken und Ursachenbereiche zu erkennen und aufzudecken. So ist z. B. ein Hörtest oder gar Intelligenztest notwendig, um die

Förderbedürfnisse zu erkennen und geeignete Sprachfördermaßnahmen einleiten und durchführen zu können.

Es ist fraglich, ob wir die individuelle Sprache des einzelnen Kindes mit einem ausschließlich an der Standardsprache ausgerichteten Testverfahren messen und dann mit anderen Kindern der Eichstichprobe vergleichen können. Weder die Messung noch der interindividuelle Vergleich ist möglich. Wir sollten im Rahmen der individuellen Sprachförderung die Analyse der kindlichen Sprache stärker an der Spontaneität und Individualität ausrichten.

Abschließend sollten wir uns bei allen Fragen der Sprachdiagnostik im Sinne der hier vorgetragenen Förderdiagnostik immer wieder vor Augen führen, dass es nicht nur um das Kind, sondern um die über das Kind angestellten Spekulationen hinsichtlich seiner Entwicklung, Sozialisation, seines Lernens und seiner Sprachentwicklung bzw. individuellen Sprachförderung geht.

3.3.3 Spontansprachanalyse als Alternative

Bei der Betrachtung der heutigen diagnostischen Verfahren besteht die Schwierigkeit darin, dass eine Normierung unmöglich ist, die vorliegenden Daten und ermittelten Ergebnisse wenig Differenzierungskraft besitzen und keine Hinweise für die individuelle Sprachförderung liefern (vgl. Glück 2000, 171). Wir können diese Probleme nur lösen, wenn wir uns in der praktischen Arbeit stärker auf den Einsatz der anspruchsvollen und zeitaufwändigen Analyse der Spontansprache einlassen. Hier kommt uns das zur Verfügung stehende Wissen aus vielen Beobachtungen und Studien zum Spracherwerb entgegen. Der beste und sicherste Indikator für den Erwerb und die Entwicklung der kindlichen Sprache in den ersten Lebensjahren ist der aktiv benutzte und spontan eingesetzte Wortschatz. Diesen aktiven Wortschatz können wir nur sehr schwer über standardisierte Testverfahren einholen. Die spontane Beobachtung und Überprüfung der Sprache und des Sprechens ist die beste Möglichkeit, die Stärken, aber auch Schwächen des Kindes zu identifizieren.

Die Spontansprache meint die Sprache eines Kindes, die in natürlichen, alltagsnahen und soziokulturell bedeutsamen Dialogsituationen ohne spezielle Aufforderung gebraucht wird (vgl. Grohnfeld 2007, 306). Die Spontansprache ist die wichtigste Informationsquelle über die sprachlichen Fähigkeiten; hierfür gibt es keinen Ersatz, doch dies wird in der Diagnostik zu wenig beachtet. Spontansprachanalysen wurden zunächst in der Forschungsarbeit eingesetzt und später im klinischen Bereich benutzt. Es liegen bereits einige

Spontansprachproben vor, die jedoch meist einzelne Bereiche wie Grammatik, Phonetik oder den Wortschatz abdecken (vgl. Clahsen 1986 u. a.). Das Instrument von Clahsen aus den achtziger Jahren des vergangenen Jahrhunderts ist für den Kindergartenbereich und die Grundschule nicht geeignet, weil es in der Planung, Durchführung und Auswertung sehr aufwändig ist. Daher hat sich dieses Instrument auch nicht durchgesetzt. Wir brauchen eine praktikable Möglichkeit der Spontansprachanalyse, die erstens alle wichtigen Bereiche der Sprache und des Sprechens des Kindes abdeckt, zweitens von den pädagogischen Fachkräften akzeptiert und beherrscht und drittens flächendeckend und systematisch in den Bildungseinrichtungen eingesetzt wird.

Mit Hilfe der Spontansprachanalyse besteht die Möglichkeit, in einer natürlichen Situation einen Sprach- und Sprechausschnitt eines Kindes (Sprachkorpus) einzuholen und zu analysieren. Mit einer solchen Analyse können wir ein Profil mit allen Stärken, aber auch allen Schwächen und Defiziten erstellen und Entwicklungsprognosen für die eigentliche individuelle Förderung abgeben.

Dabei unterscheiden wir zwischen der freien und gelenkten Spontansprachprobe. In der freien Spontansprachprobe werden die Sprache und das Sprechen des Kindes aus der echten Face-to-face-Situation aufgenommen. Bei der gelenkten Spontansprachprobe werden Spiel- und Gesprächssituationen arrangiert und aufgenommen.

Für die praktische Arbeit mit den Kindern bietet sich die in Tabelle 1 auf der folgenden Seite enthaltene Übersicht an.

Technische Umsetzung

Die Spontansprachprobe kann einerseits über eine reine Audioaufnahme (Kassettenrekorder) oder andererseits über eine Videoaufzeichnung (Kamera bzw. Handy) erfolgen. Der Sprachkorpus sollte zwischen 20 und 30 sprachliche Äußerungen, d. h. Phrasen oder Sätze umfassen. Die Analyse der Spontansprachprobe kann aus der praktischen Erfahrung heraus in drei Teilschritten erfolgen:

1. Schritt: Globalhören,

d. h. die dokumentierten und konservierten sprachlichen Äußerungen werden von der pädagogischen Fachkraft mehrfach abgehört, um sich in die Sprache und das Sprechen des Kindes einzuhören und um ein subjektives Gefühl für die Aussprache, den Wortschatz, den Satzbau und die Prosodie zu erhalten. Das ist ein wichtiger Schritt, der oft ausgelassen wird oder zu kurz kommt. Hier können erste Notizen gemacht und Hypothesen formuliert und aufgeschrieben werden.

Tab. 1: Spontansprachanalyse

Name: Vorname:

Geb.:

Straße: Wohnort:

Muttersprache: Zweitsprache:

Körpersprache	
Mimik Gestik Blickkontakt Tics Persönlichkeit	
Prosodie	
Lautstärke Sprechgeschwindigkeit Sprechpausen Rhythmus Melodie	
Sprache	
Wortschatz Sprachverständnis Grammatik Satzbildung	
Sprechen	
Aussprache Stimme	
Sonstiges: z. B. Zahnstellung, Kieferanomalie, Zahnlücke …	

2. Schritt: Detailhören,
d. h. wir konzentrieren uns zunächst auf das Unauffällige bzw. auf die sehr positiven Aspekte der sprachlichen Äußerungen. In dem individuellen sprachlichen Entwicklungsprofil wollen wir die Stärken und Möglichkeiten herausarbeiten. Anschließend versuchen wir, über das konzentrierte Zuhören und Abhören die sprachlichen Probleme und Störungen herauszufiltern.

3. Schritt: Transkription,
d. h. nach der Phase Globalhören und Detailhören werden alle sprachlichen Äußerungen verschriftet. Das ist ein aufwändiger Schritt, der aber die Grundlage für die weitere individuelle Sprachförderung ermöglicht. Hier bietet sich ein Spaltentranskript an, in das die Äußerungen der Kommunikationspartner eingetragen werden. So hat man eine gute Übersicht über die zeitliche Abfolge der sprachlichen Äußerungen und den dazugehörenden Kontext. Dieser dritte Schritt sollte gut eingeübt werden.

Tab. 2: Spaltentranskript

Name:	Vorname:
Geb.:	
Straße:	Wohnort:
Muttersprache:	Zweitsprache:

Äußerungen des Kindes	Äußerungen der pädagogischen Fachkraft	Kontext, Situation, Mimik, Gestik

Dieses Vorgehen innerhalb der Förderdiagnostik hat sich bis jetzt kaum durchgesetzt; von daher ist es längst überfällig, die eher individuelle Sicht der Förderdiagnostik stärker als bisher in der Sprachförderung zu implementieren. Förderdiagnostik hat auf Grund der zentral durchgeführten Kind-Umfeld-Diagnose eine sehr enge Verbindung mit der individuellen Sprachförderung.

Folgende Handlungsschritte müssen zu einem Standardprogramm der Förderung gehören:

Anamnese
Gespräche mit dem Kind selbst, den Eltern, den Sorgeberechtigten und dem sprachlichen und sozialen Umfeld des Kindes wie den Großeltern, Verwandten und Bekannten, sofern man an diese Personen herankommt.

Aktenstudium
Kenntnisnahme vorhandener Befunde und Einsicht in vorliegende Akten wie z. B. Entwicklungsberichte, pädagogische Stellungnahmen und Empfehlungen zur Schullaufbahn, therapeutische Entwicklungsberichte von Logopädinnen, fachärztliche Gutachten von Fachärzten wie dem Hals-Nasen-Ohren-Arzt oder Portfolios, die einer Fortschreibung bedürfen.

Strukturierte Beobachtung
Beobachtungen im Alltag des Kindes in der Familie, in der Freizeit oder in der Bildungseinrichtung durch kompetente Fachkräfte können die erwähnte Analyse der Spontansprache ergänzen und die förderdiagnostische Arbeit unterstützen.

Hypothesen
Bewusst, aber meistens eher unbewusst werden durch die pädagogische Fachkraft erste Vermutungen über die Ursachen der vorliegenden sprachlichen Probleme angestellt. Diese Phase der Hypothesenbildung sollten wir als wichtigen Schritt der Förderdiagnostik erkennen und künftig bewusster und individueller angehen. Dabei müssen wir uns auf das vorhandene Fachwissen, vorgelagerte Theorien und die gemachten Erfahrungen stützen.

Auswahl der Prüfverfahren
Je nach Einschätzung und Bewertung der bisher durchgeführten diagnostischen Arbeit mit dem Kind sollte entschieden werden, ob es notwendig ist, Tests, die bestimmte Bereiche und Fähigkeiten wie Wortschatz, Grammatik, Syntax oder die Artikulation – bezogen auf die Altersnorm – überprüfen,

Beobachtungsverfahren oder die Erhebung, Analyse und Bewertung der Spontansprache einzusetzen. Hier scheint eine Kombination von Prüfverfahren der geeignete Weg zu sein, um gesicherte Daten einholen zu können. Die Förderdiagnostik ist kein einmaliger Vorgang, sondern muss während der gesamten Sprachförderung immer wieder in den Prozess korrigierend eingreifen, um das gesetzte Förderziel erreichen zu können.

Sprachdiagnostik im Sinne der Förderdiagnostik und die eigentliche individuelle Sprachförderung bilden eine untrennbare pädagogische Einheit, d. h. hier geht es weder um eine Alibi-Diagnostik noch um eine reine Selektionsdiagnostik als einmaligen Vorgang. Bei der Förderdiagnostik in dem hier vorgetragenen Verständnis geht es um einen immer wiederkehrenden Vorgang, der die laufende individuelle Sprachförderung überprüft und notwendige Korrekturen und pädagogische Modifikationen einleitet.

Folgendes Ablaufschema kann für die individuelle Sprachförderung im Kindergarten und in der Grundschule vorgeschlagen werden:

- Bestandsaufnahme über die hier vorgetragene Förderdiagnostik und speziell über die Spontansprachanalyse
- Aufdeckung der Defizite und Schwachstellen im Bereich der Sprache und des Sprechens
- Formulierung von Zielsetzungen, die unmittelbar an die SSA angegangen werden sollen.
- Festlegung der Reihenfolge der Zielsetzungen sowie
- Planung, Durchführung, Überprüfung der Wirksamkeit und Kontrolle von individuellen Fördermaßnahmen auf der Grundlage der Spontansprachanalyse.

Diese Auffassung der modernen Förderdiagnostik sollte sich endlich in der Praxis festsetzen; bisher wird viel darüber gesprochen und geschrieben, allerdings ist diese Art der Diagnostik in der Praxis kaum angekommen. Wir brauchen eine Förderdiagnostik, die nach den möglichen Ressourcen Ausschau hält, die mögliche Hilfsmittel und Hilfsquellen erkennt und diese für die individuelle Sprachförderung einsetzen kann. Die Hauptaufgabe einer modernen Förderdiagnostik besteht darin, alles Wissen, alle Methoden und zur Verfügung stehenden diagnostischen Instrumente einzusetzen, um die Kinder und Schüler zu verstehen. Darauf hat bereits der Schweizer Heilpädagoge Moor in seinen Ausführungen hingewiesen. Wir müssen die Kinder erst verstehen, bevor wir sie erziehen und bilden. Die Hauptaufgaben der Förderdiagnostik bestehen darin,

- die Veränderungen der Sprache in der Zeit zu erfassen,

- den Lernfortschritt im Verlaufe der Zeit zu dokumentieren,
- positive und negative Entwicklungsverläufe bei Kindern früh zu erkennen und
- Veränderungen und Korrekturen in der individuellen Sprachförderung vorzunehmen.

Die Förderdiagnostik beschäftigt sich ausschließlich mit den Förder- und Lernnotwendigkeiten und mit Förder- und Lernmöglichkeiten. Förderdiagnostik ist somit individuelle Sprachförderung (vgl. Breitenbach 2009).

Fazit

Fördern ohne Sprachdiagnostik macht keinen Sinn, weil wir die Entwicklungsvoraussetzungen der Kinder kennen sollten, um eine individuell ausgerichtete Sprachförderung anbieten zu können. Tests werden von der Wissenschaft und Forschung immer wieder entwickelt, doch der Einsatz in der praktischen Arbeit stößt auf Hindernisse und zuweilen heftigen Widerstand. Es gibt alternative Instrumente wie die Beobachtung des Kindes und eine Reihe in der Praxis erprobter und geeigneter informeller Verfahren. Eine echte Alternative bietet die Analyse der spontan gesprochenen Sprache des Kindes. Allerdings gibt es hier wenig Forschungsarbeit und ebenso nur dürftige praktische Handreichungen. Von daher wird hier der Versuch unternommen, die Spontansprachanalyse wieder aufzugreifen, in die fachliche Diskussion einzubringen und erste Hinweise für einen vorsichtigen Gebrauch dieser zu liefern.

Schlüsselbegriffe

Sprachdiagnostik, Förderdiagnostik, Kind-Umfeld-Diagnostik, Anamnese, standardisierte Tests, Beobachtungsverfahren, informelle Verfahren, Spontansprachanalyse, Kritik an Tests

Fragestellungen

- Wie können wir die diagnostische Kompetenz der pädagogischen Fachkräfte im Elementar- und Primarbereich verbessern?

- Warum haben sich die standardisierten Testverfahren in der praktischen Arbeit nicht durchgesetzt?
- Welche kritischen Fragen können wir hinsichtlich der Testdiagnostik stellen?
- Welche Vor- und Nachteile bietet die geforderte Spontansprachanalyse zur Ermittlung der sprachlichen Voraussetzungen?

Querverbindungen in diesem Buch

vgl. hierzu auch die Kapitel 3.1, 3.2, 3.4 und 3.5

Weiterführende Literatur

Clahsen, H. (1986): Die Profilanalyse. Berlin: Marhold.

Bundschuh, K. (1999): Diagnostik/Förderdiagnostik. In: Bundschuh, K./Heimlich, U. & Krawitz, R. (Hrsg.): Wörterbuch Heilpädagogik. Bad Heilbrunn: Julius Klinkhardt Verlag, 51–57.

Fried, L. (2006): Schwerpunktthema: Sprachstandserhebungen für Kindergartenkinder und Schulanfänger. In: Sprache – Stimme – Gehör, 30, 45–92.

Fried, L. (2008): Pädagogische Sprachdiagnostik für Vorschulkinder – Dynamik, Stand und Ausblick. In: Zeitschrift für Erziehungswissenschaft, 10. Sonderheft 11, 63–78.

Füssenich, I. (2008): Fördern: Erst ein Sprachtest. Und dann? Sprachförderung von Kindern im Elementarbereich. In: Grundschule, 2, 48–49.

3.4

Gestaltung der individuellen Sprachförderung

Die passgenaue Gestaltung der individuellen Sprachförderung ist eine Aufgabe und Herausforderung, die in den Kindertagesstätten und Schulen zunehmend erkannt wird. Dabei gilt es, Kinder aus verschiedenen sozialen Milieus und Schichten, aus verschiedenen Sprachgemeinschaften, aus fremden Kulturkreisen, Religionsgemeinschaften und in ihren vielfältigen Begabungen wie z.B. den sprachlichen, den sozial-emotionalen, den numerischen, den räumlichen, den motorischen und den musisch-künstlerischen anzusprechen, individuell zusammenzuführen und zu fördern.

Am Anfang der pädagogischen Überlegungen stehen einige Fragen: Wie fördere ich Kinder so, dass jedes seine unterschiedlichen Begabungen voll ausschöpfen kann? Wie schaffe ich es, Kindern zu zeigen, wie sie ihre persönlichen Stärken im Bereich der Sprache und des Sprechens zur Überwindung und Bewältigung ihrer sprachlichen Schwierigkeiten einsetzen können? Wie kann ich die Kinder in ihren Lernprozessen unterstützen und Hilfestellungen anbieten, damit sie zufriedene und erfolgreiche Persönlichkeiten in der Schule und im späteren Berufsleben werden? Wichtig für die Gestaltung der Sprachförderung ist zunächst die Didaktik.

3.4.1 Didaktische Überlegungen

Unter dem Begriff der Didaktik verstehen wir Überlegungen zu Fragestellungen des Lehrens und des Lernens in Theorie und Praxis in den Bildungseinrichtungen. Während es bei der Methode um das „Wie" geht, dreht es sich bei der Didaktik um das „Was" der Förderung bzw. des Unterrichts.

Nach Klafki (2007) sollten wir zunächst zwei Ebenen unterscheiden:

- erstens die Ebene der Richtlinien und Lehrpläne mit den getroffenen Entscheidungen, den gelieferten Begründungen und den geforderten Prozessen für bestimmte Themen und Inhalte, d. h. die vorliegenden Erziehungs- und Bildungspläne in den Kindertagesstätten und die aktuellen Kernlehrpläne der Grundschule, und
- zweitens die Ebene der Planung, Durchführung, Ergebnisse und Prozesse der konkreten Förderung bzw. des täglichen Unterrichts. Hier haben wir innerhalb der einzelnen Bundesländer und in den Ausbildungsstätten wie z. B. den Fachschulen, den Fachhochschulen und den Universitäten keinen einheitlichen didaktischen Rahmen. So finden wir teilweise große Unterschiede im Bereich der Didaktik in der Ausbildung zur Erzieherin und zur Lehrerin.

Weiterhin können auf den beiden genannten Ebenen fünf Hauptaspekte ausgemacht werden, die für die individuelle Sprachförderung und den Unterricht wichtig sind:

1. die Zielsetzungen des Lehrens und Lernens,
   d. h. die Vermittlung der Bildungssprache für alle Kinder, die Vorbereitung auf die Schriftsprache durch die Vermittlung der Vorläuferfertigkeiten wie z. B. die phonologische Bewusstheit und das erste Lesen und Schreiben;
2. die Auswahl der Inhalte und Themen,
   d. h. die Auswahl der Inhalte soll das Sprachniveau der Kinder treffen, aus der unmittelbaren Lebenswelt der Kinder stammen und die Neugier und Freude an Sprache und Sprechen wecken;
3. die Organisationsform sowie die eingesetzten Methoden und Sozialformen,
   d. h. zu den didaktischen Überlegungen zählen die Quantität und Qualität der Fördergruppe – in der Regel 5 bis 7 Kinder –, die eingesetzten Methoden wie z. B. beim Verbessern der Kinder das korrektive Feedback oder die Modellierungstechniken, wenn es um die Förderung der Satzbildung geht;
4. die Medien wie Bilderbuch, Märchenbuch, Lesebuch, Kassetten, CDs usw.,

d. h. die ausgewählten Medien bieten gleichzeitig auch Gestaltungsspielräume für die individuelle Sprachförderung in Kindertagesstätten und Schulen;
5. die Dokumentationsformen der Lernergebnisse wie Beobachtungen, Tests oder Portfolios,
d. h. die eingebrachten Lernvoraussetzungen, die durchgeführte Sprachförderung und die erzielten Resultate sollten als Portfolio erfasst und dokumentiert werden.

Heute sprechen wir von einer konstruktivistischen Didaktik. Mit dem Begriff der individuellen Sprachförderung verbinden wir generell drei Aspekte: Förderung ist

- erstens individuell auf das einzelne Kind ausgerichtet; das bedeutet aber nicht, dass es sich hier um eine Einzelförderung handelt; die Förderung erfolgt in der Regel in der Gruppe;
- zweitens unabhängig vom Ort des Lerngeschehens, d. h. die Sprachförderung muss nicht nur in den Bildungseinrichtungen durchgeführt werden, Sprachförderung kann ebenso in der Familie und in der Freizeit erfolgen und
- drittens abhängig von den Bedürfnissen des Kindes, d. h. die Zugehörigkeit zu einer bestimmten Familie, Wohngegend, einem Freizeitbereich, einer Kultur- und Sprachgemeinschaft führt zu teilweise recht unterschiedlichen Förderbedürfnissen.

Die individuelle Sprachförderung als spezifisches Handlungsfeld muss sich ständig einer Gratwanderung unterziehen, indem sie die Bedürfnisse des Kindes identifiziert, sich an der aktuellen Sprache und dem Sprechvermögen des Kindes (Kompetenzen) orientiert und die notwendigen sozialen Kontakte und Beziehungen herstellt, ausbaut und erweitert. Wir müssen eine optimale Passung zwischen den drei genannten Polen finden und zur Grundlage der Förderung machen. Die individuelle Sprachförderung sollte sich gegenüber der logopädischen Sprachtherapie und dem schulischen Sprachunterricht abgrenzen und folgende Merkmale aufzeigen: Sprachförderung ist als ein Gesamtpaket an Maßnahmen zu verstehen; sie sollte

- erstens systematisch angelegt sein,
- zweitens deutlich erkennbare pädagogische Strukturen aufzeigen und
- drittens auf ein transparentes und pädagogisch notwendiges Ziel hin orientiert sein.

Alle Maßnahmen der individuellen Sprachförderung konzentrieren sich auf einzelne Kinder oder Kindergruppen. Individuelle Sprachförderung übernimmt linguistische und interaktionistische Aufgaben im Sinne der Beziehungsgestaltung. Damit sind wir bei den didaktischen Grundpositionen der individuellen Sprachförderung angelangt. Sie stützt sich auf die Erkenntnisse der Spracherwerbsforschung, den sozialen Konstruktivismus, die Systemtheorie, die Erkenntnisse der Soziolinguistik sowie die kognitiven und sozialen Lerntheorien. Im Folgenden sollen noch einmal einige didaktische Aspekte für die individuelle Sprachförderung herausgestellt werden (vgl. Günther 2003, 30 f.; Knapp 2008, 135).

Einsicht in Lernziele
Die Kinder sollten zu jedem Zeitpunkt der sprachlichen Förderung Einsicht in die Zielsetzung und Bedeutung des Lerninhaltes erhalten, weil sie dann die notwendige Motivation und Aufmerksamkeit aufbringen.

Eselsbrücken
Veranschaulichende Zusatzinformationen wie Zeichnungen, Bilder und Skizzen und interessante und authentische Beispiele aus der Lebenswelt der Kinder erzielen im Gehirn ein Erkennungssignal und beeinflussen die Speicherung positiv. Wörter und Begriffe können in einer interessanten Geschichte erarbeitet und mit anderen Wörtern und Begriffen assoziiert werden.

Lernatmosphäre
Neben den wichtigen Rahmenbedingungen wie geeignetes Mobiliar, Sitzordnung, Lichteinfall und Raumtemperatur sorgt eine angenehme Lernatmosphäre für eine positive Hormonlage und damit für ein reibungsloses Funktionieren der Synapsen im Gehirn. So werden sprachliche Strukturen und Phrasen besser verstanden und behalten.

Realitätsbezug
Wird das Thema und der Lerninhalt mit der täglichen Lebenswelt der Schüler verknüpft, kommt es zu einer höheren Gedächtnisleistung, d. h. der gelernte Inhalt bzw. die erworbene Strategie ist permanent präsent und kann spontan eingesetzt werden. Dabei spielen die kommunikative Vermittlung und die gleichzeitige Vernetzung der Themen untereinander eine wichtige Rolle.

Thematische Rahmung
Beim Lernen in der individuellen Sprachförderung ist die enge Verknüpfung der Themen und Inhalte bedeutsam. Der Schüler braucht eine thematische Rahmung und einen situativen Kontext. So gewinnt der Schüler Einsichten in den Sinn und die Bedeutung des erworbenen Inhaltes.

Input
Fehlerfreien Input durch sprachkompetente Erwachsene anbieten und evtl. geeignete Techniken der Korrektur und des Feedbacks einsetzen. Der Input sollte ausreichend, interessant und vielfältig sein.

Anwendbarkeit
Die erworbenen Wörter, Begriffe, Phrasen und sprachlichen Formen sollten innerhalb und außerhalb des Unterrichts zum Einsatz kommen. Hier sollten wir von Anfang an darauf achten, dass die in der Sprachförderung erworbenen Wörter und Sätze auch in der Spontansprache fehlerfrei eingesetzt werden.

Auf der Grundlage eines soliden und erfolgversprechenden Handlungsprogramms, das die genannten didaktischen Hinweise berücksichtigt, sollten nachfolgende Förderprinzipien berücksichtigt werden.

3.4.2 Prinzipien der individuellen Sprachförderung

Was die didaktische Ausgestaltung und Orientierung angeht, so stützen wir uns auf ein konstruktivistisches Verständnis von Lehren und Lernen. Auf der Ebene der Förderung und des Unterrichts können wir dabei folgende Grundlinien sichtbar machen (vgl. Becker 2009, 577 ff.).

- Akzeptanz der Heterogenität der sprachlichen Fähigkeiten, d. h. alle Kinder bringen unterschiedliche Entwicklungsvoraussetzungen mit, die es zu berücksichtigen gilt, in Form von Binnendifferenzierung, wenn möglich Individualisierung, Partner- und Gruppenarbeit;
- ein strenger Instruktivismus wird generell im Hinblick auf die konstruktive Arbeitsweise des Gehirns zurückgedrängt – allerdings sollten wir auf Grund von Studienresultaten trennen zwischen leistungsstarken und weniger leistungsstarken Kindern und Schülern;
- eine sprachanregende und lebensnahe Lernumwelt mit lebensbedeutsamen und realen Themen und Inhalten sollte im Rahmen der individuellen Sprachförderung zur Verfügung gestellt werden;

- das Vorwissen zu bestimmten Themen und Inhalten sollte bei den gestellten Anforderungen und Aufgaben genutzt werden;
- das Lernen sollte durch die pädagogische Fachkraft nicht zu sehr gesteuert werden;
- die Verantwortung für das Lernen übernimmt das Kind bzw. der Schüler selbst, er konstruiert aktiv sein eigenes Wissen und seine Welt;
- das Kind selbst sollte eine Bewertung und Einschätzung seines Lernens und seines Lernerfolges sprachlich vornehmen;
- lebendige und multiple Interaktionserfahrungen bilden eine stabile Grundlage für die Weiterentwicklung der Kommunikation und Sprache;
- die Förderung des Nachdenkens über die Sprache, insbesondere über die formalen Grundstrukturen wie Satz, Phrase, Wort, Silbe und Laut unter dem Aspekt der phonologischen Bewusstheit, ist eine wichtige Vorläuferfertigkeit für den Spracherwerb;
- zentrales Prinzip der modernen Sprachförderung ist die herausgestellte Individualität und der Aufbau von sozialen Kontakten und Beziehungen.

Obwohl wir heute die konstruktivistische Ausrichtung der Didaktik favorisieren, sollten wir die Hinweise von Weinert (1996,10) ernst nehmen, der erstens bei jeder Instruktionsmethode Stärken und Schwächen erkennt und zweitens darauf hinweist, dass man beim Erreichen verschiedener Lernziele auch die Kombination verschiedener Lehr-Lern-Modelle benötigt. Gerade neuere Erkenntnisse der Unterrichtsforschung im deutschen und internationalen Raum weisen darauf hin, dass sich konstruktivistisch gestaltete Lernumgebungen insbesondere für leistungsstärkere Schüler mit gutem Vorwissen eignen, während leistungsschwächere Kinder und Schüler stärker von einer instruktiv ausgerichteten und durch den Lehrer gesteuerten Förderung profitieren (vgl. Gruehn 2000, 199). Da wir es im Rahmen der Sprachförderung teilweise mit sozial vernachlässigten und zugewanderten Kindern zu tun haben, scheint hier eine stärker instruktivistische und lehrerzentrierte Förderung zielführend zu sein.

Eine kompetenzorientierte Förderung bzw. ein kompetenzorientierter Sprachunterricht orientiert sich zunächst einmal an einer lebensnahen und umweltrelevanten Bildung. Didaktische Konzeptionen zur Förderung von Kindern und Schülern mit Sprachproblemen bzw. mit Migrationshintergrund sollten sich an folgenden Prinzipien ausrichten (vgl. Bönsch, 2009, 221; Werner 2009, 7):

Kompetenzen vermitteln,
d. h. eine erfolgreiche Vermittlung von Kompetenzen im Sinne von Kenntnissen, Fertigkeiten und Lernstrategien kann nur an der Übertragbarkeit auf Alltagssituationen und an der Einsetzbarkeit im Alltag gemessen werden. Die Kinder sollten ihre erworbenen Fähigkeiten und Fertigkeiten nicht nur im Rahmen der schulischen Förderung, sondern auch in der außerschulischen Spontansprache einsetzen können.

Lebensnähe anstreben,
d. h. das sprachliche Lernen sollte in Situationen und Zusammenhängen des Alltags eingebettet sein, die für die Kinder relevant und sinngebend sind. Lebensnähe und Umweltbezug der im Unterricht behandelten Themen sind daher von größter Bedeutung.

Lernvoraussetzungen berücksichtigen,
d. h. den Kindern und Schülern sollten Lern- und Erfahrungsräume zur Verfügung gestellt werden, in denen sie sich je nach ihren Lernvoraussetzungen und persönlichen Neigungen und Fähigkeiten unterschiedlich mit dem gleichen Thema bzw. Unterrichtsgegenstand sprachlich auseinandersetzen.

Wissensvermittlung engagiert vortragen,
d. h. durch das engagierte und begeisternde Vortragen von Wissensinhalten und Themen durch die Lehrkraft bleibt der Inhalt besser im Gedächtnis hängen, weil es hier zu so genannten „Schlüsselerlebnissen" kommt.

Handlungsorientierung
d. h. das Lernen von Sprache und Sprechen sollte in die täglichen Aktivitäten und Handlungen eingebettet werden.

Neben den didaktischen Überlegungen ist auch die Gestaltung des Kontextes, in dem das Kind die Muttersprache und die Zweitsprache Deutsch erlernt, von Bedeutung.

3.4.3 Lerngerüste bauen

Diese Eselsbrücke bezieht sich weitgehend auf den sprachförderlichen Unterricht in der Grundschule und stammt vom englischen „Scaffolding", was soviel bedeutet wie „Gerüste bauen" – in diesem Falle ist der Bau von Lerngerüsten gemeint. Dieses Konzept stützt sich auf die sozial-konstruktivistische Lerntheorie, bei der das menschliche Lernen als sozialer Interaktionsprozess stattfindet. Die Schüler, die Probleme mit der Erstsprache oder beim Erwerb der Zweitsprache haben, sind auf die Hilfe und Unterstützung von Gesprächspartnern angewiesen. Diese Aufgabe kann zum einen von älteren und sprachkompetenten Mitschülerinnen und Mitschülern und zum anderen von erfahrenen pädagogischen Fachkräften übernommen werden; hierbei eignet sich die Organisationsform des Team-Gruppen-Modells in besonderer Weise (vgl. hierzu Kapitel 3.7.3). Die Schüler können ohne die Mithilfe anderer die sprachlichen Probleme allein auf sich gestellt nicht lösen. Dieses Konzept des „Scaffolding“ richtet sich vor allem beim Erwerb der Zweitsprache Deutsch gegen die Vorstellung des „Nürnberger Trichters“ und die Vorstellung, dass das ständige Anbieten eines Sprachbades (Immersion) ausreicht, um die Sprache zu lernen. Hier ist es die Aufgabe der pädagogischen Lehrkraft, den Schülern Lerngerüste zu bauen, die sich an den individuellen Lernvoraussetzungen ausrichten, und so die Kinder im Sinne von Wygotski von ihrem aktuellen Entwicklungsstand in die Zone der nächsten Entwicklung zu bringen. Art und Umfang dieser Lerngerüste unterscheiden sich von Schüler zu Schüler und sie können daher nur individuell gestaltet werden; daher sind die Lehrkräfte auf die Sprachdiagnose angewiesen. Lerngerüste haben die Aufgabe, den Schülerinnen und Schülern die benötigten sprachlichen Mittel wie Wortschatz und Satzstrukturen anzubieten und zur Verfügung zu stellen. Das Warten auf das meist zufällige sprachliche Aha-Erlebnis reicht nicht aus (vgl. Senatsverwaltung für Bildung, Wissenschaft und Forschung Berlin 2009, 8). Dabei sollten wir bereits bei der Planung von Lerngerüsten und Eselsbrücken die bisherigen Erfahrungen der zugewanderten Kinder stärker mit ins pädagogische Kalkül aufnehmen. Das betrifft die Art und Weise, wie sie sich in der Förderung und im Unterricht verhalten (Frage der Disziplin) und die Art, wie sie der pädagogischen Fachkraft begegnen (Frage der Autorität). Wir sollten immer wieder bedenken und von daher auch entsprechend berücksichtigen, dass vieles für diese Kinder neu ist, wie z. B. das Lernklima und der Umgang des Lehrers mit den Kindern. Wir sollten aber auch bedenken, dass die oft vorhandenen Vorurteile und Konflikte mit in die Bildungseinrichtung genommen werden. Das kann zur Gruppenbildung und sozialen Ausgrenzung führen; so sprechen türkische Kinder oft nur mit türkischen Kindern in ihrer Muttersprache.

3.4.4 Möglichkeiten des pädagogischen Feedbacks

Der Begriff Feedback wird im pädagogischen und psychologischen Bereich sehr oft benutzt; ursprünglich entstammt der Begriff der Kybernetik und bezeichnet allgemein die Rückkopplung bzw. Rückmeldung von Informationen. Dieses eher technisch orientierte Feedback lässt sich nur schwer auf den pädagogischen Bereich und auf die zwischenmenschliche Interaktion übertragen. In der zwischenmenschlichen Beziehung wird die Rückmeldung durch die Eltern oder den Pädagogen durch verschiedene Faktoren beeinflusst (vgl. Richert 2005, 58):

- die Lernumgebung (Kontext),
- alle an der Interaktion beteiligten Personen,
- den wahrgenommenen Eindruck, den die handelnden Personen voneinander haben,
- die Wünsche und Erwartungen, die sie aneinander haben, und
- die dem Feedback zugrundeliegenden Informationen.

Die Sozialwissenschaften und die Pädagogik haben den Begriff trotz der Übertragungsprobleme übernommen. Bei einem Feedback geht es immer um den Vorgang der informatorischen Rückkopplung zwischen zwei oder mehr Personen. Den Feedbackadressaten werden Informationen und Ergebnisse rückgemeldet, die wiederum zu Veränderungsprozessen führen sollen. Von daher betrachtet ist das Feedback eine Brücke zwischen der durchgeführten Förderdiagnostik und der eingeleiteten individuellen Sprachförderung (vgl. Philipp 1984). Beim Feedback geht es vor allem um die Rückmeldung über den Erfolg bzw. Misserfolg der sprachlichen Leistung; dabei wird unterschieden zwischen einem negativen und positiven Feedback. Fehler gehören zu jedem Lernprozess und sind notwendig und wichtig, um entsprechende Konsequenzen zu erkennen und umzusetzen. Die Kinder haben im Rahmen der Sprachförderung den Anspruch zu erfahren, was sprachlich richtig ist, und dementsprechend korrigiert zu werden. Dabei sollte die reine Rotstiftperspektive und pure Kritik an den sprachlichen Äußerungen vermieden werden. Wichtig ist, dass wir den Kindern die produzierten Fehler deutlich machen, was wiederum bei den Pädagogen eine erhöhte Aufmerksamkeit voraussetzt.

Die notwendige Korrektur sprachlicher Äußerungen sollte

1. auf die jeweilige Situation des Gesprächs abgestimmt sein,
2. den Redefluss nicht abrupt unterbrechen,
3. sich auf den Inhalt des Gesagten konzentrieren,
4. eher indirekt und unauffällig durch entsprechendes Nachfragen erfolgen,

5. Techniken des Modellierens berücksichtigen wie z. B. durch geschicktes Wiederholen den gesprochenen Fehler in einer anderen Satzstruktur aufgreifen und so das Kind an das sprachliche Modell heranzuführen. Über das häufige Hören der grammatischen Zielstruktur wird das Kind diese Struktur nach und nach übernehmen und produzieren (vgl. Dannenbauer 1984, 35 ff.),
6. knappe und kurze Antworten der Kinder aufgreifen, in einen Satz kleiden und so erweitern, bis die Kinder das Modell aufgreifen und spontan verwenden.

Wir sollten weiterhin in der individuellen Sprachförderung das Feedback (Rückmeldung) auf vier Ebenen anstreben (vgl. Heinzel 2006, 13):

Rückmeldung im Dialog des Kindes mit sich selbst,
hier kann das Kind nach entsprechender Einübung über die Portfolioarbeit, über die Dokumentation und über Selbsteinschätzungsbögen sowie über Smilies zur Selbsteinschätzung geführt werden.

Rückmeldung im Dialog des Kindes mit der pädagogischen Fachkraft,
die pädagogische Fachkraft gibt dem Kind eine sehr differenzierte Rückmeldung über Mimik, Gestik und Blickkontakt, bespricht mit dem Kind einige Fehler und zeigt gleichzeitig sprachliche Verbesserungsmöglichkeiten auf.

Rückmeldung im Dialog des Kindes mit anderen Kindern der Gruppe bzw. Klasse,
hier können sprachlich leistungsstärkere Kinder die Rolle der pädagogischen Fachkraft übernehmen und im Sinne des Peerfeedback sich mit Informationen und Hinweisen an die betroffenen Mitschüler wenden, und schließlich

Rückmeldung im Dialog des Kindes mit den Eltern in Absprache mit dem pädagogischen Fachpersonal,
d. h. hier sollte das Feedback in der Bildungseinrichtung mit den Möglichkeiten des elterlichen Feedbacks abgesprochen und dementsprechend koordiniert werden. Hier ist insbesondere das korrektive Feedback zu nennen, das über die Technik des Modellierens erreicht werden kann.

3.4.5 Sprachlernsets

Die Lernset-Konzeption geht auf Gagné (1916–2002) zurück, der Mitte des zwanzigsten Jahrhunderts diese Theorie zum Verständnis des menschlichen Lernens und des Sprachlernens herangezogen hat. Ein Sprachlernset, das für das Erlernen einer Endaufgabe von Bedeutung ist, wird als eine Folge (= set) von untergeordneten Befähigungen (= Lernsets) verstanden (vgl. Samstag 1971, 42). Ein Set ist also eine Folge von untergeordneten Fähigkeiten (Kompetenz) bzw. Fertigkeiten (Performanz), die das Kind zu weiteren und höher stehenden komplexen Zusammenhängen und Strukturen führt. Somit sind Sprachlernsets niederen Niveaus Voraussetzung für die Bewältigung von Sprachlernsets auf einer höheren Niveaustufe. Von den Lernsets geht Gagne zu größeren kognitiven Zusammenhängen, die er Lernstrukturen bzw. Sprachlernstrukturen nennt. Hier wird die Auffassung vertreten, dass die Bewältigung höher stehender und komplexer Aufgaben mittels einer Hierarchie gelingen kann. Das vorhandene Wissen muss einfacher sein als die zu lösende Aufgabe. Lernsets niederen Niveaus sind also die Voraussetzung für die Bewältigung von Lernsets höheren Niveaus. Die Theorie von Gagne und das daraus abgeleitete System der Lernsets bildet eine funktionelle Hierarchie, die wiederum aus zu erwerbenden und zu übenden kognitiven und sprachlichen Fähigkeiten gebildet werden kann. Ein Kind ist für eine neue Aufgabe oder für ein neues Thema auf einem bestimmten Niveau dann offen und bereit, wenn es die Lernsets bis zu diesem Niveau hin erworben hat. Diese Sprachlernsets sind erwerbbare, lernbare und einzuübende kognitive Fertigkeiten; alle sind miteinander eng vernetzt und bedingen sich gegenseitig. Die Kinder sollen die einzelnen Sprachlernsets erwerben und in der täglichen Kommunikation einsetzen. Die Sprachlernsets münden ein in sprachliche Strukturen und damit in ein sprachliches System mit einer hierarchischen Struktur. Für die tägliche Arbeit wird hier der Versuch unternommen, einen Entwurf zum Einsatz der Sprachlernsets als Hierarchie auf mehreren Ebenen – vorschulische und schulische Ebene – zur fachlichen Diskussion vorzulegen. Die exemplarisch ausgewählten Kompetenzen und die Themenbereiche und Aufgabenkomplexe sollten je nach Bildungseinrichtung modifiziert und erweitert werden.

Ebene 1: Vorschulischer Bereich

Die zentrale Frage zu Beginn dieses Abschnitts lautet: Wie kann eine moderne Didaktik der individuellen Sprachförderung aussehen, damit ein erfolgreiches und nachhaltiges Lernen initiiert wird? Auf diese Frage gibt es

Antworten auf zwei Ebenen: zum einen der Sinn- und Bedeutungsebene und zum anderen der Beziehungsebene. Nach der individuellen Sprachförderung darf die Beschäftigung mit Themen und Inhalten nie „sinnlos" sein, damit Lernen gelingt. Gerade die Bedeutung, der Sinn und die Relevanz eines Gegenstandes für den Alltag der Kinder und Schüler sind es, die nachhaltiges Lernen ermöglichen. Sinn ist immer dann vorhanden, wenn eine Sache für das Kind wichtig, lebensnotwendig und bereichernd ist. Von daher müssen wir mehr und intensiver als bisher die Sinnfrage und damit eine Art der Sinndidaktik in den Vordergrund der didaktischen Überlegungen einer individuell ausgerichteten Sprachförderung stellen (vgl. Bönsch 2009, 220). Wenn etwas für das Kind Sinn macht, ist das ein guter Einstieg in eine gute individuelle Sprachförderung. Außerdem muss die individuelle Sprachförderung die Beziehungsebene neu entdecken und stärker in die Förderung einbringen. Sprache wird nur im Kontakt mit anderen Personen erfolgreich erworben. Individuelle Sprachförderung realisiert sich in den Beziehungen zwischen den Bezugspersonen und den Kindern bzw. Schülern. Dabei geht es um die interkulturelle Berücksichtigung von menschlichen Beziehungen, um die Kultivierung der Beziehung, also um das soziale Lernen. Die individuelle Sprachförderung sollte die bisher teilweise sehr hausbackenen, verstaubten und konservativen Themen in den vorliegenden Konzepten und Programmen durch neue aktuelle Themen im Elementarbereich ersetzen.

Sprachlernsets „Sprache" Elementarbereich

Die hier zur Diskussion und praktischen Erprobung vorgestellten Sprachlernsets bilden keine Hierarchie im strengen Sinne, sondern geben eine Orientierung vor. Die Sprachlernsets beschränken sich auf die gesprochene Sprache, bereiten aber die geschriebene Sprache mit den Vorläuferfertigkeiten wie z. B. der phonologischen Bewusstheit vor.

1. Soziales Lernen
   Persönliche Beziehungen zu vertrauten und weniger vertrauten Personen des Umfeldes aufbauen, stabilisieren und das für den Spracherwerb der Muttersprache, aber auch für den Erwerb von Deutsch als Zweitsprache wichtige soziale Netz über interessante und multiple Interaktionen erweitern. Somit haben wir auf der untersten Ebene eine sehr enge Verknüpfung von sozialen und sprachlichen Lernprozessen.
2. Hören und Zuhören
   Förderung des Hörens auf die eigene Sprache (= Eigenhören, Selbsthören, intrapersoneller Kreislauf) und Förderung des Hörens auf die Sprache der anderen Personen (= Fremdhören, interpersoneller Kreislauf); Förderung

des aktiven und aufmerksamen Zuhörens der Kinder im Dialog und im Gespräch.

3. Wortschatz aufbauen
Kennenlernen von Gegenständen, Sachverhalten und Zusammenhängen aus der vertrauten Umgebung, insbesondere im Umgang mit der Mutter, dem Vater und den Geschwistern: Eine alte pädagogische Weisheit besagt: Vor dem Begriff als Wort kommt das Greifen, Anfassen und Fühlen durch das Kind, und danach erst das kognitive Begreifen, jetzt erst kann das Kind ein Wortkonzept im Gehirn abbilden und jederzeit wieder spontan abrufen und gebrauchen.
4. Aussprache fördern
Sprechwissenschaftler weisen immer wieder auf die große Bedeutung phonetischer Übungen beim Sprachlernprozess hin. Von daher sollten wir bereits im vorschulischen Bereich erste Ansätze dieser Forderung aufgreifen und behutsam in die Sprachförderung einfließen lassen. Wörter und Sätze hören und dabei Laute, Lautkombinationen sowie Silben erkennen, unterscheiden und korrekt bilden – Lust am Artikulieren gewinnen; Kinder lernen keine einzelnen Laute, sondern einzelne Worte oder Lautgebilde als Lautkombinationen. Wir müssen die Kinder behutsam an die Normen der deutschen Aussprache heranführen.
5. Bilinguale und mehrsprachige Angebote unterbreiten
Das Hören von zwei oder mehr Sprachen sollte zum Regelfall werden. Die Muttersprache bleibt die Ausnahme; die bisherige Auffassung: Wer von klein auf mehrere Sprachen hört und lernt, lernt keine richtig, gehört eindeutig der Vergangenheit an. Mehrsprachigkeit fördert die kognitive und sprachliche Entwicklung. Lassen wir die Kinder fremde Sprachen in der Krippe, im Kindergarten und in der Grundschule hören, hören und nochmals hören, denn über das Einhören in fremde Sprachen wird das Kind für diese Sprachen sensibel und neurologisch geöffnet. Das Gehirn kann jederzeit mehrere Sprachen gleichzeitig erwerben und damit umgehen.
6. Literacy-Angebote machen
„Literacy" bedeutet Lese- und Schreibkompetenz. Zentraler Bestandteil der Literacy-Erziehung innerhalb der individuellen Sprachförderung ist das Umgehen mit der Buchkultur; hier haben wir noch große Unsicherheiten und in der Praxis erhebliche Lücken. Es geht um wichtige erste Erfahrungen des Kindes mit der Buch-, Erzähl- und Schriftkultur; Literacy-Erziehung sollte bereits in den ersten drei Lebensjahren erfolgen wie z. B. über die dialogorientierte Bilderbuch-Betrachtung, das regelmäßige Vorlesen und Erzählen sowie das Hören von Geschichten und Märchen (vgl. Bayerisches Staatsministerium für Arbeit und Sozialordnung, Familie und

Frauen 2003, 155 ff.; 40 ff.; Ministerium für Bildung, Frauen und Jugend Rheinland-Pfalz und Ministerium für Bildung, Kultur und Wissenschaft 2007, 79 ff.).

Ebene 2: Schulischer Bereich

Hier ist es sinnvoll, passende Sprachlernsets für die Klassen 1 und 2 (niedrigeres Niveau der Anforderungen) und in einem weiteren Teilschritt Sprachlernsets für die Klassen 3 und 4 (höheres Niveau der Anforderungen) anzubieten. Dabei sollten die Sprachlernsets auf dem tieferliegenden Niveau an die Sprachlernsets aus dem vorschulischen Bereich anknüpfen und diese nahtlos weiterführen.

Sprachlernsets Grundschule (Klassen 1 und 2)

1. Soziales Lernen
   Hier sollten die bereits bestehenden ersten Beziehungen, persönlichen Kontakte und stabilen Freundschaften aufgegriffen und weitergeführt werden. Die in den verschiedenen sozialen Beziehungen gebrauchten Sprachvarianten wie Dialekte, Mischsprachen, Umgangssprache oder gar Hochsprache sollten akzeptiert und im Sinne des Nachdenkens über Sprache – eine geforderte Kompetenz im Lehrplan – kritisch reflektiert werden.
2. Hören verschiedener Sprachen
   Das Hören von Sprache und genauso das aktive und aufmerksame Zuhören haben die Kinder im Kindergarten und in der Familie gelernt. Hier sollten jetzt weitere Sprachen aus der Klasse auch im Unterricht gehört und mit der eigenen Sprache verglichen werden. Dabei gibt es verschiedene Sprachvarianten und Sprachformen im Deutschen wie z. B. Dialekte, Mischsprache, Umgangssprache, Hochsprache, aber auch verschiedene Sprachen im Klassenverband wie Türkisch, Russisch, Albanisch, Portugiesisch, Italienisch u. a. Zudem gibt es bereits frühe Angebote zu Fremdsprachen wie Englisch und Französisch. Wir haben also hier die Möglichkeit, über drei verschiedene Zugänge das Hören und Zuhören früh, also in der ersten und zweiten Klasse einzuüben. So können wir auch zunächst über das Hören Einflüsse anderer Sprachen auf die eigene transparent machen wie z. B., dass sich nach und nach immer mehr englische Begriffe (Anglizismen) in die deutsche Sprache eingeschlichen haben. Das Hören und Zuhören sollte gerade in der ersten und zweiten Klasse der Grundschule intensiver und gezielter geübt werden. Das Fremdhören (interpersoneller Hörkreislauf) müssen wir weiter mit geeigneten Vorbildern trainieren.

Ebenso das Eigenhören, das den Schüler immer mehr an die Selbstkontrolle des Gesprochenen heranführt.

Dies können wir gezielt und dennoch spielerisch über Hör-und Sprachspiele, Klangoasen/Klangräume, Klangrätsel/Hörspaziergänge, das Hören von klassischer Musik und Übungen zur Lautstärke unter Einsatz eines Schallpegelmessgeräts oder einer in der Klasse aufgestellten Hörampel üben.

3. Wortschatz aufbauen
   Der aus dem Kindergarten und der familiären Sozialisation mitgebrachte aktive (spontan benutzte) und passive (für das Sprachverständnis notwendige) Wortschatz sollte aufgegriffen und weitergeführt werden. Hier müssen wir neben dem klassischen Fach Deutsch alle weiteren Fächer der Grundschule wie z. B. Mathematik und Sachunterricht, aber auch Sport, Religion, Kunst und Musik in den Aufbau eines differenzierten Wortschatzes einbeziehen. Dann erweitern wir den Wortschatz je nach vorliegenden Voraussetzungen und bleiben mit den Kindern in einem vertrauten Lernkontext. Die Kinder sollten den Wortschatz auch selbst erweitern; dies können sie am besten durch das Benutzen eines geeigneten Lexikons, des Dudens und des Internets. Auf jeden Schülertisch gehört der Duden, nicht zuletzt auch deshalb, um die Rechtschreibung von Anfang an zu trainieren und selbst zu kontrollieren und die Nachschlagetechnik einzuüben.
4. Aussprache fördern
   Über die Sprachlernsets Hören und Zuhören erhalten die Kinder erste Einsichten in die Unterschiedlichkeit der Sprachen; sie wissen, dass die deutsche Sprache anders klingt als das Türkische, Englische oder Französische. Jetzt sollten die Lehrerinnen und Lehrer im Unterricht als geeignetes Sprachvorbild fungieren und selbst eine bewusst klare und deutliche Aussprache der Hochsprache pflegen. Durch das korrektive Feedback und die vielfältigen Möglichkeiten des Modellierens können wir die fehlerhafte Aussprache der Kinder behutsam an die gewünschte Aussprache heranführen. Dies kostet viel Disziplin, Anstrengung, Zeit und Geduld – machen wir uns nichts vor –, hier müssen die Pädagogen immer wieder an sich selbst arbeiten. Wir sollten aber auch gezielt geeignete Sprechanlässe und Sprechakte suchen, um von Anfang an realistische Sprachlernsituationen anbieten zu können. Dabei geht es um die spontane Umwandlung von gedanklichen Vorstellungen in den Sprechklang, auch sprachliche Kodierung genannt. Wir sollten hier nach dem 4-Phasen-Konzept arbeiten: Kommunikative Absicht – Semantische Kodierung (sprachliches Rohmaterial) – Grammatische Kodierung (Begriffe nach Regeln der Grammatik in Beziehung setzen) – Phonematische Kodierung (Sprech-

klangmuster produzieren). Nutzen wir doch häufiger einfache Sprechanlässe im Alltag des Kindes wie die Begrüßung, die Verabschiedung, das Benutzen des Sprechsteins oder der Erzählkarte oder einfache Höflichkeiten und Gesprächsregeln. Weitere Übungsmöglichkeiten bietet die gezielte Orientierung an den Aussprachregeln des Dudens. Insbesondere die Spontansprache sollte hier im Blickpunkt des Interesses stehen. Hier sind Hörkontrollen notwendig wie z. B. Aufnahmen mit dem Kassettenrekorder mit externem Mikrofon und ein ausführliches Abhören des Gesprochenen. Ein weiterer Schwerpunkt auf dieser Stufe sind phonetische Übungen, gezielte Ausspracheübungen zur Verbesserung der Standardsprache:

- Satzakzent und Intonation bei Fragesätzen, Aussagesätzen und Befehlssätzen; der Fragesatz „Wie heißen Sie?" kann z. B. auf jedem der drei Wörter betont werden.
- Einfache Dialoge aus dem Alltag aufgreifen und mit unterschiedlicher Betonung sprechen; Dialog aufnehmen und mehrfach abhören und bewerten.
- Lange und kurze Vokale in Wörtern hören, sprechen, aufnehmen, abhören und das Gesprochene bewerten.
- Übungen mit dem Laut „r", der in verschiedenen Regionen Deutschlands als Zungen- oder als Rachen-„r", aber auch als vokalisches „r" oder als konsonantisches „r" gesprochen wird; unterschiedliche Übungen mit dem „r" im Anlaut, im Inlaut oder im Auslaut.
- Die Aussprache der Endungen, „t" im Auslaut und die Unterscheidung von „ch" und „sch" sind ebenfalls wichtige Übungen.

Alle diese Übungen sind eine gute Vorbereitung auf das Lesen- und Schreibenlernen.

5. Bilinguale und mehrsprachige Angebote unterbreiten
Die fremdsprachlichen Angebote Englisch und Französisch gehören zu jedem guten Grundschulunterricht. Hier bieten sich an: Die Sprache unseres Nachbarlandes bzw. die Sprache der Nachbarländer hören und verstehen, Partnerstädte erkunden und Englisch als Weltsprache. Darüber hinaus können wir die bereits im Kindergarten vorgestellten Sprachen aus anderen Kulturkreisen und Sprachgemeinschaften in der ersten und zweiten Grundschulklasse aufgreifen und weiterentwickeln. Landestypische Lieder, Gedichte, Speisen, Getränke und das Brauchtum können in den jeweiligen Sprachen vorgestellt, reflektiert und mit der eigenen Kultur und Sprache verglichen werden.
6. Sprachbildung trainieren
Die Sprachbildung sollte jetzt systematisch und gezielt angegangen werden: das Wort-Satz-Verständnis, die Grammatik, die Rechtschreibregeln,

die Syntax und das Handeln mit der Sprache muss jetzt intensiv geübt werden. Hier sollte an Wörtern, Sätzen und kleineren Texten gearbeitet werden; es sollte ein Bestand an ersten grundlegenden Fachbegriffen erarbeitet werden.

7. Über Sprache nachdenken
   Kinder sollen bewusst über die Sprache nachdenken. Die Förderung der metasprachlichen Fähigkeiten als Vorläuferfertigkeiten für den Schriftspracherwerb wie Sprachbewusstsein und phonologische Bewusstheit schließt sich an die Übungen der Literacy-Erziehung des Kindergartens an, bei denen diese Vorläuferfertigkeiten bereits geübt wurden. Es geht um das Bewusstsein für Laute (Anlaut oder Endlaut), aber auch um die Kenntnis verschiedener Sprachstile, um sprachliche Höflichkeitsregeln bei Tisch, um den Respekt und die Wertschätzung anderer Sprachen wie Dialekten, Umgangssprache und Hochsprache.
8. Beschreibung
   Personen, Dinge, Phänomene und Vorgänge sollten mit der eigenen Sprache beschreiben werden wie z. B. die Beschreibung des Weges auf dem Schulgelände, im Dorf oder in der Stadt. Ebenso sollte das mündliche Erklären von Phänomenen des Alltags und von Zusammenhängen mit der eigenen spontanen Sprache in allen Unterrichtsfächern geübt werden.
9. Erzählkompetenz (Narration)
   Die Schülerinnen und Schüler sollen lernen, einer längeren Darstellung oder Erzählung kognitiv und volitional (mit Disziplin) zu folgen. Sie sollen das Erzählen im Morgenkreis als interkulturelles Erzählen trainieren, das „Storytelling“, das authentische und engagierte Erzählen von Märchen und Geschichten unter besonderer Berücksichtigung prosodischer Merkmale und der Körpersprache. Sie sollen Geschichten selbst entwickeln und visuell gestalten und diese in einzelnen Etappen und Szenen nachspielen.
10. Dialoge und Gespräche führen
    Wir müssen den Kindern vielfältige, interessante und lebendige Interaktionen in unterschiedlichen Situationen bereitstellen: Gespräche mit dem Bank- und Tischnachbarn, Gespräche mit Lehrern und anderen weniger vertrauten Bezugspersonen, Sprache und Stimme im Dialog, und zwar als Sprecher und Zuhörer mit verschiedenen Rollen und Erwartungshaltungen, Sprache und Sprechen als Hörer und Sprecher im persönlichen Kontakt mit zugewandten Bezugspersonen; dabei sollten Themen aus dem Kontext und der unmittelbaren Lebenswelt der Kinder ausgesucht werden.

Sprachlernsets Grundschule (Klassen 3 und 4)
Die Unterschiede zwischen dem niederen und höheren Niveau in der Grundschule liegen in der Auswahl der Themen, der Komplexität der darin enthaltenen Zusammenhänge sowie dem Schwierigkeitsgrad der Aufgabenformulierung. Es gibt inhaltliche Überschneidungen und fließende Übergänge.

1. Soziales Lernen
   Das bestehende soziale Netz kann in der weiteren Phase der Sprachförderung stabilisiert und ausgebaut werden. Jetzt sollten die Lehrerinnen und Lehrer unter Berücksichtigung des Umfeldes und der Partnerorientierung das Sprechen zu anderen intensiv üben. Hier können Fragen an andere gerichtet werden, und ebenso lernen die Schüler, passende Antworten zu geben. Es geht hier auch um schwierige Lebenssituationen, wie z. B. Konflikte und Auseinandersetzungen: Wie beschwere ich mich über eine schlechte Note oder eine ungerechte Behandlung im Unterricht? Wie bitte ich um etwas? Wie entschuldige ich mich?
2. Hören lernen
   Die Schülerinnen und Schüler sollen lernen, das Gehörte sinnentnehmend zu verstehen; sie sollen hierzu gestellte Fragen beantworten können. Sie sollen gezielt nachfragen und dabei die unterschiedlichen Fragetypen wie offene und geschlossene Fragen trainieren. Sie sollen ebenso lernen, das Verstehen und Nicht-Verstehen zum Ausdruck zu bringen. Weiterhin kann man in der dritten und vierten Klasse das Sich-hinein-Versetzen in andere Personen (Empathie) zeigen und immer wieder in verschiedenen Situationen üben.
3. Wortschatz aufbauen
   Der aktive und passive Wortschatz sollte jetzt einmal überprüft und dann entsprechend den gestellten Anforderungen in den Klassen drei und vier auf ein sprachliches Niveau gebracht werden. Dabei können Wörter gesammelt und geordnet und Begriffe wie Wortstamm, Wortfeld und Wortfamilie eingeführt werden.
4. Aussprache fördern
   Auf diesem Niveau müssen wir uns immer intensiver und strenger an die Normen der Aussprache herantasten; dies fällt nicht leicht, weil Dialekte und Umgangssprache bei vielen Kindern gleich welcher Muttersprache im aktuellen Sprachgebrauch dominieren. Wir sollten die phonetischen Übungen des niedrigeren Niveaus hier aufgreifen und gezielt weiterführen; hierzu hat Bunk (2005) eine interessante und zielführende Übungsreihe entwickelt:

- Satzakzent bei höflichen Bitten im Unterricht, zu Hause und in der Freizeit: So werden höfliche Bitten mit fallender Intonation und höfliche Fragen mit steigender Intonation gesprochen;
- einen einfachen Dialog in einem Restaurant mit einem Mitschüler sprechen und aufnehmen, danach sollen die Mitschülerinnen und Mitschüler Satzmelodie und Intonation bewerten;
- die „ch“-Laute in Wörtern und Sätzen einüben: der „ich“-Laut wird vorne im Gaumen gebildet: ich, mich, dich usw.; „ig“ am Wortende wie bei billig oder vierzig spricht man als „ich“-Laut; der „ach“-Laut wird weit hinten im Rachen gebildet: Buch, Bach, ach usw.;
- die „s“-Laute wie „s“, „ss“ und „ß“ werden ohne Stimme (stimmlos) wie was, nass, draußen und das „s“ mit Stimme (stimmhaft) singen, Saft, aufsagen usw. gebildet;
- die Laute „sch“, „sp“, „st“ bereiten Schwierigkeiten: „sch“ wird stimmlos gesprochen, „sp“ und „st“ am Wort- und Silbenanfang mit „sch“ und „t“ bzw. „sch“ und „p“;
- eine erfolgreiche Sprache erfordert die Zerlegung in Segmente: Sätze, Wörter und Laute; hierzu müssen wir die Betonung, die Intonation und das Setzen von Sprechpausen üben;
- der Hauchlaut „h“ erfordert gezielte Sprechübungen, aber auch bestimmte Übungen zum Einatmen und Ausatmen;
- Ausspracheprobleme erkennen und üben: Wir sollten mehrfach in bestimmten Abständen Aufnahmen der Spontansprache mit dem Tonband- oder dem Kassettenrekorder machen und dabei zwei oder drei auffällige sprachliche Phänomene in den Mittelpunkt stellen. Alle Kinder der Klasse oder einer Fördergruppe können hier sowohl bei der Planung und Aufnahme der sprachlichen Äußerungen als auch bei der Analyse und Bewertung des Gesprochenen wichtige Hilfen anbieten.

5. Bilinguale und mehrsprachige Angebote unterbreiten
Die fremdsprachlichen Angebote Englisch und Französisch gehören zu jedem guten Grundschulunterricht. Hier bieten sich an: Die Sprache unseres Nachbarlandes bzw. die Sprache der Nachbarländer hören und verstehen, Partnerstädte erkunden und Englisch als Weltsprache. Darüber hinaus können wir die bereits im Kindergarten vorgestellten Sprachen aus anderen Kulturkreisen und Sprachgemeinschaften in der ersten und zweiten Grundschulklasse aufgreifen und weiterentwickeln. Landestypische Lieder, Gedichte, Speisen, Getränke und das Brauchtum können in den jeweiligen Sprachen vorgestellt, reflektiert und mit der eigenen Kultur und Sprache verglichen werden.

6. Sprachbildung trainieren
   Die Sprachbildung sollte jetzt systematisch und gezielt angegangen werden: das Wort-Satz-Verständnis, die Grammatik, die Rechtschreibregeln, die Syntax und das Handeln mit der Sprache muss jetzt intensiv geübt und trainiert werden. Hier sollte an Wörtern, Sätzen und kleineren Texten gearbeitet werden; es sollte ein Bestand an ersten grundlegenden Fachbegriffen erarbeitet werden.
7. Über Sprache nachdenken
   Kinder sollen bewusst über die Sprache nachdenken. Die Förderung der metasprachlichen Fähigkeiten im Sinne der Vorläuferfertigkeiten für den Schriftspracherwerb wie Sprachbewusstsein und phonologische Bewusstheit schließt sich an die Übungen der Literacy-Erziehung des Kindergartens an, bei der diese Vorläuferfertigkeiten bereits geübt wurden. Es geht um das differenzierte Bewusstsein für Laute (Anlaut oder Endlaut), aber auch um die Kenntnis verschiedener Sprachstile, um sprachliche Höflichkeitsregeln bei Tisch, um den Respekt und die Wertschätzung anderer Sprachen wie Dialekten, Umgangssprache und Hochsprache.
8. Gemeinsamkeiten und Unterschiede von Sprachen
   Hier sollen die Kinder Sprachen aus verschiedenen Sprachgemeinschaften innerhalb der Klasse – andere Muttersprachen wie Türkisch, Russisch usw. –, aber auch Sprachformen und Sprachvarianten des Deutschen wie z. B. Dialekte, Umgangssprache und Hochsprache gegenüberstellen und die Gemeinsamkeiten, aber auch die Unterschiede heraushören. Die Schüler sollen Dialektwörter sammeln und erklären und in die Standardsprache übertragen, ebenso können sie Wörter und Sprichwörter aus anderen Sprachen hören und ins Deutsche übersetzen lassen. Hier ist die sprachliche Fantasie und Kreativität gefragt und interkulturelle Toleranz. Witzig und interessant ist es auch, englischsprachige Begriffe und Fremdwörter (Anglizismen) aussprechen und in die jeweilige Muttersprache übertragen.
9. Erzählkompetenz (Narration)
   Die Schülerinnen und Schüler sollen lernen, eigene Geschichten zu erfinden und in der Klasse zu erzählen und angefangene Geschichten weiter zu erzählen. Eine Herausforderung ist es, eine erzählte Geschichte durch gestellte Leitfragen noch einmal durchzuarbeiten, um die Bedeutung besser zu verstehen.
10. Dialoge und Gespräche führen
    Wir müssen für die Kinder vielfältige, interessante und lebendige Interaktionen in unterschiedlichen Situationen bereitstellen. Im Gegensatz zu

den Sprachlernsets aus dem tieferliegenden Niveau können in der Klasse 3 und 4 bereits gesellschaftskritische Themen wie Arbeitslosigkeit der Eltern, Kurzarbeit, Kinderarmut, Bildungsprobleme, Schulschwänzen und Schulversagen, gesundheitliche Probleme, Klimaschutz oder das Thema „Philosophieren mit Kindern“ angegangen werden.

Diese Sprachlernsets bauen aufeinander auf und sollten in einen inhaltlichen und zeitlichen Rahmen gestellt werden. Dabei sollten „Wiederholungs- und Vertiefungsschleifen“ in die Sprachförderung eingebaut werden.

3.4.6 Geeignete Sprachvorbilder

In den Erziehungs- und Bildungsempfehlungen sowie in den neueren Lehrplänen für die Grundschule finden wir immer wieder gezielte Hinweise auf die Bedeutung von Vorbildern bei der Sprache wie z. B. im Rahmenplan Grundschule – Teilrahmenplan Deutsch – von Rheinland-Pfalz, wo es heißt: „Die Lehrerinnen und Lehrer haben selbst eine klare, ausdrucksvolle und artikulierte Sprache“ (vgl. Rheinland-Pfalz 2006, 25). Die Sprache der Erzieherinnen und Erzieher in den Kindergärten sowie der Lehrkräfte in den Schulen ist das bedeutendste Merkmal der gesamten Sprachförderung (vgl. Bayerisches Staatsministerium für Unterricht und Kultus 2006). Gerade die Sprache und das Sprechen der Erzieherinnen und der Lehrkräfte sind eine wesentliche Hilfe und Unterstützung, um die Bildungssprache Deutsch zu erlernen. Die Sprache des Pädagogen hat einen erheblichen Einfluss auf die Stimmbildung, die Sprecheigenschaften, die Sprache und die sozialen Beziehungen und Kontakte der Kinder und Schüler. Als sinnvolle und förderliche Merkmale für die individuelle Sprachförderung sind zu nennen:

- Bildungssprache: Die erste und wichtigste Aufgabe des Pädagogen besteht darin, die Kinder behutsam zur gehobenen Umgangssprache und damit immer näher und sicherer an die Hochsprache als die Bildungssprache in unseren Bildungseinrichtungen heranzuführen. Dies ist ein langwieriger Prozess, der sich über mehrere Jahre hin erstreckt.
- Artikulation: Die gute Aussprache und das differenzierte Sprachangebot durch den Pädagogen ermöglichen erst das Hören von guter Sprache und bringt das Kind so in seiner Entwicklung weiter.
- Zurücknehmen: Der Pädagoge sollte sich in seinen eigenen Äußerungen zurücknehmen, damit die Kinder und Schüler ausreichend Zeit und Gelegenheit haben, sich in der Sprache zu erproben, und sich trauen, frei

und spontan zu sprechen. Je mehr der Pädagoge spricht, desto weniger sprechen die Schüler.

- Fragestellungen: Der Lehrer sollte in Gesprächen seine Fragestellungen überprüfen. Er sollte geschlossene Fragen vermeiden, die nur die Antwort „Ja" oder „Nein" zulassen, und offene bzw. halboffene Fragen in den Vordergrund stellen, damit Gespräche initiiert werden.
- Nachlässigkeiten: Die Sprache und das Sprechen sollte durch eine fehlerfreie und deutliche Artikulation gekennzeichnet sein. Der Lehrer sollte sich darum bemühen, sprachliche Nachlässigkeiten im Sinne einer Floskel- und Jargonsprache erst gar nicht aufkommen zu lassen.
- Engagement: In der Sprechweise und der Stimme lassen sich Stimmungen übertragen und ausdrücken. Von daher ist ein engagiertes, ausdrucksvolles und akzentuiertes Sprechen wichtig, um Freude, Interesse und Motivation am Unterrichtsgegenstand zu wecken und das Zuhören und damit das Verstehen zu erleichtern.
- Lautstärke: Bei aufkommender Unruhe und Disziplinschwierigkeiten sollte sich der Pädagoge davor hüten, die Stimme und die Lautstärke erheblich anzuheben, um damit Ruhe und Ordnung zu erreichen. Dieses sprachliche Verhalten führt zu „Aufschaukelungseffekten".
- Körpersprache: Neben den bereits genannten prosodischen Merkmalen tragen des Weiteren die nonverbalen Redemerkmale zur besseren Aufmerksamkeit und damit auch zur besseren Verständigung bei. Hier haben wir großen Nachholbedarf, denn gerade durch das nonverbale Kommunikationsverhalten und die prosodischen Merkmale wie z. B. das situationsangepasste Variieren von Sprechtempo und Sprechmelodie, die Akzentuierungen je nach Inhalt der sprachlichen Äußerungen, die gewählte Tonhöhe und Lautstärke sowie den bewussten Einsatz von Sprechpausen können wir die Sprachförderung interessant und nachhaltig gestalten (vgl. Ludwig-Maximilians-Universität 2006, 8 f.).
- Wirkung: Der bewusste und gezielte Einsatz der Sprache, der Stimme und der oben genannten prosodischen Merkmale erhöhen die Wirkung hinsichtlich der Wissensvermittlung und tragen zu einer interessanten und effektiven Sprachförderung bei.
- Wiederholung: Das Wiederholen von falsch ausgesprochen Wörtern und grammatisch nicht korrekten Sätzen ist in begrenztem Umfang sinnvoll, weil es zu einem besseren Verstehen führt und damit Missverständnisse auf beiden Seiten ausschließt. Hier ist auf den „Papageieneffekt" hinzuweisen, der nicht zu einem stereotypen und monotonen Wiederholen führen sollte.
- Unterforderung: Natürlich sollten wir uns auf einem für das Kind angemessenen Sprachniveau bewegen; dennoch sollten wir gerade beim Auf-

bau des Wortschatzes und der Weiterentwicklung von Grammatik und Satzbau vielfältige und anspruchsvolle Impulse anbieten, die ein wenig über den sprachlichen Möglichkeiten des Kindes liegen. Hier sprechen wir von einer dosierten Diskrepanz, die dazu führen sollte, dass wir eher ein wenig überfordern als unterfordern; denn nur bei leichter Überforderung können Lernvorgänge initiiert werden.
- Kritik: Alle in der Erziehung, Bildung und Förderung eingesetzten Pädagogen sollten sich einer kritischen Selbstbeobachtung und einer kollegialen Überprüfung hinsichtlich der Quantität und Qualität ihrer Sprache und ihres eigenen Sprechens unterziehen.

Die hier genannten Merkmale, die für die Gestaltung der individuellen Sprachförderung wichtig sein können, erheben nicht den Anspruch auf Vollständigkeit und spiegeln auch keine Hierarchie wider. Sie überschneiden sich teilweise mit den folgenden Hinweisen im Umgang mit dialektsprechenden Kindern.

3.4.7 Dialektsprechende Kinder

In vielen Regionen sprechen die Menschen vorwiegend Dialekt, d. h. die Alltags- und Familiensprache ist der regionale Dialekt, und er ist damit die alltägliche Kommunikationssprache. In manchen Regionen wird die Mundart wie Hessisch, Schwäbisch, Saarländisch, Bayrisch, Badisch, Fränkisch von den ausschließlich hochdeutsch sprechenden Personen kaum oder gar nicht verstanden. Daraus ergeben sich natürlich auch Probleme für die Gestaltung der Sprachförderung in Kindertagestätten und Schulen. Wir können davon ausgehen, dass wir in den Kindergartengruppen und in den Schulen keine einheitliche Sprechvarietät finden. Deshalb brauchen wir in Deutschland eine einheitliche Verkehrssprache bzw. Bildungssprache für alle Bildungseinrichtungen. Hier stellt sich die konkrete Frage: Wie gehen wir mit den dialektsprechenden Kindern in der Sprachförderung um (Wespel 2008, 31)? Hier nun einige konkrete Hinweise:
- Keine Verbote: Wir sollten den dialektsprechenden Kindern im Rahmen der Sprachförderung und während des gesamten Unterrichts die Gelegenheit geben, ihren Dialekt z. B. in den Pausen oder vor und nach dem Unterricht zu sprechen; Dialektverbote helfen hier nicht weiter!
- Hochsprache anbieten: Wir sollten die Kinder in die Lage versetzen, vom Dialekt in das Hochdeutsche zu wechseln und umgekehrt, je nach Situation. Das Problem ist nicht der situativ benutzte Dialekt, sondern das Feh-

len einer standardorientierten Varietät; hier können wir den Kindern Gelegenheiten, viel Zeit, Geduld und Nachsicht einräumen, um den Wechsel in das Hochdeutsche zu schaffen.

- Defizitgefühle vermeiden: Die Lehrkräfte sollten den dialektsprechenden Kindern hinsichtlich ihrer Sprache nicht das Gefühl der Minderwertigkeit und des Defizitären vermitteln. Die Folge wäre ein sinkendes Selbstwertgefühl und das Sich-Zurückziehen aus der täglichen Kommunikation – vor allem während der Sprachförderung oder des Unterrichts.
- Vorbereitung auf die Schriftsprache: Die Lehrkraft selbst sollte mit gutem Beispiel vorangehen und den Dialekt vermeiden. Insbesondere für den anstehenden Schriftspracherwerb und hinsichtlich einer größeren kommunikativen Reichweite ist eine an der Standardsprache orientierte Aussprache unerlässlich.
- Dialektpassagen erlauben: In der persönlichen zwischenmenschlichen Kommunikation kann durchaus auch im Rahmen der Sprachförderung oder des Unterrichts, z. B. während der Gruppenarbeit, Freiarbeit oder Stillarbeit, ein kurzes Gespräch im Dialekt erfolgen, sofern die Lehrkraft den Dialekt beherrscht. Allerdings sollten die Lehrkräfte auf keinen Fall am Dialekt in allen Kommunikationssituationen festhalten.
- Sprache als Identität: Die Kinder sollten stets das Gefühl haben, dass ihre eigene Sprache von den anderen akzeptiert und beachtet wird und einen unverzichtbaren Bestandteil ihrer Persönlichkeit und Identität ausmacht. Die Kinder fühlen sich einfach in ihrer eigenen Sprache wohler als in der Standardsprache, die sie zu Hause nicht oder sehr selten hören und die sie einfach nicht beherrschen.
- Bildungssprache anbieten: Die Bildungseinrichtungen sind auf Grund der vorliegenden Erziehungs- und Bildungspläne in den Kindertagestätten, der Lehrpläne in den Schulen und der notwendigen Einhaltung der aufgestellten Bildungsstandards und Kompetenzen daran gehalten, das Hochdeutsche als Standardsprache und als verpflichtende Bildungssprache zu vermitteln. Dies erfolgt nicht durch die ständigen monotonen Aufforderungen „Sprich ordentlich und schön, sprich hochdeutsch!“, sondern durch das didaktisch-methodisch geschickte Einüben in geeigneten Situationen des schulischen Alltags. Hier bieten sich verschiedene Übungen in alltagsgerechten Rollenspielen an. Darüber hinaus sollten wir im Rahmen der Fremdsprachendidaktik eine konfrontative Dialektdidaktik praktizieren, indem dialektgesprochene Wörter standardsprachlichen Wörtern gegenübergestellt werden. Hier kann auch ein mehrfaches Abhören mit dem Kassettenrekorder eingesetzt werden.

3.4.8 Sozial gestörte Kinder

Der enge Zusammenhang von Interaktion, Kommunikation und den sozialen Beziehungen wurde mehrfach verdeutlicht. Insbesondere die Hirnforschung (vgl. Hüther 2005, 2007) hat darauf hingewiesen, dass die Steuerung unseres Gehirn vornehmlich über psychosoziale Erfahrungen erfolgt. Einschneidende Erlebnisse mit anderen Menschen werden über Jahrzehnte gespeichert. Ängste, extreme Demütigungen und Gewaltanwendungen führen zu einer immer wieder auftretenden Belastung in bestimmten Situationen. Darunter leidet dann auch die Sprache und das Sprechen, sodass es hier zu Störungen des Redeflusses (Stotterersymptome), zu Sprachangst (Mutismus) und sozialem Rückzug in der zwischenmenschlichen Kommunikation kommen kann. Sozialverhalten und Sprache hängen aufs Engste zusammen:

Die verschiedenen Erscheinungsformen von möglichen Kontaktstörungen unterschiedlichen Schweregrades erfordern ein differenziert abgestimmtes pädagogisches Verhalten im Rahmen der Sprachförderung (vgl. Deutsches Institut für Fernstudien an der Universität Tübingen 1888, 31 f.).

Für Kinder und Schüler mit leichteren Kontaktstörungen werden folgende Hinweise gegeben:

- das kindliche Verhalten genau beobachten,
- Spekulationen und Vermutungen über die Ursachen anstellen,
- die persönliche Einstellung dem betroffenen Kind gegenüber reflektieren,
- die eigene Kommunikation und Sprache mit dem Kind und der Gruppe bzw. der Klasse kritisch hinterfragen,
- bei jedem Kind überlegen, was angesichts der vorliegenden Daten und Fakten pädagogisch sinnvoll ist und unbedingt getan werden muss.

Bei Kindern und Schülern mit schweren Kontaktstörungen sollten wir bedenken: Die erste Anlaufstation sind geeignete Beratungsstellen oder spezialisierte Kinderpsychologen bzw. die zuständigen Schulpsychologen.

3.4.9 Sprachliche Minderheiten

Es gibt in Deutschland in bestimmten Regionen Kindergärten und Grundschulen, in denen beispielsweise 19 Nationalitäten vorliegen und ca. 40 % der Kinder einen Migrationshintergrund haben. Wenn Kinder mit mehr als nur einer Sprache aufwachsen, gibt es Entwicklungsrisiken, aber auch Entwicklungschancen. Wenn die pädagogischen Fachkräfte den sozialen Hintergrund und die Familie der zugewanderten Kinder kennen, kann man die

Mehrsprachigkeit zum Gewinn für die ganze Gruppe bzw. Klasse machen. Allerdings ist es eine Gratwanderung, einerseits die Herkunftssprache sprechen zu lassen und diese dementsprechend zu würdigen und andererseits dafür zu werben, die deutsche Sprache zu erlernen. Wir müssen uns mehr öffnen und die Bildungschancen dieser Kinder verbessern; hier nun einige Vorschläge (vgl. Dirim (2004, 89 ff.):

Herkunftssprachen in der Sprachförderung berücksichtigen
Viele Kinder wachsen in Deutschland in ihrer Herkunftssprache auf; sie singen, erzählen Geschichten und Witze und fühlen sich einfach wohl in ihrer Sprache. Wir sollten diesen Kindern die Möglichkeit eröffnen, in der Sprachförderung und auch darüber hinaus ihre Herkunftssprache zu benutzen; hier bieten sich Gruppenarbeitsphasen an, um verschiedene Sprachen zu sprechen und auszuprobieren. Allein die Wertschätzung der Herkunftssprache durch deutsche Fachkräfte wirkt Wunder.

Herkunftssprache und Deutsch als Bildungssprache gleichzeitig fördern
Untersuchungen haben gezeigt, dass bei zweisprachigen Kindern dann gute Schulerfolge erzielt werden, wenn sie von Anfang an und über mehrere Jahre hinweg beide Sprachen beim Lernen sprechen; dies geschieht am besten in einer bilingualen Förderung (vgl. Reich & Roth 2001, 24). So kann man die Herkunftssprache auch in kleinen Projekten in den Unterricht einbeziehen, z. B. indem im Sachunterricht der Grundschule deutsche Begriffe in die Herkunftssprache übersetzt werden.

Deutsche Sprache als Voraussetzung für Schulerfolg
Es gibt keinen Zweifel daran, dass die Beherrschung der deutschen Sprache für den Erfolg im Kindergarten und in der Schule entscheidend ist. Deshalb sollte die Sprachstandserfassung im Kindergarten erfolgen und eine gezielte Sprachförderung wie z. B. in dem Projekt „Früh Deutsch Lernen“ spätestens im letzten Kindergartenjahr einsetzen und in der Grundschule so lange fortgesetzt werden, bis sich die erwünschten Erfolge einstellen; das kann die ganze Grundschulzeit andauern. Viele Migranten, die die deutsche Schule besuchen, sprechen ein verständliches Deutsch, haben aber Probleme mit der Schriftsprache. Hier brauchen die Kinder dann im Rahmen des Lese- und Schreiblernprozesses gezielte und vor allem individuelle Hilfestellung, z. B. bei der Auswahl der richtigen Fibel und als Unterstützung bei den Hausaufgaben.

Sprachförderung für Eltern

Migrantenkinder mit großen Sprachproblemen stammen oft aus bildungsfernen Familien. Oft sprechen die Eltern weitaus schlechter Deutsch als ihre Kinder. Hier sollten die pädagogischen Fachkräfte darauf drängen, dass die Mütter, aber auch die Väter Sprachkurse z. B. an der Volkshochschule besuchen. So haben die Eltern eher die Möglichkeit, auch zu Hause mit ihren Kindern Deutsch zu sprechen, und sie zeigen damit, dass sie die deutsche Sprache beherrschen wollen.

Fremdenfeindlichkeit in den Bildungseinrichtungen abbauen

Hierbei haben wir es mit einem sehr schwierigen und meist totgeschwiegenen Thema zu tun. Untersuchungen haben gezeigt, dass Migrantenkinder das Gefühl haben, auf Grund ihres Aussehens und der Tatsache, dass sie aus einem anderen Kulturkreis und einem anderen Land kommen, schlechter angesehen und behandelt zu werden (vgl. Weber 2003). Alle pädagogisch Verantwortlichen sollten sich mit ihrer Einstellung und persönlichen Haltung Fremden gegenüber beschäftigen. Hierbei gibt es noch viel Nachholbedarf.

3.4.10 Sprachverstehen

Dieser Förderbereich wurde bewusst an den Schluss dieses Kapitels gestellt, um noch einmal die besondere Notwendigkeit des Sprachverstehens als Grundvoraussetzung für die gesamte Sprachentwicklung hervorzuheben. Damit das Verstehen von gesprochener Sprache funktioniert, müssen verschiedene Elemente von Sprache entschlüsselt werden:

- die nonverbalen Anteile der Sprache wie Mimik, Gestik, Blickkontakt und Gesamtverhalten der Persönlichkeit,
- die paraverbalen Anteile wie Stimme, Rhythmus, Sprechgeschwindigkeit, Pausen Lautstärke, Tonhöhe – also alles, was wir unter dem Sammelbegriff der Prosodie zusammenfassen, und
- die verbalen Fähigkeiten der Sprachproduktion, also das Produzieren von Wörtern, Phrasen, sprachlichen Äußerungen und Sätzen.

Das Sprachverstehen wird sowohl in der Sprachdiagnostik – wir können das Sprachverstehen nicht direkt beobachten – als auch in der Sprachförderung kaum berücksichtigt, obwohl es die Grundvoraussetzung für die Sprache und das Sprechen darstellt. Wir können hören, was und wie ein Kind spricht, wir können aber nicht erfassen, ob ein Kind das Gesprochene und Gehörte auch verstanden hat. Gerade das Sprachverstehen spielt für den frühen Mutter-Kind-Dialog eine zentrale Rolle (vgl. Günther 2004, 10).

Die individuelle Sprachförderung sollte daher künftig stärker die Förderung des Sprachverstehens in den Mittelpunkt stellen. Kinder mit Problemen beim Sprachverstehen brauchen einen verständnisvollen Umgang durch die Familie, den Kindergarten und die Schule. Folgende Hinweise können für die Sprachförderung im Kindergarten und in der Grundschule hilfreich sein:

- Blickkontakt mit den Kindern herstellen und sie mit dem Vornamen ansprechen,
- Vertrauen und eine gute Beziehung zum Kind herstellen,
- eine der Alltagssituation und dem Alter des Kindes angemessene Aussprache pflegen,
- nicht in die Tätigkeiten des Kindes und den Lärm der Gruppe bzw. Klasse hineinsprechen,
- nicht über weite Entfernungen (mehr als 6 Meter) das Kind oder gar von hinten ansprechen,
- das Kind einzeln ansprechen und eine persönliche Aufforderung zukommen lassen,
- Sprechgeschwindigkeit dem sprachlichen Niveau und Alter des Kindes anpassen,
- öfter Sprechpausen insbesondere nach Sinneinheiten einlegen,
- engagiertes und emotional gefärbtes Sprechen hilft bei der Speicherung des Gesagten,
- Mimik und Gestik nicht übermäßig, jedoch gezielt zur Unterstützung des Gesprochenen einsetzen und
- gezielte Fragen stellen, um zu überprüfen, ob das Kind auch alles verstanden hat.

Wir sollten uns bemühen, die notwendige Zeit aufzubringen, um das Sprachverständnis in allen Bildungseinrichtungen zu beobachten und zu fördern.

Fazit

Die konkrete Gestaltung der individuellen Sprachförderung hängt von den zu betreuenden Kindern und Schülern ab und kann sich nur an den aktuellen Entwicklungsvoraussetzungen der Kinder ausrichten. Dabei sind didaktische Überlegungen anzustellen und bestimmte Prinzipien der täglichen Arbeit zu berücksichtigen. Die Aufgabe der Lehrkraft besteht darin, geeignete pädagogische Feedbacks einzusetzen und als sprachliches Vorbild in jeder Situation zur Verfügung zu stehen. Darüber hinaus brauchen die Kinder inhaltliche und thematische Angebote in Form von Lernsets, die sich durchgängig vom Kindergarten bis in die Grundschule hin erstrecken. Dies gilt insbesondere für Problemkinder, die durch ihre stark dialektgefärbte Sprache oder soziale Beeinträchtigungen zusätzliche Probleme beim Erwerb der Erstsprache und Zweitsprache aufweisen. Hier kann das wenig bekannte Konzept des „Scaffolding“ hilfreich sein.

Schlüsselbegriffe

Didaktische Orientierung, Prinzipien, pädagogisches Feedback, sprachliche Lernsets, geeignete Sprachvorbilder, dialektsprechende Kinder, sozial gestörte Kinder, Nürnberger Trichter, Scaffolding, Lerngerüste bauen, Hilfen für Migrantenkinder, sprachliche Minderheiten, Sprachverständnis

Fragestellungen

- Wie sollte das pädagogische Feedback in der individuellen Sprachförderung gestaltet werden?
- Welche Prinzipien sind für die individuelle Sprachförderung wichtig?
- Wie können ältere und kompetente Mitschüler den Kindern helfen, die Probleme mit der Sprache und dem Sprechen haben?
- Inwiefern ist das „Scaffolding“ im Rahmen der sozial-konstruktivistischen Lerntheorie eine gute Hilfe?
- Welche Techniken des Modellierens können in der Sprachförderung, aber auch durch die Eltern eingesetzt werden?
- Welche zusätzlichen Hilfestellungen sollten wir den dialektsprechenden und sozial gestörten Kindern anbieten?
- Dürfen Kinder im Unterricht Dialekt sprechen?
- Wie können wir die Bildungschancen von Migrantenkindern im Unterricht verbessern?
- Wie können wir das Sprachverständnis in der individuellen Sprachförderung angehen und optimieren?

Querverbindungen in diesem Buch

vgl. hierzu auch die Kapitel 3.1, 3.2, 3.3, 3.5 und 3.7

Weiterführende Literatur

Dannenbauer, F. (1984): Techniken des Modellierens in einer entwicklungsproximalen Therapie für dysgrammatisch sprechende Vorschulkinder. In: Der Sprachheilpädagoge, 16, 35–49.

Dirim, I. (2004): „In der Schule spricht man deutsch!" In: Schüler. Aufwachsen. Die Entwicklung von Kindern und Jugendlichen, 89–93.

Senatsverwaltung für Bildung, Wissenschaft und Forschung (Hrsg.) (2009): Wege zur durchgängigen Sprachbildung. Ein Orientierungsrahmen für Schulen. Berlin.

Troßbach-Neuner, E. (1997): Schwerpunkte der Unterrichtsarbeit bei Kindern mit Förderbedarf im Bereich der Sprache. In: Zeitschrift für Heilpädagogik, 5, 185–189.

Erziehungs- und Bildungspläne für die Arbeit in den Kindertagesstätten der einzelnen Bundesländer.

Wespel, M. (2008): Wir können alles außer Hochdeutsch. Dürfen Kinder im Unterricht Dialekt sprechen? In: Grundschule, 2, 30–35.

Lehrpläne für die Arbeit in der Grundschule der einzelnen Bundesländer.

3.5 Organisation und Struktur der Sprachförderung

Im Bereich der individuellen Sprachförderung sollten wir in den ersten zehn Lebensjahren formal drei Förderstrecken angehen, die sich jedoch zeitlich und inhaltlich-konzeptionell überschneiden. Die Zeit für die individuelle Sprachförderung ist meist in den Bildungseinrichtungen sehr begrenzt. Künftig sollten wir hier auch zeitlich einen Schwerpunkt setzen und eine übergreifende Förderung während des ganzen Tages ins Auge fassen. In diesem Kapitel werden bekannte Modelle und laufende Projekte erwähnt, die in der Praxis gut ankommen und erfolgversprechend sind.

3.5.1 Organisationsmodelle und Konzepte

Auf Grund der Komplexität des Gegenstandes Sprache brauchen wir differenzierende Maßnahmen und keine Nivellierungs- und Pauschalisierungstendenzen in der Sprachförderung. Wenig spezifizierte Förderangebote können gezielte Sprachlernprozesse nicht in Gang bringen. Wir sollten uns stets an dem individuellen Förderbedarf des einzelnen Kindes orientieren und nicht an allgemein gehaltenen Förderprogrammen und Handlungskonzepten, die eine schnelle Hilfe und Besserung versprechen. Die Förderung als pädagogischer Begriff ist darüber hinaus mit einer großen Wertschätzung anderen Menschen gegenüber verknüpft. Der Begriff intendiert eine helfende Haltung eines Erwachsenen gegenüber einem Kind, das Hilfe, Zuwendung und Vertrauen braucht. Förderung suggeriert ohne Frage eine individuelle Zuwendung. Die pädagogisch orientierte Förderung ist an zwei Voraussetzungen geknüpft: Zum einen sollte sie den individuellen Lernstand ermitteln und zum anderen sollen die Förderangebote so gestaltet und strukturiert sein, dass das zu fördernde Kind diese Lernangebote auch nutzen kann. Die Sprachförderung orientiert sich an den individuellen Förderbedürfnissen der Kinder. Diese Bedürfnisse werden über Gespräche, Beobachtungen und Portfolios ermittelt, und erst auf der Grundlage dieser Informationen werden die Ziele und Möglichkeiten der Förderung definiert. So gelangen wir zu der konkreten Förderung für das einzelne Kind.

Im Rahmen der Sprachförderung gibt es nun verschiedene Förderbereiche, die je nach Entwicklungsstand berücksichtigt werden, wie beispielsweise die Wahrnehmungsförderung mit allen Sinnen, die Bewegungserziehung, die rhythmisch-musikalische Erziehung mit den ORFF-Instrumenten, die Literacy-Förderung mit dem Bilderbuch, das Vorlesen, das Erzählen und das Führen von Dialogen.

Den Begriff der Förderung müssen wir sehr deutlich abgrenzen von dem Begriff Unterricht auf der einen Seite und dem Begriff der Therapie und der Behandlung auf der anderen Seite. Unterricht wird von der Schule zeitlich und räumlich organisiert und nach bestimmten Zielen, Inhalten und Methoden von ausgebildeten Lehrern durchgeführt. Sprachtherapie bezeichnet die Gesamtheit der Maßnahmen, die zeitlich und räumlich organisiert werden, um Sprach-, Sprech-, Rede-, Stimm- und Schluckstörungen zu beheben. Hierzu werden speziell ausgebildete Logopäden und Sprachheilpädagogen eingesetzt. Führend sind hier die Medizin, die Psychologie und die Sonderpädagogik.

Die Zahl der Förderkonzepte im Bereich der Sprachförderung steigt ständig an; dennoch können aus der Vielzahl der vorgelegten Konzeptionen folgende Unterteilungen gesichtet werden. Wenn wir die amerikanischen Konzepte zur Förderung von Kleinkindern skizzieren (vgl. Schweinhart/Weikart 1997), können wir folgende Modelle ausmachen:

- direktes Modell, d. h. hier werden unmittelbare Instruktionen von der Erzieherin an das Kind herangetragen, die das Kind auch umsetzen soll,
- Laissez-faire-Modell, d. h. hier werden weder den Kindern noch den Erzieherinnen bestimmte Rollen zugesprochen und keine bestimmten Ansprüche erwartet,
- Kind zentriertes Modell, d. h. hier folgt die Erzieherin den Initiativen und Ideen der Kinder,

- offenes Modell, d. h. hier wird in der Erziehung und Förderung mit einem offenen Curriculum gearbeitet und den Erzieherinnen werden gestaltende Aufgaben für die Ermöglichung von Schlüsselerfahrungen durch die Kinder übertragen.

Im deutschsprachigen Raum gibt es sowohl für den vorschulischen als auch für den schulischen Bereich verschiedene Organisationsmodelle und Konzepte der individuellen Sprachförderung. Dabei sind zwei Faktoren entscheidend: das Alter des Kindes und die Sprachkompetenz. Vereinfacht könnte man sagen, je jünger ein Kind ist und je besser es die deutsche Sprache beherrscht, umso eher können wir die Sprachförderung im Sinne des Sprachbades (Immersion) durchführen; je älter das Kind ist und je weniger es die deutsche Sprache beherrscht, umso eher sind vorbereitende Maßnahmen wie die Sprachförderung im Kindergarten oder ein Schulvorbereitungsjahr notwendig (vgl. Knapp 2008, 141).

Im vorschulischen Bereich werden innerhalb des situationsorientierten Ansatzes deutsche und zugewanderte Kinder gleichermaßen gefördert. Dies ist ein sinnvolles und erfolgreiches Modell, weil hier alltägliche Situationen zum Sprachanlass benutzt werden. Hier gibt es keine künstliche und systematische Vorgehensweise. Es gibt verschiedene Weiterentwicklungen und Modifikationen dieses Ansatzes. Die Menge der sprachlichen Inputs, die Art und Weise des Miteinander-Sprechens und die Intensität der sprachlichen Zuwendung durch die Erzieherinnen spielt für das Zweitsprachenlernen eine entscheidende Rolle (vgl. Knapp 2008, 141). Dabei können im vorschulischen Bereich unterstützend verschiedene Programme wie das Kon-Lab-Programm von Penner (2003), das Würzburger Trainingsprogramm von Küspert & Schneider (2006) oder die Osnabrücker Materialien von Tophinke (2003) eingesetzt werden.

Für die Sprachförderung in der Grundschule werden drei Organisationsformen vorgeschlagen (vgl. Rösch 2005):

- Sprachförderung im Rahmen der Regelklasse 1 bis 4 im Rahmen der inneren Differenzierung und Berücksichtigung vielfältiger und abwechslungsreicher Sozialformen wie Halbkreis, Kreis u. a.,
- Sprachförderung von Schülerinnen und Schülern im zusätzlichen Förderunterricht mit maximal täglich einer Stunde Sprachförderung. Die Sprachförderung kann auf den Regelunterricht bezogen sein und von daher als vorbereitender oder nachbereitender Förderunterricht durchgeführt werden und
- Sprachförderung für Schülerinnen und Schüler mit keinen oder sehr geringen Deutschkenntnissen in jahrgangsübergreifenden Vorbereitungs-

klassen, um zunächst grundlegende Kenntnisse in der Zweitsprache zu erwerben. Hier werden die Kinder solange gefördert, bis sie am Regelunterricht der Klasse teilnehmen können (vgl. Knapp 2008, 142f.).

Die Entscheidung für oder gegen eine Organisationsform im schulischen Bereich hängt von der durchgeführten Diagnostik ab, d.h. davon, welche sprachlichen Voraussetzungen die Schülerinnen und Schüler mitbringen. Wir können zusammenfassend festhalten, dass die wirkungsvollsten Programme und Konzepte zur Entwicklungsförderung bei selbstinitiierten Lernprozessen der Kinder ansetzen (vgl. Laewen/Andres 2002, 37).

Im deutschsprachigen Raum kennen wir auf dem Hintergrund der Fröbelpädagogik und der diversen Konzepte der traditionellen Kindergartenpädagogik der fünfziger und sechziger Jahre folgende Konzepte, die vornehmlich bei deutschen Kindern eingesetzt wurden:

- die spielorientierte Förderung der Sprache und des Sprechens, bei der Spiele und das Spielen als Tätigkeit im Vordergrund stehen,
- die wahrnehmungsorientierte Förderung mit dem weitverbreiteten, aber kaum kritisch reflektierten Slogan „Lernen mit allen Sinnen“,
- die funktionsorientierte Förderung, bei der spezielle Fähigkeiten und Funktionen wie die phonologische Bewusstheit in speziellen Trainings gefördert werden,
- die situationsorientierte Förderung, bei der soziale Situationen aus dem Alltag des Kindes in den Mittelpunkt gerückt werden, und bei der Erzieherinnen und Kinder durch Informationen, Anregungen und Materialien sich gegenseitig dabei unterstützen, soziale und sprachliche Grundqualifikationen zu erwerben. In diesem Sprachförderansatz spielt die Beschäftigung mit den Lauten, dem Wortschatz, der Formen- und Satzbildung kaum eine Rolle (vgl. Fried 2003, 54),
- der defizitorientierte Sprachförderansatz, d.h. dass Erzieherinnen in erster Linie Defizite und Schwächen des Kindes bei der Sprache und dem Sprechen registrieren, weil sie offenbar nicht gelernt haben, diesen Kindern anders zu begegnen (vgl. Kolonko 1997, 7),
- die konversationsorientierte Förderung, d.h. hier geht es um das praktische und konkrete Lernen der zwischenmenschlichen Konversation in bestimmten Alltagssituationen im Umgang mit bestimmten Personen, bei der das gezielte Zuhören, das semantische Verstehen, das spontane Selbsterzählen und das Reflektieren des Gesagten eine ebenso große Rolle spielen wie die reine Produktion von korrekt benutzten Lauten, geeigneten Wörtern und grammatisch korrekten und wohlgeformten Sätzen.

Im Bereich des frühen Fremdsprachenlernens können folgende praktisch erprobte Förderkonzepte genannt werden:

- das Begegnungssprachenkonzept arbeitet nach dem Motto: „Lerne die Sprache deines Nachbarn kennen!“
- das Lehrgangskonzept will als geschlossenes Konzept die Kinder auf die Schule vorbereiten,
- das Konzept der integrierten Fremdsprachenarbeit will gleichermaßen sprachliches, soziales, kulturelles und regionales Lernen an die Kinder herantragen,
- das Immersionskonzept taucht die Kinder in ein Sprachbad, d. h. dass mehr als die Hälfte des Vormittags die fremde Sprache gehört und gesprochen werden soll, und
- das bilinguale Konzept, wobei hier zwei Sprachen wie z. B. Deutsch und Französisch zu gleichen Anteilen im Kindergarten gehört und gesprochen werden; hier ist der Einsatz von Muttersprachlerinnen (native speaker) unbedingt notwendig.

3.5.2 Zeitlicher Rahmen

Erste Sprachlernphase (Krippe 0 bis 3 Jahre)
Die erste Zeitschiene erstreckt sich von der Geburt bis zur Aufnahme in den Kindergarten, schwerpunktmäßig geht es hier um die ein- bis dreijährigen Kinder. Emotional-affektive und soziale Anteile sowie der gesamte Bereich der Körpersprache und Prosodie spielen gerade hier eine wichtige Rolle. Es gibt noch viele Unklarheiten in personeller, materieller und sächlicher Hinsicht. Dennoch können wir festhalten, dass in den ersten Monaten nach der Geburt die Neugeborenen und Babys weitgehend über die Körpersprache mit der Mutter kommunizieren Die Körpersprache als die Ursprache des Menschen mit Blickkontakt, Mimik und Gestik ist die erste und wichtigste Ebene der nonverbalen Kommunikation. Säuglinge reagieren in den ersten Wochen und Monaten auf Blickkontakte und können aus dem Gesicht der Mutter „lesen“. Sie sind in der Lage, Gesichtsausdrücke zu deuten und Blicke zu interpretieren. Hier sind emotionale und soziale Anregungen in Form von Liebe, Zuneigung und Vertrauen wichtig für die weitere Sprachentwicklung. Wir können auf Grund aktueller englischer Studien davon ausgehen, dass die Fähigkeit des Menschen, auf Blickkontakte zu reagieren, angeboren ist. Sprache ist angeboren und im weiteren Verlauf des Spracherwerbs ein weitgehend sozialer Vorgang. Ein Kind wird dann sprechen lernen, wenn seine Umgebung zu ihm kommunikativ und aktiv eingestellt ist, wenn es die Mi-

mik und Gestik auch wirklich sieht, wenn es die Ansprache hört und versteht und wenn es die notwendigen Sprechbewegungen beherrscht. Für diese erste Phase der Sprachbildung haben wir folgende Programme ausgesucht:

- Kon-Lab
  Dieses Programm hilft bei der frühen Sprachintervention bei Risikokindern, bei denen die Verzögerung der Sprachentwicklung zu erwarten ist. Das Gesamtprogramm umfasst zwei Teilprogramme mit unterschiedlichen Zielgruppen:
  - Das präventive Frühinterventionsprogramm beschäftigt sich mit Kindern von null bis 18 Lebensmonaten, die eine erblich verursachte Sprachstörung aufweisen. Da es sich hier um sehr junge Kinder handelt, wird dieses Programm wohl in nur wenigen Krippen eingesetzt. Die Eltern sind als wichtige Begleiter und Berater im Sinne von Ko-Therapeuten unverzichtbar und müssen dementsprechend ausgebildet werden.
  - Das Kindergartenprogramm richtet sich an zugewanderte Kinder mit Migrationshintergrund im Alter von drei bis vier Jahren. Hier stehen drei Bereiche der Sprachentwicklung im Mittelpunkt der Fördermaßnahme: Wortbildung und sprachrhythmische Regeln, Sprachverstehen und grammatisch-syntaktische Regeln und Sprachverstehen von Zeitfolgen und Ereignistypen.
- Meine, deine, unsere Stadt
  Dieses Programm richtet sich an zwei- und mehrsprachige Kinder und ist ein elementarer Bestandteil der interkulturellen Bildung. Hier haben wir es mit einem ganzheitlichen Ansatz zu tun, bei dem viele Elemente, Methoden und Prinzipien der Sprachförderung berücksichtigt werden. Prinzipien wie „Eine Person – eine Sprache" und „Eine Situation – eine Sprache" werden konsequent umgesetzt, ebenso wie die Methoden Dialogförderung, aktives Zuhören, Förderung des Sprachverstehens, korrigierende Wiederholung und semantische Erweiterung, sprachlich notwendige Wiederholungen, unterstützende Hilfsmittel. Lieder, Themen, Bilderbuchbetrachtungen, Erzählen von Geschichten und Märchen sowie die Bewegung und Wahrnehmungsförderung einschließlich der bekannten Spiele werden je nach Förderbedarf eingesetzt. Die Kinder müssen eingewöhnt werden und es ist notwendig, dass die Eltern mitarbeiten. Das pädagogische Fachpersonal sollte wenn möglich aus mehrsprachigen Erzieherinnen bestehen, damit diese sprachliche Vorbilder sein können.
- Das Rucksackprojekt – Stadtteilmütterprojekt zur Sprachförderung
  Die Methode kommt ursprünglich aus den Niederlanden und wird in Deutschland insbesondere von der RAA NRW (Regionale Arbeitsstellen

zur Förderung von Kindern und Jugendlichen aus Zuwandererfamilien) verbreitet und gefördert.

Der theoretische Hintergrund des Projektes ist die Erkenntnis, dass Kinder im Alter von ein bis sechs Jahren das größte Potenzial zum Spracherwerb haben. Kinder, die ihre Muttersprache gut beherrschen, haben weniger Schwierigkeiten, eine zweite Sprache zu erlernen. Dies spielt insbesondere im Umgang mit Kindern aus Zuwandererfamilien eine Rolle, die häufig Probleme mit beiden Sprachen haben: Da die Kinder sich nicht nur im Kindergarten, sondern auch zu Hause weiterentwickeln, können die Eltern bzw. die Mütter viel zur Entwicklung der Kinder beitragen. Sie sind die Experten für ihr Kind, insbesondere in Bezug auf die Muttersprache. Das Rucksack-Programm unterstützt die Mütter und gibt ihnen vielseitige Anregungen zur Förderung der Sprache und des Sprechens in verschiedenen Situationen des Alltags.

In dieser ersten Sprachlernstrecke stecken wir noch in den pädagogischen Kinderschuhen und müssen uns sowohl in der Erforschung der praktische Arbeit als auch in der konkreten Sprachförderung vor Ort noch viel Wissen aneignen und Erfahrungen sammeln.

Zweite Sprachlernphase (Kindergarten 3 bis 6 Jahre)

Die zweite Zeitschiene umfasst den Bereich der drei- bis sechsjährigen Kinder mit Deutsch als Muttersprache und mit Deutsch als Zweitsprache. Bei Kindern, die Deutsch als Zweitsprache erwerben, findet der Spracherwerbsprozess oft unter erschwerten Bedingungen statt. Bisherige Erfahrungen im Umgang mit zugewanderten Kindern zeigen, dass einige Eigenarten des Deutschen der Mehrzahl der Kinder besondere Probleme bereiten wie z. B. der Gebrauch der Artikel, die zahlreichen Möglichkeiten der Pluralbildung, der Gebrauch der Umlaute, der Gebrauch der Adjektive und der Einsatz der unregelmäßigen Verben. Dabei sollten wir uns immer wieder vor Augen halten, dass die Sprache nur über das Hören erworben wird, dass das Hörverstehen zunächst wichtiger ist als die Sprachproduktion und dass das Kind nur am sprachlichen Vorbild lernen kann. Ausgehend von der Sprachstandserfassung wird der aktuelle Sprachstand des Kindes ermittelt. Danach werden die Förderziele bestimmt und ein Förderplan aufgestellt; hier sollen die aufgestellten Zielsetzungen in konkrete Fördermaßnahmen umgesetzt werden. Die Überprüfung der Ziele und Maßnahmen muss permanent im Rahmen der Sprachförderung erfolgen. Dabei stehen die Ebenen der Rezeption (Aufnahme von Sprache), der Produktion (eigentliches Sprechen) und der Reflexion (Nachdenken über das Gesagte) in einem sehr engen Wechselwirkungsverhältnis. Für die zweite Phase der Sprachbildung stellen wir folgende Konzepte vor:

- Wir verstehen uns gut
  Hierbei handelt es sich um einen integrativen Ansatz für den Kindergartenbereich für deutsche und zugewanderte Kinder gleichermaßen. Es werden Inhalte angeboten und Themenbereiche behandelt, die in allen Kulturkreisen bedeutsam sind, wie z. B. Das bin ich, das bist du, das ist meine Familie, hier im Kindergarten, bald gehe ich in die Schule usw. Didaktische Hinweise zum Erst- und Zweitspracherwerb, zur notwendigen Elternarbeit, zum kommunikativen Verhalten des pädagogischen Fachpersonals sowie Hinweise zur interkulturellen Pädagogik runden dieses Sprachförderprogramm ab.
- HIPPY
  Hinter den Buchstaben verbirgt sich das Hausbesucherinnenprogramm für Eltern mit Vorschulkindern „Home Instruction for Parents of Preschool Youngsters." Dieses Programm richtet sich an Familien mit Kindern im Alter von vier bis sechs Jahren mit einem dokumentierten Förderbedarf im Hinblick auf die Verbesserung der Sprachkompetenz aller Familienmitglieder. In diesem Programm geht es schwerpunktmäßig um die Verbesserung der Zusammenarbeit mit den Eltern, um die Stärkung der Erziehungskompetenz, um die Übernahme von Verantwortung in Sachen Bildung und Erziehung und um die Sicherheit der Eltern im Umgang mit ihren Kindern.
- KIKUS
  Hierbei handelt es sich um ein Konzept zur Sprachförderung in Deutsch im Kindergarten für Kinder mit Migrationshintergrund und deutschsprachige Kinder mit Sprachdefiziten. Ziele der Sprachförderung KIKUS sind Chancengleichheit, Integration sowie die gezielte Unterstützung früher Mehrsprachigkeit.

Um Migrantenkindern und benachteiligten deutschsprachigen Kindern eine Chance für eine gute Schulausbildung zu geben, ist es wichtig, ihnen so früh wie möglich eine Sprachförderung in Deutsch anzubieten. Da eine ausreichende Förderung in den Familien aus verschiedenen Gründen nicht möglich ist, muss im Kindergarten die Grundlage zum Erwerb einer korrekten deutschen Sprache gelegt werden, damit aufbauend auf dieser Basis der Spracherwerbsprozess in der Grundschule altersgerecht weiterentwickelt werden kann. Insgesamt soll die Sprachförderung einen gesteuerten und keinen zufälligen Spracherwerb herbeiführen. Die Sprachförderung versetzt das Kind in die Lage, unabhängig von der Muttersprache in Deutsch zu denken und zu sprechen.

Mit der Methode KIKUS können alle Kinder, d.h. auch deutschsprachige Kinder mit Sprachdefiziten, gefördert werden. Die Methode ermöglicht es, dass die Pädagogin in der Förderstunde und mit den Hausaufgaben – unabhängig von der Familiensprache des Kindes – grundlegende, korrekte grammatische Strukturen und Regeln der deutschen Sprache zu vermitteln und den eingeschränkten Wortschatz der Kinder zu erweitern. Ziel ist es, eine sprachliche Grundlage zu schaffen, so dass jedes Kind bei der Einschulung befähigt ist, dem Unterricht zu folgen und Fortschritte zu machen. Eine angeleitete Eltern-Kind-Zusammenarbeit fördert auch die Erstsprache des Kindes. Dieser Ansatz gilt als wichtiger „Türöffner" für die Zusammenarbeit der Eltern mit der Einrichtung. Ganz nebenbei wird parallel die Zwei- und Mehrsprachigkeit der Kinder als Zusatzkompetenz gefördert.

- Bilinguale Erziehung
  In den verschiedenen Bundesländern werden insbesondere in den grenznahen Regionen bilinguale Projekte durchgeführt wie z.B. das Modellprojekt „Bilingual-bikulturelle Erziehung im Kindergarten" im Saarland. Mittlerweile arbeiten über 25% der saarländischen Kindergärten zweisprachig. Hier einige der Gründe, die ausschlaggebend für die Umsetzung sind und in die Präambel des Konzeptes aufgenommen wurden (vgl. Hammes-Di Bernado 2008):
  - weil die Freundschaft zwischen den Völkern in der Begegnung der Menschen beginnt,
  - weil die Nachbarschaft zu Frankreich im Herzen Europas eine ideale Voraussetzung ist, um Mehrsprachigkeit aktiv zu leben,
  - weil die Fähigkeit, Sprachen zu lernen, in der frühen Kindheit besonders groß ist,
  - weil das natürliche Erleben eines spielerischen zweisprachigen Alltags eine unbeschwerte und altersgerechte Lernsituation darstellt,
  - weil das Kind durch die Nutzung seiner Möglichkeiten, Sprache zu erleben und zu lernen, seine allgemeinen intellektuellen Fähigkeiten schult und verbessert,
  - weil die durchschnittlichen schulischen Leistungen der Kinder, die in einer natürlichen Zweisprachigkeit heranwachsen, häufig besser sind,
  - weil durch das erweiterte sprachliche und kulturelle Spektrum die Persönlichkeit positiv beeinflusst wird,
  - weil schon in der Kindheit Vorurteile abgeblockt sowie Plurikulturalität erlebt und zur Selbstverständlichkeit erhoben werden sollen,
  - weil elementare Voraussetzungen geschaffen werden, um den Bildungs- und Ausbildungsansprüchen von internationalem Standard gerecht zu werden,

- weil ein lebendiges Europa nur möglich ist, wenn die Menschen miteinander kommunizieren können, und
- weil die Beherrschung mehrerer Sprachen ein Element der Chancengleichheit und Partizipation am wirtschaftlichen Leben Europas darstellt.

Die Umsetzung basiert auf dem Prinzip der täglichen Immersion (Montanari 2002). Dieses Sprachbad wird von französisch sprechenden Muttersprachlern mit einem wöchentlichen Arbeitseinsatz von mindestens 12,5 Wochenstunden pro Gruppe angeboten. Je nach Größe der Einrichtung gehören somit ein oder mehrere Mitarbeiter zusätzlich zum pädagogischen Team. Das Projekt wird im Rahmen der gesetzlichen Personalkostenförderung durch das Land finanziert. Über den Auftrag hinaus, die pädagogische Konzeption des Kindergartens an die spezielle Aufgabe der zweisprachigen Erziehung anzupassen, gilt es, die französischen Kolleginnen in das Team zu integrieren.

Durch den täglichen Kontakt (Sprachbad = Immersion) mit der französischen Sprache während dieser für den Spracherwerb wichtigen Entwicklungsphase (Kegel 2002) wird den Kindern die Möglichkeit gegeben, die französische Sprache passiv und aktiv zu erwerben. Innerhalb der mindestens dreijährigen Kindergartenzeit sollen sie befähigt werden, alltägliche Situationen in französischer Sprache zu verstehen, Aufforderungen umzusetzen, spontan und autonom mit kleineren Äußerungen in französischer Sprache zu antworten und erlernte Texteinheiten (Lieder, Reime usw.) zu wiederholen. Gemessen an ihrem deutschen Wortschatz sollen ihnen grundlegende Begriffe und Wortfelder in der französischen Sprache passiv und aktiv geläufig sein.

Dank der Grenznähe wird den Kindern des Weiteren die Möglichkeit geboten, die französische Sprache in einer identischen Situation in Frankreich zu erleben. Partnerschaften mit französischen Ecoles Maternelles und gegenseitige Besuche ermöglichen den Kindern, Sitten und Bräuche des Nachbarlandes Frankreich und die dortige Kinderkultur kennen zu lernen. Einige Kindergärten nutzen hierfür die finanzielle Förderung durch die Europäische Union, z. B. im Rahmen von COMENIUS oder INTERREG.

Die muttersprachliche Fachkraft arbeitet gleichberechtigt mit ihren deutschen Kolleginnen zusammen, manchmal auch gruppenübergreifend. Ihre Kommunikationssprache mit den Kindern ist ausschließlich französisch. Um zu gewährleisten, dass die Kinder mit dem passiven und aktiven Gebrauch der Sprache vertraut werden, muss die Sprache täglich in allen Bereichen, die den Kindergartenalltag ausmachen, erlebt werden: Ankunft und Begrüßung,

Morgenkreis, Freispiel, spezifische Angebote und Projekte (Forschungslabor, Waldpädagogik, Singkreis, Leseecke, Kochclub usw.). Hier hat sich in der engen Zusammenarbeit mit den deutschen Pädagogen eine offene oder teiloffene Gruppenarbeit mit kompetenzorientierten Ateliers am meisten bewährt. Die Einrichtungen müssen bei diesem Konzept intensiv extern betreut werden (Fortbildungen, Beratung und Teammediation).

Unterrichtsähnliche Angebote und Materialien sind zu vermeiden, da sie wegen des lernpsychologischen Entwicklungsstandes der Kinder in diesem Alter und den damit verbundenen Bedürfnissen nicht nur uneffektiv wären, sondern sich auch längerfristig auf Spracherwerbssituationen hemmend auswirken können. Das Spiel und das Zusammenleben in der Gruppe sind die Basis für Sprachbegegnung, Sprachverarbeitung und Sprachanwendung (Montanari 2002).

Ein zwei- oder mehrsprachiges Konzept muss von allen Beteiligten mitgetragen werden; jeder Beteiligte hat eine hohe Verantwortung, selbst wenn er die Fremdsprache nicht beherrscht. Um die Einarbeitung aller beteiligten Pädagogen in das Konzept der zweisprachigen Erziehung zu erleichtern, soll das Team eine oder mehrere Mediatorinnen aus seiner Mitte benennen. Diese haben während der Phase der Konzeptentwicklung und auch darüber hinaus die Rolle, zwischen deutschen und französischen Fachkräften zu vermitteln, für alle Beteiligten passende Fortbildungsveranstaltungen zu finden, intern zu beraten oder sich extern um Beratung für das Team zu bemühen.

Dritte Sprachlernphase (Grundschulzeit 6 bis 10 Jahre)

Die dritte Phase der Förderung beschäftigt sich mit dem Übergang vom Kindergarten in die Grundschule und dem Sprachunterricht in der Grundschule. Hier brauchen wir Mut und Kreativität, um den aktuellen Herausforderungen in der Diagnostik und in der Förderung gerecht zu werden. In diesen Phasen des Übergangs erleben die Kinder einen neuen Zeitabschnitt in ihrem Leben, veränderte Raumstrukturen, veränderte Lernarrangements und Settings und neue Sozialbeziehungen. Was den eigentlichen Sprachunterricht in der Grundschule angeht, sollten wir verschiedene Schwerpunkte gleichermaßen legen. Hier sollten wir uns zunächst an den von der Kultusministerkonferenz vorgegebenen Bildungsstandards orientieren.

Im Folgenden werden für die dritte Bildungsstrecke exemplarisch einige Programme der individuellen Sprachförderung vorgestellt.

- Hören – Lauschen – Lernen
  Hierbei handelt es sich nicht um ein Programm zur Förderung der Sprache und des Sprechens; hier geht es um die Vorbereitung auf die Schriftsprache und die gezielte Förderung der phonologischen Bewusstheit.

Die phonologische Bewusstheit gehört zu den wichtigsten Voraussetzungen für einen erfolgreichen Schriftspracherwerbsprozess. Zur Förderung der phonologischen Bewusstheit eignet sich das Würzburger Trainingsprogramm von Küspert, Roth und Schneider. Dies ist ein wissenschaftlich erarbeitetes Programm zur Vorbereitung auf das Lesen und Schreiben. Es besteht aus sechs umfangreichen Übungseinheiten, die inhaltlich aufeinander abgestimmt sind: Das Ziel dieses Förderprogramms besteht darin, Vorschulkindern durch Spiele und Übungen Einsichten in die Struktur der gesprochenen Sprache zu vermitteln. Die Kinder sollen lernen, ihre Aufmerksamkeit von dem Sinn und der Bedeutung einer Mitteilung abzuwenden und sie stärker auf die formalen linguistischen Eigenschaften des sprachlichen Materials zu lenken, d. h. die Kinder sollen auf den Klang der Wörter beim Reimen, auf die Wörter als Bestandteile der Sätze, auf die Silben als Elemente von Wörtern und schließlich auf einzelne Laute achten. Dies bezeichnen die genannten Autoren als phonologische Bewusstheit. Deren Bedeutung für den Erfolg beim Lesen- und Schreibenlernen konnte in den letzen Jahren in einer Reihe von nationalen und internationalen wissenschaftlichen Studien nachgewiesen werden (vgl. Küspert/Roth/Schneider 2000, 4).

- Früh Deutsch lernen
  Hierbei handelt es sich um ein vom Saarland initiiertes Programm in enger Kooperation mit dem Paritätischen Bildungswerk Rheinland-Pfalz/Saarland. „Früh Deutsch lernen“ basiert auf drei Säulen: Erstens: Freiwillige Vorkurse für Kinder mit nicht ausreichenden Deutschkenntnissen: Die Kinder besuchen im letzten Halbjahr vor der Einschulung (von Januar bis Juli) auf freiwilliger Grundlage kostenlose Förderkurse – sog. „Vorkurse“. Dort erhalten sie im Umfang von zehn Schulstunden pro Woche eine intensive und altersorientierte Förderung in Deutsch. Vor den Sommerferien wird erneut eine Sprachstandsbeobachtung durchgeführt. Zeigt sich hierbei, dass das Kind inzwischen ausreichende Deutschkenntnisse erworben hat, wird es regulär in die Grundschule eingeschult. Zweitens: Intensivkurse in der Grundschule (Sprachlernklasse als Vorklasse): Kinder ohne ausreichende Deutschkenntnisse, die von dem Angebot der freiwilligen Vorkurse keinen Gebrauch gemacht haben oder die an diesen Kursen nach dem Ergebnis der zweiten Sprachstandsbeobachtung nicht mit Erfolg teilgenommen haben, werden zwar ebenfalls eingeschult, sie besuchen jedoch nicht die reguläre erste Klasse, sondern in der Regel einen zwölfmonatigen Intensivkurs – eine sog. „Vorklasse“. Dieses vorgelagerte Förderjahr wird ihnen nicht auf die allgemeine Vollzeitschulpflicht angerechnet. Drittens: Weitere halbjährige fördernde Begleitung im ersten

Schulhalbjahr der ersten Klasse. Die Kinder, die zuvor einen Vorkurs besucht haben und danach ins erste Schuljahr eingeschult wurden, werden durch Sprachförderlehrkräfte im ersten Schulhalbjahr der Klassenstufe 1 in ihrer Sprachkompetenz in der deutschen Sprache weitere fünf Monate lang (August bis Dezember) gefördert. Wichtig dabei ist, dass die Kinder im Vorkurs Deutsch lernen und auch weiterhin ihren Kindergarten besuchen, wo sie gemeinsam mit anderen Kindern gezielt auf die Einschulung vorbereitet werden. Den schulischen Teil der Eingangsuntersuchung führen die Mitglieder der Schulleitung der jeweiligen Grundschule gemeinsam mit Lehrerinnen und Lehrern nach schuleinheitlich festgelegten Kriterien im Rahmen des Anmeldeverfahrens durch. Die formelle Anmeldung wird auf diese Weise ergänzt durch die Feststellung elementarer mathematischer Fähigkeiten sowie Beobachtungen zur Motorik, zum Sprachstand und zum Sozialverhalten der einzuschulenden Kinder. Das Ministerium für Bildung, Familie, Frauen und Kultur hat den Grundschulen im Sprachförderprogramm „Früh Deutsch lernen" ein Modell zur Sprachstandsbeobachtung der schulpflichtig werdenden Kinder zur Verfügung gestellt. Dieses berücksichtigt Wortschatz, Hörverstehen, die Fähigkeit, frei zu erzählen, und die Fähigkeit, einfache Gespräche zu führen. Kinder mit nicht ausreichenden Deutschkenntnissen werden Vorkursen zugewiesen.

- Ponte
  Es handelt sich um ein Gemeinschaftsprogramm der Deutschen Kinder- und Jugendstiftung und der Internationalen Akademie für Innovative Pädagogik und Ökonomie an der Freien Universität Berlin. Ponte ist ein Forschungs- und Entwicklungsprogramm, das sowohl die Kindergärten als auch die Grundschulen in der Phase des Wechsels der Kinder von der einen in die andere Einrichtung unterstützt und geeignete Methoden und Formen des Übergangs entwickelt. Dieses Programm unterstützt gezielt die Erzieherinnen in den Kindergärten und die Grundschullehrerinnen durch angeleitete und moderierte Gesprächsrunden, Workshops und Praxisprojekte. Die Kompetenzen aller pädagogisch Verantwortlichen sollen gestärkt werden. Es geht um inhaltliche Schulungen, die Lern- und Curriculumentwicklung, die Professionalisierung, die Implementierung der Bildungs- und Lehrpläne, die Entwicklung von Beobachtungs- und Dokumentationsverfahren, die Zusammenarbeit mit den Eltern und die Entwicklung weiterer Projekte. Im Programm Ponte (ital. die Brücke) schließen sich Kindertagesstätten und Grundschulen zu Lerntandems zusammen, die unter Anleitung geschulter Moderatoren versuchen, den Wechsel der Kinder vom Kindergarten in die Grundschule besser zu ge-

stalten. Ponte steht damit im Kontext zahlreicher anderer Programme und Konzepte zur Verbesserung der pädagogischen Qualität als Folge des PISA-Schocks.

Ponte ist 2004 in Brandenburg gestartet, und mittlerweile haben sich die Bundesländer Berlin, Sachsen und die Region Trier in Rheinland-Pfalz angeschlossen. Insgesamt haben ca. 200 Pädagoginnen und Pädagogen in 74 Einrichtungen mitgewirkt.

- TransKiGs

  „Im Kindergarten wird gespielt und in der Schule wird gelernt." Diese Unterscheidung und Zuordnung von kindlichen Fähigkeiten ist so alt wie überholt. Heute wissen wir, dass die Bildung nicht erst mit dem Eintritt in die Schule beginnt. Von daher müssen wir den Übergang vom Kindergarten in die Grundschule fördern – eine sehr komplexe Herausforderung. Wir haben ein neues Bildungsverständnis und müssen den Elementarbereich früher mit dem Primarbereich personell, inhaltlich und formal verzahnen.

  Bei TransKiGs – Transaktionen zwischen Kindergarten und Grundschule – handelt es sich um ein länderübergreifendes Verbundprojekt auf Bundesebene, das sich seit 2005 mit der Stärkung der Bildungs- und Erziehungsqualität in Kindertagesstätten und Grundschulen und mit der Gestaltung des Übergangs von der einen in die andere Einrichtung beschäftigt. Dieses Projekt wird vom Bundesministerium für Bildung und Forschung gefördert. Dieses Verbundprojekt wurde als letztes Projekt der Bund-Länder-Kommission (BLK) ins Leben gerufen. Folgende Bundesländer haben sich daran beteiligt: Berlin, Brandenburg, Bremen, Nordrhein-Westfalen und Thüringen. Die genannten Bundesländer haben sich folgende Ziele gesetzt:

  – Entwicklung einer gemeinsamen Bildungskonzeption und Bildungsphilosophie von Kindertagesstätte und Grundschule,
  – Verbesserung der personellen und inhaltlichen Zusammenarbeit von Kindertagesstätte und Grundschule,
  – Erprobung und Entwicklung von Lerntagebüchern mit dem Schwerpunkt der Sprachförderung aller Kinder,
  – Verbesserung der Zusammenarbeit mit den Eltern,
  – Entwicklung von geeigneten Formen der Informationsweitergabe in andere Einrichtungen.

Beim Wechsel vom Kindergarten in die Grundschule sollen die im Kindergarten initiierten Lernvorgänge aufgegriffen und in der Schule fortgeführt werden. TransKiGs erprobt Instrumente zur Verbesserung der pädagogischen Qualität in der Bildung und Erziehung im Elementarbereich und im Primarbereich. Was den Übergang vom Kindergarten in die Grundschule angeht, so müssen die Bildungs- und Erziehungsansätze sowie die Bildungs- und Förderprogramme aufeinander abgestimmt werden (vgl. Ministerium für Bildung, Jugend und Sport des Landes Brandenburg 2008).

Bundesweit und in einzelnen Regionen besteht das Problem, dass eine schier unübersehbare Fülle an Programmen und Handlungskonzepten eingesetzt wird, ohne deren Wirksamkeit und Nachhaltigkeit zu überprüfen und mögliche Synergieeffekte personell, finanziell und auch inhaltlich-konzeptionell zu nutzen. Allen Programmen fehlt es an einer überzeugenden und systematisch durchgeführten Elternmitarbeit. Ohne die Mitarbeit der Eltern kann die Sprachförderung nicht gelingen.

Die hier dargestellten Sprachlernstrecken bauen aufeinander auf und haben beim Übergang von der ersten in die zweite und von der zweiten in die dritte Sprachlernstrecke inhaltliche und konzeptionelle Überschneidungspotenziale.

Fazit

Die Förderung erstreckt sich auf die ersten zehn Lebensjahre und kann in drei Etappen untergliedert werden: in den Krippenbereich, den Kindergartenbereich und die Schule. Dabei werden in den einzelnen Etappen und in den verschiedenen Ländern unterschiedliche Modelle, Konzepte und Programme zur Sprachförderung eingesetzt.

Schlüsselbegriffe

Förderkonzepte der Sprachförderung und beim Fremdsprachenlernen, Fröbelpädagogik, Förderbereiche, Fördermodelle, Sprachlernstrecke, phonologische Bewusstheit, Sprachbad, bilinguale Erziehung, Hören – Lauschen – Lernen, Ponte, Früh Deutsch lernen, TransKiGs

Fragestellungen

- Wie sollte die individuelle Sprachförderung organisiert werden?

- Welche Gemeinsamkeiten und welche Unterschiede gibt es zwischen der Sprachförderung in vorschulischen Einrichtungen, dem Sprachunterricht in der Grundschule und der Sprachtherapie in logopädischen Praxen?
- Wo liegen die inhaltlichen und thematischen Schwerpunkte bei den einzelnen Sprachlernstrecken?
- Welche Konzepte sind in ihrer Wirksamkeit untersucht worden und können bedenkenlos eingesetzt werden?

Querverbindungen in diesem Buch

vgl. hierzu auch die Kapitel 3.3, 3.4 und 3.5

Weiterführende Literatur

Beauftragte der Bundesregierung für Ausländerfragen (Hrsg.) (2000): Hallo, Hola, Ola. Sprachförderung in Kindertagesstätten. Bonn, Berlin: Bonner Universitäts-Buchdruckerei.

Knapp, W. (2008): Didaktische Konzepte Deutsch als Zweitsprache. In: Ulrich, W. (Hrsg.) (2008): Deutschunterricht in Theorie und Praxis (DTP). Ahrenholz, B. & Oomen-Welke, I. (Hrsg.): Deutsch als Zweitsprache, Bd. 9. Baltmannsweiler: Schneider Verlag Hohengehren, 133–148.

Küspert, P. & Schneider, W. (2006): Hören, Lauschen, Lernen. Sprachspiele für Kinder im Vorschulalter. Würzburger Trainingsprogramm zur Vorbereitung auf den Erwerb der Schriftsprache. 5. Aufl. Göttingen: Vandenhoeck & Ruprecht.

Laewen, H.-J. & Andres, B. (Hrsg.) (2002): Bildung und Erziehung in der frühen Kindheit. Bausteine zum Bildungsauftrag von Kindertageseinrichtungen. Weinheim, Basel: Beltz Verlag.

Ludwig Maximilians-Universität München (Hrsg.) (2006): Sprache lernt man nur durch Sprechen. Bausteine zur Sprachförderung im Unterricht. Grundschule und Förderschule. DVD. München: Universitätsverlag.

Ministerium für Bildung, Jugend und Sport des Landes Brandenburg (Hrsg.) (2009): Gemeinsamer Orientierungsrahmen für die Bildung in Kindertagesbetreuung und Grundschule. Zwei Bildungseinrichtungen in gemeinsamer Bildungsverantwortung beim Übergang vom Elementarbereich in den Primarbereich. Weimar, Berlin: verlag das netz.

3.6

Bedeutung hochqualifizierter Fachkräfte

In allen internationalen und nationalen Studien zur qualifizierten Förderung und Bildung wird eines deutlich: Die entscheidende Variable für eine kompetente Sprachförderung in Kindertageseinrichtungen und für einen qualifizierten Sprachunterricht an Schulen ist die Kompetenz der Leitung der Bildungseinrichtung und des pädagogischen Personals. Es gibt in den letzten Jahren immer wieder Hinweise von der Kultusministerkonferenz (KMK), dass insbesondere die diagnostische Kompetenz der Lehrkräfte in den Schulen als mangelhaft zu bezeichnen ist. Darüber hinaus ist das Vertrauensverhältnis zwischen den pädagogischen Fachkräften und den Kindern eine weitere wichtige Variable. Denn Johann Wolfgang von Goethe war schon der Auffassung: „Überall lernt man nur von dem, den man liebt." Die Kinder in den vorschulischen Einrichtungen und die Schüler in den Schulen orientieren sich bei ihrer Sprachentwicklung an ihren Bezugspersonen. Alle Personen und pädagogischen Fachkräfte, die mit den Kindern arbeiten, sind damit wichtige Sprachvorbilder. Allerdings können wir in der Bundesrepublik Deutschland eine extrem heterogene und regional vielfältige Gruppe von Fachkräften ausmachen, die zur Betreuung und Förderung im Rahmen der Sprachförderung eingesetzt wird. Generell liegt die Bildung im Verantwortungsbereich der Länder, dies ist so im Grundgesetz festgelegt. Die Kultusministerkonferenz der Länder (KMK) hat die Aufgabe, Übereinstimmungen zu schaffen, um die Mobilität von einem Bundesland zum anderen zu gewährleisten. Die Palette der eingesetzten Personen reicht von ehrenamtlich arbeitenden Personen ohne spezielle pädagogische Ausbildung bis hin zu sehr speziell ausgebildeten Fachkräften wie Erzieherinnen und sozialpädagogischen Fachkräften. Von daher ist es im Rahmen der individuellen Sprachförderung wichtig zu wissen, welche Fachkräfte mit welchen Kindern arbeiten bzw. arbeiten sollen.

3.6.1 Fachkräfte in vorschulischen Einrichtungen

Zunächst können wir zwei Gruppen hinsichtlich der Voraussetzungen und der Ausbildung unterscheiden: die Gruppe der Personen mit beruflicher Qualifikation unterhalb der Fachschulebene und die Gruppe der Personen mit beruflicher Qualifikation oberhalb der Fachschulebene. Zunächst soll in einem Überblick dargestellt werden, welche Personen in den Tageseinrichtungen arbeiten (vgl. Riedel 2008, 184):

- Fachkräfte mit sozial- und heilpädagogischer Hochschulausbildung,
- sonstige Hochschulausbildung,
- Heilpädagogen/-innen (Fachschule),
- Kinderpfleger/-in,
- Assistenten/-innen im Sozialwesen,
- andere Sozial-, Erziehungs- und Gesundheitsberufe,
- andere Berufsausbildung,
- in Ausbildung und
- ohne abgeschlossene Berufsausbildung.

In den Krippen sollten verschiedene Fachkräfte zum Einsatz kommen, weil in diesem Altersbereich auch sehr unterschiedliche Tätigkeiten zum Alltag gehören. Gerade der Krippenbereich ist für die individuelle Sprachförderung pädagogisches Neuland; hier gibt es wenig abgesichertes Fachwissen aus den erwähnten Nachbardisziplinen und es liegen auch nur wenige Erfahrungen vor. Bei den Krippen stehen wir vor einer sehr schwierigen Aufbau- und Entwicklungsphase hinsichtlich der Qualifizierung und Ausbildung geeigneter pädagogischer Fachkräfte.

Kinderpflegerinnen

Staatlich anerkannte Kinderpflegerinnen werden an Berufsfachschulen ausgebildet und arbeiten nach abgeschlossener Berufsausbildung in Familien, in Krippen, in Kindergärten und in Kinderkliniken als Mitarbeiter der sozialpädagogischen Kräfte, der Kinderkrankenschwestern und der Eltern. Die Ausbildung schließt mit einer staatlichen Prüfung ab und führt zur Führung der Berufsbezeichnung „Staatlich anerkannter Kinderpfleger/Staatlich anerkannte Kinderpflegerin". Zu ihren Aufgaben gehören alle Tätigkeiten, die bei der Betreuung, Erziehung und Bildung von Säuglingen, Klein- und Kleinstkindern anfallen.

Sozialassistenten/Sozialpädagogische Assistenten
Diese Ausbildung wird qualitativ etwas höher eingestuft als die Ausbildung und Berufsbezeichnung Kinderpfleger/innen. Diese Ausbildung wird parallel zur Ausbildung Kinderpfleger/in angeboten wie z. B. in Mecklenburg-Vorpommern, in anderen Bundesländern ist sie eine Alternative, weil es die Ausbildung zur Kinderpfleger/in nicht mehr gibt.

Sozialhelferinnen
Die Voraussetzung (Hauptschulabschluss) und der Ausbildungsgang sind bei der Qualifizierung zur Sozialhelferin ähnlich wie bei der Ausbildung zur Kinderpflegerin; Sozialhelferinnen gibt es ausschließlich in Nordrhein-Westfalen.

Erzieherinnen
Ziel der Ausbildung an Fachschulen für Sozialpädagogik ist die Befähigung, Erziehungs-, Bildungs- und Betreuungsaufgaben zu übernehmen und in allen sozialpädagogischen Bereichen, insbesondere in Heimen und Kindertageseinrichtungen, als Erzieherin selbständig und eigenverantwortlich tätig zu sein. Es kommt bei dieser Tätigkeit darauf an, Strategien für ein selbständiges und eigenverantwortliches Handeln zu entwickeln, dies zu dokumentieren und zu überprüfen, aber gleichzeitig auch die wechselnden Anforderungen der Praxis zu berücksichtigen. In den Bildungsprogrammen der einzelnen Bundesländer werden die Aufgaben der Erzieherinnen sehr ausführlich beschrieben und dargestellt (vgl. Ministerium für Bildung, Kultur und Wissenschaft Saarland 2004, 30 f.).

Sozialpädagogische Fachkräfte
Hierbei handelt es sich um einen Ober- und Sammelbegriff für jene Fachkräfte, die in den Bereichen Betreuung, Erziehung, Bildung und Förderung von Kindern und Jugendlichen arbeiten. Dazu zählen die Kinderpflegerinnen, die Erzieherinnen, die Sozialarbeiter und Lehrerinnen verschiedener Schulformen. Von Bedeutung ist die Zusammenarbeit und die fachliche Auseinandersetzung über die Angebotsqualität mit den Eltern, den Trägern, dem Jugendamt und der zuständigen Kommunalpolitik.

Muttersprachliche Fachkräfte

Hier stehen wir vor einer der größten Herausforderungen bei der individuell gestalteten Sprachförderung, denn gerade im Rahmen der zweisprachigen Erziehung und Bildung nimmt die muttersprachliche Fachkraft, die mit einer der Erstsprachen des Kindes aufgewachsen ist, eine herausgehobene Stellung ein. Sie hat eine Reihe von Aufgaben zu bewältigen.

Zunächst sollte die Fachkraft die Erstsprache des Kindes in Wort und Schrift beherrschen, mögliche Schwierigkeiten in der erstsprachlichen Entwicklung beobachten und über die gezielte Elternarbeit externe medizinische oder logopädische Maßnahmen einleiten.

Die muttersprachliche Fachkraft ist auch deshalb so wichtig, weil sie durch ihre persönliche Haltung und ihr Engagement ihre Einstellung gegenüber ihrer Erstsprache, aber auch gegenüber der deutschen Sprache einbringen und damit auch die Kinder in ihrer Einstellung gegenüber ihrer Zweisprachigkeit positiv beeinflussen kann.

In den Kindergärten und Tageseinrichtungen für Kinder werden bei der Sprachförderung je nach Bundesland verschiedene Gruppen pädagogischer Fachkräfte eingesetzt. In der Mehrzahl der Einrichtungen arbeiten Erzieherinnen und Erzieher. Erzieherinnen und Erzieher arbeiten in allen Handlungsfeldern der Kinder- und Jugendhilfe mit jungen Menschen, angefangen von der Geburt bis hin zum 27. Lebensjahr. Die Mehrzahl der Erzieherinnen arbeitet in Kindertagesstätten und sieht sich dort in der Verantwortung für die Betreuung, Erziehung und Bildung von Kindern. Dabei stehen die konkrete Lebenssituation der Kinder und die daraus entstehenden Bedürfnisse im Vordergrund. Die Betreuung, Erziehung und Bildung von Kindern aus bestimmten Familien wie z. B. aus sozialen Brennpunkten ist eine der großen Herausforderungen der heutigen Zeit.

Neben den Erzieherinnen können auch andere Berufsgruppen stundenweise bei der Sprachförderung eingesetzt werden.

Logopädinnen

Die Logopädin beschäftigt sich mit Störungen und Beeinträchtigungen der Sprache, des Sprechens, des Hörens, der Stimme und des Schluckens. Die Diagnostik und Therapie der Logopädin stützt sich dabei auf wissenschaftliche Erkenntnisse der Linguistik, der Medizin, der Pädagogik, der Sonderpädagogik, der Soziologie und der Psychologie. Die Arbeit der Logopädin umfasst die gesamte Förderdiagnostik, die eigentliche Förderung und Therapie und die Beratung der Kinder jeden Alters und von deren Eltern. Dabei wird das familiäre Umfeld einbezogen und die interdisziplinäre Zusammenarbeit mit anderen therapeutischen Berufsgruppen wie z. B. der Krankengymnastin oder der Ergotherapeutin gesucht. Für die Arbeit im Krippenbereich ist insbesondere die Erfassung und Therapie von schweren Störungen oder gar Behinderungen notwendig und sinnvoll. Allerdings gibt es, was den Einsatz von Logopädinnen im Krippenbereich angeht, in den Bundesländern große Unterschiede. Die Kinder werden meist nicht in den Krippen, sondern extern in den logopädischen Praxen therapiert. Auch hier stehen wir vor einer großen Herausforderung, was die weitere Ausbildung und den Einsatz der Logopädinnen angeht.

Sprachtherapeutin
Der Begriff der Sprachtherapeutin ist nicht geschützt; von daher wird er auch sehr breit benutzt, gerade in Zeiten großer Arbeitslosigkeit. Der Beruf des staatlich anerkannten Sprachtherapeuten ist wie der der Logopädin ein nicht ärztlicher Heilberuf, wobei die Aufgaben und Tätigkeiten des Sprachtherapeuten denen der Logopädin ähneln. Die staatlich anerkannte Sprachtherapeutin kann von daher auch in dem sehr frühen und pädagogisch sensiblen Bereich der Kinder im Alter von null bis drei Jahren eingesetzt werden. Sie kann den Kindern bei auftretenden Problemen im Bereich der Sprache, des Sprechens und des Hörens geeignete Hilfen anbieten und sie im Rahmen der individuellen Sprachentwicklung unterstützen und begleiten.

Die Bildungsinfrastruktur des Elementarbereichs muss durchgreifend reformiert werden: Wir müssen zum einen die Zahl der Frühpädagogen insbesondere im Bereich der Krippe erhöhen und zum anderen ein erhöhtes akademisches Qualifikationsniveau anstreben. Wir können den europäischen und internationalen Standard in der frühkindlichen Bildung nur dann erreichen, wenn wir endlich den Mut und die finanziellen Möglichkeiten aufbringen, Akademiker in der frühkindlichen Bildung einzusetzen (vgl. Wehrmann 2008, 64).

3.6.2 Fachkräfte in Schulen

In den Grundschulen und weiterführenden Schulen werden Lehrkräfte eingesetzt, die ein Studium an Pädagogischen Hochschulen (Baden-Württemberg) oder an Universitäten mit mindestens zwei Fächern erfolgreich studiert und die zweite Phase der Lehrerausbildung (Referendariat) erfolgreich absolviert haben. Die im Rahmen der Sprachförderung in den Schulen eingesetzten Fachkräfte sind in der Regel universitär ausgebildete Grund- und Hauptschullehrer sowie vereinzelt so genannte Sprachförderlehrkräfte, die ein sozialpädagogisch ausgerichtetes oder sprachwissenschaftlich-linguistisches

Studium absolviert haben. Des Weiteren werden zwei- und mehrsprachige pädagogische Fachkräfte eingesetzt, um einerseits eine Brücke zu schlagen zwischen den ausländischen Familien und den Bildungseinrichtungen und andererseits die Entwicklung der individuellen Sprach-Persönlichkeit des Kindes zu unterstützen. Zweisprachige Erzieherinnen und Lehrer sind für zugewanderte Kinder Vorbilder für eine erfolgreich gelebte Zwei- und Mehrsprachigkeit. Ebenso werden in den Schulen Logopädinnen und Logopäden sowie vereinzelt auch Sprachtherapeutinnen und Sprachtherapeuten eingesetzt. In einigen Bundesländern werden auf Honorarbasis, im Nebenamt und ambulant, teilweise auch am Nachmittag, Sprachheillehrer, Sprachbehindertenpädagogen, Sprecherzieher und Sprechwissenschaftler eingesetzt.

Sprachheillehrerinnen und Sprachheillehrer
Sprachheillehrer, teilweise werden diese Lehrer auch Sprachbehindertenpädagoge genannt, sind Lehrkräfte, die an Hochschulen und Universitäten pädagogisch und teilweise auch therapeutisch ausgebildet werden. Sie unterrichten in der Regel an Förderschulen mit dem Förderschwerpunkt Sprache (ehemals Sprachheilschulen genannt). Diese Lehrkräfte können ambulant in den Grundschulen eingesetzt werden, um leichte Artikulationsstörungen zu behandeln; man bezeichnet diese Förderung als ambulanten Sprachförderunterricht an Grundschulen. Teilweise werden diese Lehrkräfte auch von Sprachheilambulanzen am Nachmittag in den Kindergärten zur Förderung von sprachauffälligen Vorschulkindern eingesetzt wie z. B. im Saarland.

Sprecherzieher/Sprechwissenschaftler
Die an Universitäten ausgebildeten Sprecherzieher und Sprechwissenschaftler müssen im Rahmen ihres Studiums auch das Fach Sprechtherapie obligatorisch belegen. Hier gibt es in der Bundesrepublik je nach Studienstätte und Universität wiederum leicht abgewandelte Studiengänge mit entsprechenden Qualifikationen wie z. B. die Diplom-Sprecherzieher aus Baden-Württemberg oder die Klinischen Sprechwissenschaftler aus Sachsen-Anhalt.

3.6.3 Weitere Berufsgruppen

Des Weiteren können im Sinne der Beratung, Diagnostik und Therapie folgende Berufsgruppen bei der Sprachförderung hinzugezogen oder eingesetzt werden:

Phoniater
Phoniater sind speziell ausgebildete Fachärzte für Stimm- und Sprachstörungen, die bei speziellen Problemen insbesondere die medizinische Diagnostik übernehmen. In der Mehrzahl der Fälle handelt es sich um Hals-Nasen-Ohren-Ärzte, die im Rahmen ihrer Facharztausbildung zusätzliche Qualifikationen in den Bereichen der Phoniatrie (Stimmheilkunde) und der Pädaudiologie (Hörstörungen) erworben haben. Gerade bei schweren Störungen oder gar Behinderungen müssen Spezialisten hinzugezogen werden. Nur sie sind in der Lage, spezielle Therapien zu „verschreiben". Phoniater gibt es in jedem Bundesland nur sehr wenige; von daher müssen weite Wege in Kauf genommen werden, wenn man den Rat dieser Experten braucht.

Fachärzte
Fachärzte für Neurologie, Psychiatrie, für Hals-Nasen-Ohren-Heilkunde (HNO) und speziell ausgebildete Kinderärzte können ebenfalls als qualifizierte Berater und Experten in schwierigen Fällen befragt werden.

Psychologen
Speziell ausgebildete Psychologen können bei Sprachstörungen ebenfalls hinzugezogen werden wie z. B. bei schweren Stotterersymptomen, bei kindlichen Aphasien, bei Sprachstörungen in Verbindung mit einer Leserechtschreibschwäche und bei Sprachstörungen im Zusammenhang mit Wahrnehmungsstörungen.

Zur Umsetzung der individuellen Sprachförderung brauchen wir kompetente und engagierte pädagogische Fachkräfte in den Kindergärten und Schulen. Alle pädagogischen Fachkräfte sollten folgenden Anforderungskriterien bezogen auf die individuelle Sprachförderung Stand halten:

- fachliche Kompetenz
  mit entsprechenden schulischen bzw. universitären Abschlüssen und pädagogischen Kompetenzen, aber auch den notwendigen didaktischen Erfordernissen einer modernen Pädagogik;
- diagnostische Kompetenz
  mit statistischen Grundkenntnissen hinsichtlich der Erfassung von Daten über das Kind, seine Familie und die jeweilige Bildungseinrichtung, mit testtheoretischen Kenntnissen hinsichtlich des Einsatzes von Tests wie z. B. Kenntnisse über die Gütekriterien und einem Überblick über den Einsatz praktikabler und ökonomischer Verfahren in der praktischen Arbeit;
- personale Kompetenz
  mit entsprechenden Eigenschaften und Fähigkeiten wie Vertrauen, Empathie, persönlicher Stärke, Konflikt- und Kritikfähigkeit, Verantwortungs-

bewusstsein, einer klaren, ausdrucksvollen und artikulierten Sprache im Bereich der Standardsprache als Vorbild für die Kinder;

- methodische Kompetenzen
  wie Berücksichtigung von Lob und Tadel, Vielfalt der pädagogischen Methodik, Einsatz verschiedener Sozialformen in der Förderung, der Fähigkeit, Unterricht zielgerichtet und unter Beachtung der Unterschiedlichkeit der Entwicklungsstände der Kinder durchzuführen;
- soziale Kompetenzen
  wie Freude am Dialog, am Gespräch, an der Sprache bzw. den Sprachen, Sorgfalt, Zuverlässigkeit, Teamfähigkeit, Umgangsformen und Einhaltung von Werten und Tugenden;
- interkulturelle Kompetenz
  wie einer wertschätzenden Grundhaltung gegenüber Andersdenkenden und Toleranz gegenüber anderen Sprachen, Religionen, Kulturen und Wertesystemen und
- sprachliche Kompetenz
  wie die Fähigkeit, die Standardsprache und die Standardaussprache der Bildungssprache Deutsch zu beherrschen und diese im Sinne einer Vorbildsprache gezielt und unterstützend einsetzen zu können.

3.6.4 Gecoachte Sprachberatung

Hier wird ein in Bayern erfolgreiches Konzept der Weiterentwicklung pädagogischer Fachkräfte in der Sprachförderung vorgestellt (Staatsinstitut für Frühpädagogik 2009, 5). Sprachberatung hat die Aufgabe, die Sprachförderung und sprachliche Bildung in den Kindertageseinrichtungen und Schulen für alle Kinder in den Blick zu nehmen, und zwar für sprachauffällige, durchschnittlich begabte und hochbegabte sowie zugewanderte Kinder gleichermaßen. Gecoachte Sprachberatung bedeutet, dass das pädagogische Personal des Kindergartens oder der Grundschule bereit ist, für eine begrenzte Zeit professionelle Hilfe, Beratung und Begleitung zur Verfügung zu stellen, um die individuelle Sprachförderung weiterzuentwickeln. Der Coach hat die Aufgabe, die Methoden und Techniken des pädagogischen Personals in der Beratung der Eltern und Familien, der Förderdiagnostik und der eigentlichen Sprachförderung zu verbessern. Das bayerische Konzept der Sprachberatung will gezielt und umfassend das pädagogische Personal in der Sprachförderpraxis auf der Basis neuester wissenschaftlicher Erkenntnisse und der vorliegenden persönlichen Erfahrungen weiterentwickeln (vgl. Staatsinstitut für Frühpädagogik 2009, 5). Die Grundlage für diese Weiterentwicklung von

Bildung, Lernen und Sprachförderung sind die in den einzelnen Ländern vorliegenden Erziehungs- und Bildungsempfehlungen sowie die örtlichen Empfehlungen und Pläne in den Bildungseinrichtungen, die sich meist auf eine lange Tradition stützen. Die Arbeit mit Kindern in den konkreten Handlungsfeldern Bildung, Erziehung und Betreuung ist eine zentrale Aufgabe des pädagogischen Personals in den vorschulischen und schulischen Bildungseinrichtungen. Hier besteht auch die Chance der gemeinsamen Weiterentwicklung, zumal in vielen Bundesländern über die innere Struktur der Grundschule und insbesondere über eine flexible Schuleingangsstufe in den ersten beiden Schuljahren nachgedacht wird. Eine Verzahnung ist notwendiger denn je, wollen wir alle Kinder im Bereich der Interaktion, der Kommunikation und der Sprache unterstützen und begleiten. Wir sollten im Rahmen dieser gecoachten Sprachberatung folgende Ziele angehen und pädagogischen Vorstellungen umsetzen (vgl. Staatsinstitut für Frühpädagogik 2009, 5 f.):

- Feststellung des aktuellen Beratungs- und Qualifizierungsbedarfs innerhalb des pädagogischen Teams;
- gemeinsame Auswahl von Zielen, Methoden und Handlungskonzepten gemäß dem vorliegenden Förderbedarf der Kinder;
- qualifizierte Begleitung des pädagogischen Personals bei der Entwicklung eigener Lösungsansätze, bei der Dokumentation über das Portfolio, bei der Reflexion und Optimierung des Umsetzungsprozesses.

In dem bayerischen Projekt „Sprachberatung“, das weitere Anhänger finden sollte, stellen wir eine ungeheure Sensibilisierung für die Notwendigkeit der Sprachförderung und für sprachliche Bildung fest; dabei wird hier der sehr enge und für die weitere Schullaufbahn wichtige Zusammenhang von „Sprache und Literacy“ akzentuiert.

Schließlich ist auch noch auf eine aktuelle politische Forderung durch die Integrationsbeauftrage der Bundesregierung Frau Staatsministerin Böhmer im Januar 2010 hinzuweisen, die eine Migrantenquote fordert. Künftig sollte insbesondere hinsichtlich der Ausbildung und des Einsatzes pädagogischer Fachkräfte in den Kindergärten und Schulen jede fünfte Erzieherin und jede fünfte Lehrerin aus einer Einwandererfamilie kommen.

Fazit

In den Studien zur pädagogischen Qualität wird immer wieder darauf hingewiesen, dass die Kompetenz der Leitung und des pädagogischen Fachpersonals – Erzieherinnen und Lehrerinnen – für die Sicherung der Qualität in einer Bildungseinrichtung von ausschlaggebender Bedeutung ist. Innerhalb der Sprachförderung werden in den vorschulischen, aber auch in den schulischen Einrichtungen verschiedene Personengruppen eingesetzt. Da gibt es z. B. ehrenamtlich tätige pensionierte Pädagogen, pädagogische Fachkräfte wie Kinderpflegerinnen, Erzieherinnen, Logopädinnen, Sprachtherapeuten, Sprecherzieherinnen und Lehrerinnen für Grund-, Haupt- und Förderschulen mit entsprechender Ausbildung und Fortbildung, aber auch externe Berufsgruppen wie Fachärzte und Psychologen. Schließlich sei auch auf das bayerische Modell der Sprachberatung hingewiesen, bei dem sich alle pädagogischen Fachkräfte hinsichtlich der Sprachförderung theoretisch und praktisch weiter qualifizieren.

Schlüsselbegriffe

pädagogische Fachkräfte, Kinderpflegerin, Erzieherin, Sozialassistentin, Sprachheillehrer, Sprachtherapeut, Sprecherzieher, Sprachberatung, Coaching, Phoniater, Pädaudiologe, Kompetenzen, Migrantenquote

Fragestellungen

- Welche pädagogischen Fachkräfte arbeiten in den vorschulischen und schulischen Einrichtungen?
- Welche Experten werden aus dem außerschulischen Bereich dringend benötigt?
- Wo haben wir den größten Nachholbedarf?
- Was verstehen wir unter Sprachberatung und unter Coaching im pädagogischen Bereich?

Querverbindungen in diesem Buch

vgl. hierzu auch die Kapitel 1.3, 3.1, 3.2, 3.3, 3.4 und 3.5

Weiterführende Literatur

Beauftragte der Bundesregierung für Ausländerfragen (Hrsg.) (2000): Hallo, Hola, Ola. Sprachförderung in Kindertagesstätten. Bonn, Berlin: Bonner Universitäts-Buchdruckerei.

Ludwig-Maximilians-Universität München (Hrsg.) (2006): Sprache lernt man nur durch Sprechen. Bausteine zur Sprachförderung im Unterricht. Grundschule und Förderschule. DVD. München: Universitätsverlag.

Wagner, R.W. (2006): Mündliche Kommunikation in der Schule. Paderborn, München, Wien, Zürich: Verlag Schöningh.

Wehrmann, I. (2008): Akademiker in der frühkindlichen Bildung. In: didacta (Hrsg.): Das Magazin für lebenslanges Lernen, 64–67.

3.7

Bildung sozialer Netzwerke

Der Mensch wird nur zum Menschen über die Sprache. Sprache ist ein existenziell notwendiges und elementares Interaktionsmedium. Alle Kinder gleich welcher Herkunft und Begabung lernen und erwerben die Sprache am besten durch den persönlichen Kontakt mit einer oder mehreren Bezugspersonen ihres direkten Umfelds. Von daher sollten wir uns nicht nur auf die klassischen Kategorien Wortschatz, Artikulation, Satzbau und Bedeutung im Sinne einer linguistisch ausgerichteten Sprachförderung konzentrieren, sondern das soziale und situative Lernen in der Kooperation mit anderen Personen betonen, bei dem der Dialog, das Gespräch, das Erzählen und die Konversation im Mittelpunkt stehen.

3.7.1 Pädagogische Fachkräfte als Beziehungsmanager

Kinder und Schüler lernen die Sprache am besten durch den Kontakt zu Personen, die ihnen wichtig sind. Individuelle Sprachförderung lebt von den sozialen Beziehungen und der zwischenmenschlichen Kommunikation und braucht Handlungen, die für Kinder Sinn machen und lebensbedeutsam sind. Was die Sprachförderung angeht, so brauchen wir zur Umsetzung dieser Konzeption eine ganzheitlich ausgerichtete und natürliche Intervention im Sinne der Ko-Konstruktion, bei der sich alle Kommunikationspartner authentisch einbringen. Die moderne Hirnforschung (vgl. Hüther 2006) weist darauf hin, dass das Gehirn nicht nur ein Denkorgan, sondern ebenso ein Sozialorgan ist. Von daher ist das soziale Lernen und der Erwerb sozialer Kompetenzen ein wesentlicher Baustein und Schwerpunkt der heutigen Sprachförderung. Allerdings wissen wir – und das sollte uns zum Nachdenken anregen –, dass soziales Lernen im Alltag der pädagogischen Praxis nebenher mitläuft und meist beiläufig und ohne gezielte pädagogische Intention auftritt. Sprachscheue oder ängstliche Mütter und Erzieherinnen sind unbemerkt Modelle für sprachscheue und ängstliche Kinder. Wir sollten davon ausgehen, dass eine Vielzahl von sozialen und sprachlichen Verhaltensweisen auf diese Weise zustande kommt. Ähnliches gilt für die Medien Film und Fernsehen, die auf das Sprachverhalten von Kindern teilweise verheerende Auswirkungen haben.

Hier sind die pädagogischen Fachkräfte mehr gefordert denn je, denn sie sind es, die erstens Sprechanlässe geschickt herbeiführen, zweitens bestehende soziale Beziehungen unterstützen und drittens nach neuen Wegen und Möglichkeiten suchen können, neue Beziehungen zu fremden Personen herzustellen. Die pädagogischen Fachkräfte sind Beziehungsmanager und sollten dementsprechende Lernarrangements herstellen (Heiliger 2008, 74f.). Die Veränderung der Beziehung zu anderen Menschen oder zu einer Gruppe von Menschen wie z. B. der Kindergartengruppe ist ein wichtiges Ziel der sozialen Entwicklung als Grundlage der Sprachförderung. Im Kindergarten muss es für die Kinder darum gehen, die sozialen Beziehungen auszuweiten, eine höhere Dauer der Interaktionen zu erreichen sowie differenzierte Vorstellungen und verfeinerte Strategien zu entwickeln, um höhere Sprachanteile zu gewinnen und die Sprache der anderen aufzunehmen, zu entschlüsseln und zu verstehen. Als weitere Aufgabenstellungen sind zu nennen:

Solidarität,
d. h. die Bereitschaft und Fähigkeit zu gemeinsamen Handlungen in kleineren Gruppen und das Gefühl der Zusammengehörigkeit im Sinne des Erkennens der gemeinsamen Situation;

Ich-Identität,
d. h. die Bereitschaft und Fähigkeit, Erwartungen fremder Personen und die eigenen Bedürfnisse so zu verarbeiten, dass sich ein eigenes selbstbestimmtes Rollenverhalten entwickelt und dieses im Alltag eingesetzt werden kann;

soziale Sensibilität,
d. h. die Bereitschaft und Fähigkeit, sich in die Rolle und Situation eines anderen Menschen zu versetzen, sich in seine persönliche Lage hineinzufühlen und das Resultat dieser Überlegungen mit in das eigene Verhalten mit einzubeziehen;

Toleranz,
d. h. die Bereitschaft und Fähigkeit, die Andersartigkeit und Eigentümlichkeit auch im Sinne von Tics und Marotten anderer zu erkennen, zu respektieren und möglicherweise zu hinterfragen;

Regelumgang,
d. h. die Bereitschaft und Fähigkeit, wichtige Regeln des Zusammenlebens wie beispielsweise die Gesprächsregeln im Kindergarten zu erarbeiten, zu beachten und wenn nötig zu korrigieren.

3.7.2 Empowerment und Mentoring

Als weitere Ideen zur Förderung des sozialen Lernens und damit als wichtige Stütze der individuellen Sprachförderung soll das Empowerment und Mentoring in Betracht gezogen werden. Beide Ideen und Konzepte entstammen nicht dem pädagogischen Bereich.

Empowerment als Idee, Konzept und Haltung kommt aus der amerikanischen Sozialbewegung – insbesondere aus der Bürgerrechts- und Frauenbewegung – und zeigt einen Weg auf, um die eigenen Stärken zu sehen und die vorhandenen Ressourcen stärker und gezielter einzubringen. Empowerment ist eng verknüpft mit Mut, Zivilcourage und sozialen Protesten gegen vorherrschende Missstände beispielsweise in bestimmten Schichten wie z. B. in den bildungsfernen Milieus und in bestimmten Familien wie z. B. in den Familien zugewanderter Kinder. Um die Bedingungen dieser Kinder zu verbessern, ist der rechtlich organisierte soziale Protest notwendig. „Empowern" als Verb bedeutet, Menschen in benachteiligten Verhältnissen zu stärken, dazu braucht man die Kommunikation und die Sprache. Gerade die menschliche Sprache macht stark, selbstbewusst, unabhängig, frei und mündig. Wir müssen die sprachlichen Stärken der Kinder entdecken und dann gezielt und individuell fördern. Wir brauchen daher die vom Alter, dem Geschlecht, den schulischen Leistungen und der Sprache her heterogene Gruppe, damit die Kinder auf die „ältere Schwester", auf ältere Mitschüler oder auf Gleichaltrige zurückgreifen können, um sich Hilfe zu holen (vgl. Roth 2008, 6 f.).

Als eine weitere Ergänzung und sinnvolle Unterstützung des Empowerment ist das Mentoring zu nennen. Das Konzept ist einfach: Starke helfen Schwachen, Ältere helfen Jüngeren, Erfahrene helfen Unerfahrenen; dabei können verschiedene Menschen wie z. B. Schauspieler, Journalisten, Sänger, Künstler, aber auch pensionierte Pädagogen und andere in der Sozialarbeit erfahrene Personen Mentoren und damit gute sprachliche Vorbilder sein. Ein Junge oder ein Mädchen bekommt einen Mentor und beide treffen sich jede Woche einmal und bleiben mindestens im letzten Kindergartenjahr bis zur Einschulung als Tandem zusammen. Hier geht es darum, dass leistungsstarke Schüler leistungsschwächere Schüler, ältere Kinder jüngere Kinder und erfahrene Schüler unerfahrene Schüler unterstützen, beraten und begleiten wie z. B. Schüler der vierten Klasse die ABC-Schützlinge bei der Einschulung. Ebenso können junge und wenig erfahrene pädagogische Fachkräfte durch geeignete und kompetente Fachkräfte, die als Mentoren fungieren und die individuelle Sprachförderung schon seit Jahren planen, gestalten und durchführen, in diese Arbeit eingeführt und von diesen weiterhin begleitet werden. Kompetente Eltern sollen als Mentoren zur Unterstützung innerhalb der pädagogischen Arbeit eingesetzt werden wie z. B. bei der Vorbereitung einer Autorenlesung und der Durchführung einer Vorlesestunde im Kindergarten oder in der Schule. Mentoren sollen gute Vorbilder in der Sprache und beim Sprechen sein. Sie übernehmen die Aufgabe und Funktion eines Ansprechpartners, einer vertrauensvollen Kontaktperson, eines ideenreichen Mutmachers und eines Rollenvorbilds. Die neu erlebte Wertschätzung der Kinder und die Vielzahl der neuen Impulse und Anregungen durch die Mentoren erhöhen die Lernmotivation, verlängern die Frustrationstoleranz, erhöhen die Leistungsbereitschaft und allgemeine Lernmotivation und verbessern erheblich die soziale Kompetenz im Kindergarten. Gerade für zugewanderte Kinder mit Migrationshintergrund bietet dieses Mentoring eine Gelegenheit, beim Erwerb der deutschen Sprache als Zweitsprache aktiv und durch gute Vorbilder unterstützt zu werden. Aber auch deutsche Kinder mit Sprachschwierigkeiten und Sprechproblemen profitieren von dem Mentoring, weil sie durch gute Vorbilder und geeignete Verbesserungsstrategien in ihrer Muttersprache unterstützt werden (vgl. Langen 2008, 12 f.).

3.7.3 Bildung heterogener Gruppen

Es gibt prominente Befürworter der Bildung heterogener Gruppen in der individuellen Sprachförderung: Erinnern möchte ich zunächst an die sehr bekannte italienische Reformpädagogin Maria Montessori (1870–1952), die altersheterogene Gruppen in ihrer Förderkonzeption favorisierte. Jüngere Kinder lassen sich lieber von älteren Kindern helfen, und die älteren Kinder treten als Tutoren oder gar Mentoren auf, wenn es um sprachliche Anregungen und Korrekturen geht. Ebenso hat der russische Sprach- und Entwicklungspsychologe Lew Semjonowitsch Wygotski (1896–1934) die Unterstützung kompetenter Gesprächspartner gefordert. Diese Aufgaben können ältere und kompetente Kinder oder Mitschüler übernehmen und sie können dadurch den für die Sprachförderung so wichtigen Dialog üben. Schließlich hat auch der amerikanische Psychologe Albert Bandura (geb. 1925) immer wieder in seinen Veröffentlichungen darauf aufmerksam gemacht, dass ältere Kinder und Schüler in der altersgemischten Gruppe oder Klasse gute Vorbilder für die jüngeren Kinder sind.

Zur Umsetzung dieser sozial ausgerichteten Sprachförderung sind folgende Schritte und didaktische Elemente notwendig:

Team-Gruppen-Modell

Es geht um das Bereitstellen natürlicher Lernsituationen aus der direkten Umwelt des Kindes, d. h. es wird keine ausschließliche Förderung in der Einzelsituation zwischen Kind und Erwachsenem angeboten, sondern eine heterogene Gruppenstruktur mit deutschen und zugewanderten Kindern, mit begabten und weniger begabten Kindern. Sprache soll in diesen Situationen als Einheit von Sinn und Form erlebt werden. Wir brauchen mindestens zwei oder mehr Erwachsene wie z. B. eine pädagogische Fachkraft und ein Elternteil sowie eine Gruppe von fünf bis sieben Kindern verschiedener Begabungen, unterschiedlichen Geschlechts und verschiedener Herkunft.

Verstehende Förderung

Es geht um die gemeinsame Gestaltung der zwischenmenschlichen Begegnung. Dabei steht das Sprachverstehen zunächst im Mittelpunkt. Sprachverstehen ist der Vorgang, der durch sprachliche, nichtsprachliche, kommunikative, soziale und kognitive Faktoren gefördert, oder aber auch gehemmt bzw. vernachlässigt werden kann. Das Kind soll nicht nur laut und deutlich erzählen und immer wieder erzählen, es soll Sprache hören und immer wieder hören, damit es auf den Inhalt, das Thema, aber auch auf die Motivation zum Sprechen, die Beziehungen zum Partner, die Mimik, Gestik, Körpersprache und die Kommunikation untereinander besser achten kann.

Geistige Abstimmung

Der vorsprachliche Dialog zwischen Mutter und Kind weist uns bereits auf diese Art der Sprachförderung hin. Hier erfolgen bereits auf eine sehr subtile

Art und Weise geistige Abstimmungen. In diesen Situationen lernt das Kind, dass kognitive Absichten auch nonverbal übermittelt werden, und zwar über Augenkontakt, Gesten, Gesichtsausdruck und die durchgeführten Handlungen und Tätigkeiten in der augenblicklichen Lernsituation. Die Sprache wird zusätzlich zu sozialen Rollen erworben. Wichtig ist die geistige Herausforderung in sprachlichen Lernsituationen, die das Kind zu kognitiven Abstimmungsprozessen herausfordert.

Prosodisches Lernen

Die Entwicklung der Sprache besteht gerade in den ersten Lebensmonaten und -jahren in einer ständigen Ausformung und Ausdifferenzierung der ersten Worte und ersten Sätze unter komplexen kommunikativen Bedingungen. Der Ausdruck der Sprache und das kindliche Sprechen werden sehr nachhaltig durch die Sprachmelodie, die Sprechgeschwindigkeit, die Lautstärke, die Intonation und den Sprachrhythmus geprägt und gesteuert. Das Kind braucht ein prosodisches Gefühl für den besonderen und persönlichen Ausdruck in der und durch die Sprache. Dieses Ziel kann sehr gut über das Vor- und Nachsprechen von Reimen, Versen und Kindergedichten sowie das Singen und Klatschen von Kinderliedern wie z. B. „Der Bi-Ba-Butzemann" eingeübt werden.

Demonstration der Aussprache

Wie bereits bei Fröbel sollte die Aussprache über das Anschauen der Kommunikationspartner, hier insbesondere der Mutter, des Freundes oder der Erzieherin intensiv, jedoch nicht verschult eingeübt und praktiziert werden. Solche Anschau-Sprechübungen können spielerisch verpackt zu sehr nachhaltigen Korrekturen beim Sprechen führen. Hier ist das Sprechen und Bewegen vor einem großen Spiegel eine geeignete Hilfe. Die artikulatorische Geste beim Sprechen lenkt die Aufmerksamkeit und Motivation auf das eigentliche Sprechen und weniger auf den Inhalt des Gesagten. Somit erhöhen wir die Intensität der auditiven Wahrnehmung des Gesagten. So können vom Kind neue Bewegungsabläufe bei der Artikulation schneller und leichter übernommen und automatisiert werden.

Engagiertes Sprechen

Das Kind kann durch eine überhöhte Aussprache und Kommentierung des Gesagten durch den Partner zu neuen Dimensionen von Sprache geführt werden. Erst durch ein überhöhtes Echo und hohes Engagement beim Sprechen wird die Übernahme sprachlicher Äußerungen erhöht. Ich muss das Kind auf allen Ebenen erreichen und zwar emotional, sozial und kognitiv.

Dabei sind eine sehr persönliche Ansprache, eine liebevolle Annahme des Kindes als Grundhaltung, Humor, geistiger Witz, eine gute Gesprächsatmosphäre, aber auch kognitive Anforderungen an die Sprachverarbeitung über das Gedächtnis, die Fantasie, die Kreativität und das Gespräch wichtige Grundlagen.

Erhöhte Aufmerksamkeit für sprachliche Äußerungen
Aufgrund von experimentellen Untersuchungen wissen wir, dass schon passives Registrieren effektiv für den Erwerb und die Modifikation einer Grammatikstruktur sein kann. Die Wahrnehmung einer wiederkehrenden Struktur wie z. B. durch Kinderlieder, Reime, Kindergedichte, Antwortstil und Gestik ist dabei eine wichtige Stütze und Hilfe. So übernimmt das Kind auch im Dialog mit der Mutter ganze Dialogpassagen, Klanggestalten und geistige Haltungen. Es ist nicht so, dass Laute zu Wörtern und Wörter zu Sätzen zusammengefügt werden. Von daher sind einzelne Laute und einzelne Wörter keine gute Basis zur Erweiterung der kommunikativen Fähigkeiten des Kindes.

Fazit

Spracherwerb, Sprachentwicklung und die individuelle Sprachförderung brauchen ein ausreichendes Netz an sozialen Kontakten und Beziehungen, damit die Kinder Vertrauen zu anderen Personen aufbauen und die Sprache und das Sprechen altersgemäß entwickeln können. Wir sollten Lernsituationen aus der Lebenswelt der Kinder aussuchen und so arrangieren, dass vielfältige soziale Anregungen angeboten werden. Um das soziale Lernen zu fördern und für die individuelle Sprachförderung nutzbar zu machen, werden das Empowerment und das Mentoring als weitere Möglichkeiten genannt. Um die sozial orientierte Sprachförderung umzusetzen, eignet sich das Team-Gruppen-Modell besonders, weil hier mehrere Erwachsene mit einer heterogenen Gruppe von Kindern (vier bis sechs Kinder) in Kontakt treten und mit diesen Kindern sprechen.

Schlüsselbegriffe

Soziales Lernen, Beziehungsmanager, Gehirn als soziales Organ, Empowerment, Mentoring, Team-Gruppen-Modell, verstehende

Förderung, geistige Abstimmung, engagiertes Sprechen, erhöhte Aufmerksamkeit für Wörter und Sätze

Fragestellungen

- Wie können pädagogische Fachkräfte ihre Aufgabe und Rolle als Beziehungsmanager wahrnehmen?
- Was verstehen wir unter dem Konzept Empowerment?
- Warum sollte das Konzept Mentoring nicht flächendeckend in der individuellen Sprachförderung umgesetzt werden?
- Wie kann eine eher sozial ausgerichtete individuelle Sprachförderung organisiert und methodisch gestaltet werden?
- Welche Vorteile bieten heterogene Fördergruppen?

Querverbindungen in diesem Buch

vgl. hierzu auch die Kapitel 3.6 und 3.9

Weiterführende Literatur

Roth, R. (2008): Empowerment-Beiträge zu einer solidarischen Bürgergesellschaft. In: Körber-Stiftung (Hrsg.): Forum für Impulse. Ideenarchiv „Empowerment. Menschen stärken". Kiel: Grafik + Druck, 6–10.

Langen, C. (2008): Mentoring. In: Körber-Stiftung (Hrsg.): Forum für Impulse. Ideenarchiv „Empowerment. Menschen stärken". Kiel: Grafik + Druck, 12–14.

Heiliger, A. (2008): Lehrer als Beziehungsmanager. In: didacta (Hrsg.): Das Magazin für lebenslanges Lernen, 74–77.

3.8 Medien

Medien sind Kommunikationsmittel für Informationen jeglicher Art. Über die Medien werden zwischen Sender und Empfänger Botschaften vermittelt. Da in der individuellen Sprachförderung von den pädagogischen Fachkräften nicht immer bewusst und gezielt Medien eingesetzt werden, ist es wichtig, die Medien allgemein, die Mediendidaktik und die Medienpädagogik kritisch zu reflektieren. Werfen wir zunächst einen Blick in die Geschichte und Entwicklung der Medien, damit wir die heutige Medienlandschaft besser verstehen und einschätzen können.

3.8.1 Rückblick und Entwicklungen

Bei einem Rückblick in die Geschichte der Medien können wir sechs Phasen unterscheiden (vgl. hierzu Bolz 2009, 872):

1. Die Mündlichkeit – also die menschliche Sprache – angefangen mit den Lauten und der Körpersprache mit all den dazugehörenden Symbolen und Signalen beginnt in der menschlichen Vorgeschichte. Aus dieser Epoche haben wir jedoch keine Schriftzeugnisse, sondern wir müssen uns auf Mythen, Sagen und Legenden stützen.

2. Die Schriftlichkeit hat ihre Anfänge ca. 5000 Jahre vor Christi Geburt mit der Erfindung der Schrift.
3. Erst das gedruckte Buch – die Erfindung des Mainzers Gutenberg – führt uns in eine neue Ära der Medien.
4. Ab dem Mittelalter können wir – hierunter fällt auch die Entwicklung der ersten Fibeln – von Massenmedien sprechen, und wir subsumieren unter diesem Begriff auch die Zeitungen, Zeitschriften, den Rundfunk und vor allem das Fernsehen. Dies sind aber keine neuen Medien.
5. Jetzt beginnt das Zeitalter der Digitalisierung. Die Erfindung des Computers kann man durchaus mit der Erfindung des Buchdrucks vergleichen. Des Weiteren haben wir in den letzten Jahren eine zunehmende Verlagerung des Interesses von der reinen Informationsverarbeitung hin zur Kommunikation festgestellt.
6. Auf die bereits erwähnte Phase der Digitalisierung folgt die Epoche der Vernetzung – jetzt sind wir in der Gegenwart angekommen. Diese Phase zeichnet sich auch durch die hohe technologische Geschwindigkeit und eine immer kürzer werdende Halbwertzeit aus, d. h. erfundene neue Medien sind zum Zeitpunkt ihrer Erfindung bereits schon wieder veraltet.

Die hier beschriebenen Epochen der Mediengeschichte sind gleichzeitig ein Beleg für die Entwicklung der Menschheit und des Menschen. Die ontogenetische Entwicklung des Neugeborenen und Säuglings, später des Kleinkindes und schließlich des Schulkindes durchläuft diese beschriebenen Phasen in den ersten Lebensjahren. Die Mutter kommuniziert zunächst mit dem Kind über die Körpersprache, danach werden die ersten Laute und Wörter gebildet, Bilderbücher werden als Anregungen genutzt, um das Sprechen und Denken zu fördern, Radio und Fernsehen sind aus den Kinderzimmern sowieso nicht mehr wegzudenken, bis schließlich der erste Computer das Kind in die Geheimnisse der neuen Medien und Techniken einführt.

3.8.2 Umgang mit Medien

Die Sprachförderung ist von Anfang an auf die Aufnahme, Verarbeitung, Speicherung und Reflexion von Informationen angewiesen. Dabei haben die Kinder im Elternhaus und in den Bildungseinrichtungen mit der Beschleunigung und Informationsüberlastung zu kämpfen. Wir wissen nicht zuletzt aus den kritischen Hinweisen der Hirnforscher, dass der Einsatz der neuen Medien vielfältige Gefahren für die Entwicklung und Weiterbildung von Denken, Sprache und Sprechen nach sich zieht. Wie können Kinder sich in dieser sich rasch verändernden Welt noch orientieren und dabei sinnvoll lernen? Wie können wir Kinder qualifizieren, mit der Flut der Informationen umzugehen, und wie können wir die Komplexität der Medien reduzieren und so komprimieren, dass Kinder die richtigen Informationen entnehmen, verstehen, verarbeiten und abspeichern können? Für Kinder und Schüler geht es um die Klärung der einfachen Frage: Was ist wirklich wichtig? Hier können Medien gezielt und dosiert eingesetzt werden, um die Kommunikation, die Sprache und das Sprechen zu verbessern. Der Einsatz von Medien in der Sprachförderung und damit bei den Lernvorgängen des Kindes erfordert eine Orientierung an den Voraussetzungen des Kindes, an den Rahmenbedingungen des Kontextes sowie den Eigenschaften des Mediums.

Medien dienen dem Spielen, dem Lernen und der Kommunikation und damit auch der Sprachförderung. Dabei können wir allgemein unterscheiden zwischen den

- Individualmedien, die von einzelnen Personen genutzt werden, und den
- Massenmedien, die sowohl aus der Perspektive des Anbieters als auch aus der Perspektive des Benutzers gewisse Risiken in sich tragen (vgl. Presse- und Informationsamt der Bundesregierung 2007, 157).

Alle Medien wie Zeitung, Illustrierte, Buch, Rundfunk, Fernsehen, Video, Computer schaffen besondere Bedingungen und Möglichkeiten für das Spielen, Lernen und Sprechen. Die meisten Kinder werden heute sehr früh mit einer Vielzahl elektronischer Medien wie z. B. Computer, Fernseher, Video, Radiogeräte usw. überschüttet, die ihnen vielfältige Informationen und neue Erfahrungen zukommen lassen, meist jedoch aus zweiter Hand. Die Primärerfahrungen werden dadurch sehr vernachlässigt und zurückgedrängt, und die Kinder erwerben ein sehr stark medial geprägtes Welt- und Menschenbild. Oft täuschen jedoch einfache und oberflächliche Medienkompetenzen über nachhaltige Erfahrungen und Lernerlebnisse hinweg. Die Medien sind nun einmal Bestandteil unserer Lebenswelt und können daher auch für verschiedene Zwecke auch im Bereich der Sprachförderung gezielt genutzt und eingesetzt werden. Wir können die Medien in verschiedene Gruppen unterteilen; diese Übersicht erhebt nicht den Anspruch auf Vollständigkeit und Systematik:

- Massenmedien wie die gängigen Medien Fernsehen, Zeitung, Zeitschrift und Rundfunk,
- elektronische Medien wie Computer, Internet usw.,
- visuelle Medien wie Papierprogramme, die aus Arbeitsblättern oder Bildern bestehen,

- audiovisuelle Medien, die aus Arbeitsblättern, Spielkärtchen und vorbereiteten Tonträgern wie CD bestehen,
- multifunktionale Medien wie PC, Internet und Handy sowie
- die „guten alten" Hand- und Tierpuppen.

Traditionell umfassen die in der Sprachförderung und im Unterricht eingesetzten Medien Bücher, Filme und Fernsehen; weiterhin gewinnt der Computer in der Sprachförderung immer mehr an Bedeutung (vgl. Mandl/Kopp 2007, 498).

Neben den genannten Medien bzw. Mediengruppen gibt es im Rahmen der Sprachförderung auch noch eine Reihe von Materialien, die ebenfalls zur sprachlichen Förderung eingesetzt werden. Die vorhandene Vielfalt an Medien und Materialien kann zu weitergehenden sprachanregenden Situationen und Gelegenheiten führen. Mit den genannten Medien können in unterschiedlich arrangierten Lernsituationen verschiedene Sinne angesprochen und gezielt gefördert werden. Im weiteren Verlauf möchte ich nun, ohne dabei eine Rangfolge und Hierarchie zu verfolgen, einige für die kindliche Sprachförderung geeigneten Medien und Materialien kurz vorstellen (vgl. hierzu Beauftragte der Bundesregierung für Ausländerfragen 2000, 42 ff.).

Im Vordergrund jeglicher Sprachförderung stehen der Dialog und das Gespräch; geeignete Gesprächssituationen bieten sich beim Basteln, Malen, Ausschneiden, beim Waschen, Frühstücken, beim Betrachten von Bildern, beim Vorlesen aus dem Buch oder beim Umgang mit Hand- oder Tierpuppen an.

In der Sprachförderung sollten das aktive Aufpassen, das Zuhören und das Verstehen viel stärker gefördert werden; hier gibt es einen immensen Nachholbedarf. Hier bietet sich das regelmäßige Vorlesen von Märchen und Geschichten bereits in den ersten Lebensmonaten und -jahren an. Über das Hören von Sprache und das Zuhören wird sich die Sprache der Kinder automatisch weiterentwickeln und zu neuen Wörtern und Satzmustern führen. Ebenso werden bei Liedern, Sing- und Tanzspielen das Singen und Sprechen in Verbindung mit Tätigkeiten verknüpft und gefördert. Gerade sprachscheue und sprechgehemmte Kinder können hier wichtige Fortschritte erzielen. Das Singen schafft angstfreie Situationen und lockert das Sprechen. Generell ist der Zugang zur Sprache und zum Sprechen über den rhythmisch-musikalischen Bereich bestens geeignet. Das Betrachten von Bildern und Bilderbüchern mit auf das Alter bezogenen Bild- und Textanteilen fördert das Gespräch. Die Kinder werden hier zum spontanen Sprechen, zum Fragen und Erzählen animiert. Der Einsatz technischer Medien wie z. B. Hörspielkassetten, CDs und Videos kann den Kindern die Vielfalt der Sprache nahebringen. Über Fingerspiele kann die symbolische Bedeutung der Sprache besonders gut vermittelt werden, und diese erleichtern den Zugang zur Sprache. Kreis- und Singspiele können über den Einsatz von leisem und lautem Sprechen, von Mimik und Gestik und das Umsetzen von Sprache und Singen in der Bewegung das Verstehen fördern. Kimspiele und Ratespiele wie z. B. „Wo sitzt der Bär?" regen alle Sinne an. Sie eignen sich in besonderer Weise für die Herausarbeitung bestimmter, unbekannter Begriffe und führen zur Erweiterung des Wortschatzes. Rollenspiele wie z. B. das Miteinandertelefonieren sind bekannte Alltagssituationen und regen das Sprechen in besonderer Weise an. Tischspiele wie Bilder, Puzzles, Domino- und Memoryspiele müssen altersentsprechend und entwicklungsadäquat eingeführt werden. Der Umgang mit Puppen und Marionetten schafft einen schnellen und stressfreien Zugang zur Sprache und zum Sprechen und erleichtert die Kontaktaufnahme der Kinder und Erwachsenen untereinander. Auch beim Malen und Basteln ist die Sprache wichtig, weil hier bestimmte Anweisungen der Erzieherin verstanden und umgesetzt werden müssen. Insgesamt wird die Palette der Medien und Materialien innerhalb der Sprachförderung durch den gezielten Einsatz von Sprachspielen wie z. B. Abzählversen oder Auszählreimen abgerundet.

Zentrales Medium der sozial ausgerichteten Sprachförderung mit hohem kognitiven Niveau ist das Bilderbuch. Das Bilderbuch ist ein illustriertes Kinderbuch, in dem Bilder den Text dominieren oder ergänzen. Bilderbücher enthalten meist interessante Themen und Inhalte, lehrreiche und fantastische Geschichten, um den Alltag besser verstehen und einen wichtigen Beitrag zur Problembewältigung leisten zu können. Was die individuelle Sprachförderung angeht, können wir eine Reihe von Medien und Materialien als „mediale Klassiker" empfehlen:

- der Spiegel zum Training der Aussprache,
- der Kassettenrekorder zur Aufnahme von Geräuschen, Klängen und Sprache, ebenso geeignet für die Hörerziehung,
- die Wattebällchen für das Pustetraining,
- Bilder und das Bilderbuch zum dialogischen Bilderbuchbetrachten,
- CD und Hörspielkassetten zum gezielten Hören und Singen von Liedern, aber auch für Sing- und Tanzlieder, bei denen das Sprechen, Singen und Bewegen gleichzeitig gefordert ist,
- Kinderliteratur zur Literacy-Erziehung und
- Handpuppen, Marionetten und Fingerpuppen, die den Zugang zur Sprache erleichtern und das Miteinandersprechen unterstützen.

Fazit

Zunächst beschäftigen wir uns mit einem kurzen Rückblick der Mediengeschichte, um die heutige Problematik der Medienerziehung besser verstehen zu können. Dabei werden sechs Epochen unterschieden: die mündliche Sprache, die schriftliche Sprache, die Erfindung des Buchdrucks, der allmähliche Einzug der Massenmedien, die in den letzten Jahrzehnten einsetzende Digitalisierung und die Vernetzung, die unsere Zeit ausmacht und die durch die so genannten neuen Medien gekennzeichnet ist. Heute sind wir mit der Beschleunigung und Informationsüberlastung als modernen Formen der Reizüberflutung auch im Bereich der Sprachförderung konfrontiert. Es gibt verschiedene Einteilungsversuche hinsichtlich der Medien und Vorschläge für den gezielten Gebrauch von Medien in der individuellen Sprachförderung. Das Bilderbuch gehört zu den zentralen und wichtigen Medien der Sprachförderung.

Schlüsselbegriffe

Flow Control, Mediendidaktik, Medienpädagogik, Medienerziehung, Beschleunigung, Informationsüberflutung, Individualmedien, Massenmedien, Bilderbuch, mediale Klassiker

Fragestellungen

- Wie können sich die Kinder in der heutigen Welt der Medien noch zurechtfinden und organisieren?
- Wie gehen die Kinder mit der Informationsüberflutung um und wie können sie Techniken entwickeln, um die richtigen Informationen aufzunehmen, zu speichern, zu verarbeiten und zu verstehen?
- Was verstehen wir unter Individualmedien und Massenmedien, und wo gibt es Überschneidungen?
- Warum gehört das Bilderbuch zu den wichtigsten und anspruchsvollen Medien der individuellen Sprachförderung?
- Welche Klassiker eignen sich für die Sprachförderung besonders und welche Funktionen können wir damit trainieren?

Querverbindungen in diesem Buch

vgl. hierzu auch die Kapitel 1.3, 1.4, 1.7, 2.5, 2.6 und 2.7

Weiterführende Literatur

Beauftragte der Bundesregierung für Ausländerfragen (Hrsg.) (2000): Hallo, Hola, Ola. Sprachförderung in Kindertagesstätten. Berlin, Bonn: Bonner Universitätsdruckerei, 41–46.

Bolz, N. (2009): Flow Control. Über den Umgang mit Informationen in einer Zeit der Sintflut des Sinns. In: Forschung & Lehre: Wie lernt der Mensch, 9, 872–874.

Mandl, H. & Kopp, B. (2007): Medienpädagogik. In: Tenorth, H.-E. & Tippelt, R. (Hrsg.): Beltz Lexikon Pädagogik. Weinheim, Basel: Beltz Verlag, 496–499.

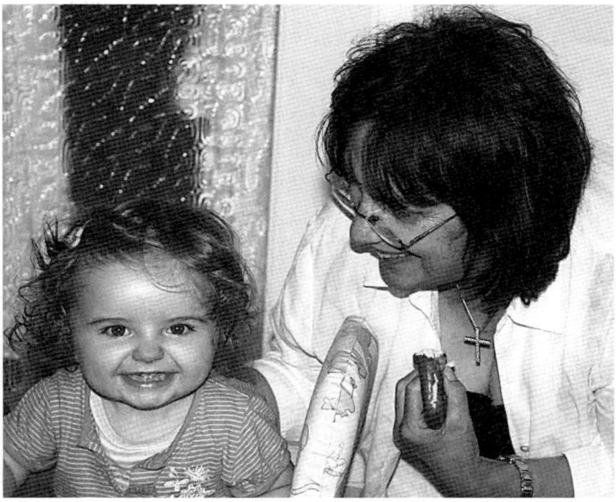

3.9

Evaluation und pädagogische Qualität

Unter Evaluation – wörtlich übersetzt Bewertung oder Beurteilung – verstehen wir im pädagogischen Bereich all jene Prozesse, die sich mit der Analyse und Bewertung eines Konzeptes, einer Maßnahme oder eines Sachverhaltes wie z. B. der Sprachförderung beschäftigen (Feuerhelm 2007, 180). Dabei kann eine einzelne Maßnahme im pädagogischen Bereich nur im Kontext der gesamten Maßnahmen von Bildung, Erziehung und Förderung und im Kontext des komplexen Systems der Bildungseinrichtungen Krippe, Kindergarten oder Grundschule bewertet und eingeschätzt werden. Das Bewerten und Interpretieren von Sachverhalten, Vorgängen und Zusammenhängen steht dabei im Vordergrund und nicht das Bewerten und Einschätzen der in der Verantwortung stehenden pädagogischen Fachkräfte. Hier sollten wir im Umgang mit den Erzieherinnen und Erziehern und den Lehrerinnen und Lehrern zunächst sehr schonend, umsichtig und sensibel vorgehen. Insgesamt geht es bei der Evaluation um die Sicherung und Verbesserung der pädagogischen Qualität in den vorschulischen und schulischen Einrichtungen.

3.9.1 Formen und Bereiche

Evaluation ist zu einem viel beanspruchten Begriff geworden. Grundsätzlich ist es aber notwendig, dass es einen kompetenten Auftraggeber gibt, der die Evaluation beantragt und durchführen lässt und auf Grund der Evaluationsergebnisse notwendige organisatorische und strukturelle Veränderungen und Korrekturen inhaltlicher Art durchführt. Allgemein werden verschiedene Formen der Evaluation unterschieden (vgl. Wottawa 2001, 152 ff.): Wir unterscheiden zunächst zwischen der Selbstevaluation und der Fremdevaluation, wobei die Grenzen zwischen beiden Formen fließender Natur sind. Die Selbstevaluation wird von der pädagogischen Fachkraft durchgeführt, die die Förderung selbst plant und durchführt. Dies kann zu sehr subjektiven und persönlich wohlwollenden Bewertungen führen. Bei der Fremdevaluation sieht das anders aus; hier werden externe Fachkräfte zur Durchführung der Evaluation in die Einrichtung geholt. Der externe Blick kann dann auch zu einer objektiveren Analyse, Betrachtung und Einschätzung der geleisteten Arbeit führen. Weiterhin kann zwischen einer geschlossenen Evaluation und offenen Evaluation untergliedert werden. Im Rahmen einer geschlossenen Evaluation werden die ermittelten Daten, Informationen und Bewertungen nur intern im Team der vorschulischen Einrichtung oder im Kollegium der Schule präsentiert und diskutiert, um die notwendigen Konsequenzen ableiten zu können. Bei der offenen Evaluation erfolgt eine öffentliche Präsentation der Resultate wie z. B. im Vorschulausschuss des Kindergartens oder der öffentlichen Elternversammlung im Rahmen eines Elternabends der Grundschule. Hier besteht die Gefahr, dass interne Informationen nach außen an die Öffentlichkeit, vielleicht sogar an die lokale und regionale Presse gelangen. Bei der offenen Evaluation ist stets zu prüfen, ob der Datenschutz für die betroffenen Personen nicht verletzt wird. Wenn wir beispielsweise die pädagogische Prozessqualität von Bildungseinrichtungen im Frühbereich erfassen wollen, dann sollten wir uns auf folgende Bereiche konzentrieren: motorische Aktivitäten wie Ballspielen oder Seilspringen, sensorische Aktivitäten wie Hören von Geräuschen oder Namen, kognitive Aktivitäten wie Puzzeln, Gesellschaftsspiele- oder Wettspiele-Spielen, innerfamiliäre Aktivitäten wie Hilfe bei den Haushaltstätigkeiten oder Über-Konflikte-Sprechen, außerfamiliäre Aktivitäten wie Mit-Freunden-Spielen oder Andere-Kinder-Einladen und Aktivitäten wie Tiere-und-Pflanzen-Versorgen (vgl. Tietze/Rossbach/Grenner 2005, 45).

Bei der Sprachförderung sollten wir uns für eine geschlossene und externe Evaluation entscheiden, um einerseits den Datenschutz nicht zu verletzen und andererseits durch unnötige Missverständnisse Irritationen und persönliche

Verunglimpfungen innerhalb des pädagogischen Personals zu vermeiden. Wir können nur in einem guten Arbeitsklima und in guten und vertrauten persönlichen Kontakten und Beziehungen eine freundliche und wohlwollende Arbeitsatmosphäre für die Kinder bereit stellen. Wir haben es mit einer praxis- und entwicklungsorientierten Bewertung und Einschätzung zu tun, d. h. hier sollen Veränderungen in der konzeptionellen Strategie vorgenommen werden. Die Sprachförderung wird hier als Individualisierungsmaßnahme betrachtet, die sich mit den Stärken und Schwächen des Kindes im Bereich der Sprache und des Sprechens auseinander setzt. Bei der Evaluation geht es um die Analyse, die Entwicklung und die Absicherung von Qualität der Sprachförderung. Von daher müssen wir uns alle internen und externen Variablen und Bereiche der Sprachförderung genau anschauen und diese kritisch betrachten. Wichtig ist es herauszustellen, dass es um die kritische und konstruktive Rückmeldung an die gesamte Kindergartengemeinschaft über den Stand der pädagogischen Arbeit in ausgewählten Teilaspekten geht. Das Ziel besteht darin, eine systematische Entwicklung des Kindergartens oder der Schule, insbesondere in den Bereichen der Förderung, Bildung und Erziehung anzuregen. Ausgangspunkt ist das strategische Konzept zur Förderung; dabei können verschiedene Qualitätsbereiche der Sprachförderung strukturell und formal abbildet und bewertet werden. Die Auswahl der Qualitätsbereiche stützt sich einerseits auf Erfahrungswerte der pädagogischen Fachkräfte und andererseits auf die Fachliteratur und externen Evaluationsstudien. Die Forschungsgruppe um Tietze et al. (1998, 20) unterscheidet generell drei Qualitätsbereiche:

- die Prozessqualität, d. h. die Interaktionen und Erfahrungen der Kinder mit ihrer sozialen und räumlich-materiellen Umwelt,
- die Strukturqualität, d. h. die Rahmenbedingungen wie z. B. der Personalschlüssel oder die Raumgröße und
- die Orientierungsqualität, d. h. die Einstellungen, Haltungen, Werte und Normen des pädagogischen Personals und des dahinterstehenden Konzepts.

Von den hier genannten Bereichen wird die Prozessqualität als der zentrale Bereich gesehen. In einer Zusammenschau wird der Versuch unternommen, einige ausgesuchte Qualitätsbereiche in einer Tabelle zusammenzutragen.

In der ersten Spalte der Tabelle 3 geht es um die verschiedenen Kompetenzen der pädagogischen Fachkräfte. In allen Studien zur Qualität der Einrichtungen wird die Kompetenz der Leiter der Einrichtung sowie des pädagogischen Personals als entscheidender Faktor genannt. In der zweiten Spalte steht die pädagogische Konzeption und Strategie mit den entsprechenden Inhalten, Themen und Lernsets sowie die Kooperation und Teamarbeit des pädagogischen Personals untereinander im Fokus der Bewertung.

In der dritten Spalte beschäftigt sich die Evaluation mit der Philosophie, den Bildungs-, Lern- und Spielmöglichkeiten in der vorschulischen Einrichtung bzw. mit der Lernatmosphäre der Schule. In der vierten Spalte geht es um die

Tab. 3: Qualitätsbereiche

Kompetenzen der pädagogischen Fachkraft	Didaktik und Methodik der individuellen Sprachförderung	Pädagogische Kultur der Einrichtung	Qualitätsentwicklung
Methodenkompetenz	Förder- und Unterrichtsprozesse und Ergebnisse der Arbeit; Erziehungs- und Bildungsempfehlungen sowie der Lehrpläne für die Arbeit in den Bildungseinrichtungen als Grundlage, Kenntnisse über Individualisierung und Differenzierung	Lebensraum, Lern- und Spielmöglichkeiten im Kindergarten und in der Schule	Projektgruppe Evaluation; Leitung der Einrichtung, Elternbeirat, Vorschulischausschuss
Personale Kompetenz	Lehrkompetenz, Professionalität, Erfahrungen, Wissen über Kinder und deren Lernprozesse, Entwicklungserwartungen, Erziehungseinstellungen	Kindergarten/ Schule und Elternkooperation	Verwaltung und Organisation der Bildungseinrichtung
Soziale Kompetenz	Strukturqualität: Erfahrung, Alter, Geschlecht, Unterrichtsstunden in der Gruppe bzw. Klasse, Lernklima, Gruppenatmosphäre, Klassenklima, Außenbeziehungen, soziale Netz	Öffnung der Einrichtung nach außen	Interne und externe Fortbildung des pädagogischen Personals in Regelabständen
Diagnostische Kompetenz	Überblick über die Förderdiagnostik, Kenntnisse über Methoden und Instrumente der Diagnostik	Zusätzliche Bildungsangebote	Weiterentwicklung der Einrichtung insgesamt

pädagogische Qualität der Förderung, um die Kompetenz der Leitung, die Verwaltung und Organisation sowie die Fortbildung und Weiterentwicklung des pädagogischen Personals hinsichtlich neuer Herausforderungen.

3.9.2 Instrumente

Die Evaluation wird von erfahrenen Erzieherinnen durchgeführt. Kritische Freunde – darunter versteht man pensionierte und erfahrene ehemalige Leiterinnen vorschulischer und schulischer Einrichtungen – unterstützen die gesamte Evaluationsmaßnahme. Als Instrumente der externen Evaluation können eingesetzt werden (Granzer, 2008, 6 f.):

- Erhebungsbögen für die Leiterinnen der Einrichtungen – hier geht es um Informationen zum Förderangebot generell und speziell zur Sprachförderung,
- Fragebögen für die pädagogischen Fachkräfte und Eltern bzw. weitere Bezugspersonen des Kindes wie z. B. die Großeltern oder Tagesmütter,
- strukturierte Gespräche mit der Leitung der Einrichtung, Kolleginnen, Kindern und Eltern,
- Besuche im Kindergarten oder in der Schule und Einsichtnahme in die konkrete Sprachförderung und in den Unterricht, wobei sich die Dauer der Beobachtung auf eine Fördereinheit begrenzen sollte,
- Einsicht in schriftliche Dokumentationen, Unterlagen der Einrichtung sowie vorliegende Berichte von externen Fachdiensten wie z. B. Logopädinnen, Fachärzten und Psychologen und
- ein ausführlicher und intensiver Rundgang durch die Einrichtung einschließlich der Außenanlagen, um Informationen über die räumliche und sächliche Ausstattung zu erhalten.

Nach dem Besuch der Einrichtung erhält die überprüfte und bewertete Einrichtung einen schriftlichen Bericht. Der Bericht nennt die Stärken, aber auch etwaige Schwächen der Einrichtung, nicht der pädagogischen Lehrkräfte im Sinne eines Ranking. Es geht bei der externen Evaluation um die konstruktive Rückmeldung an die gesamte Gemeinschaft der Einrichtung. Die vorschulische Einrichtung erhält einen Vorbericht, zu dem sie eine Stellungnahme abgeben kann. Der Bericht geht an die Leitung der Einrichtung, den Träger, den Vorschulausschuss, den örtlichen Personalrat und die zuständige Fachaufsicht.

Was die Evaluation des Konzeptes und des Programms angeht, so schlagen wir folgende Gliederung vor:

- die wissenschaftliche Basis im Sinne von zur Verfügung stehenden Theorien zur Sprachförderung;
- die Konzeption im Sinne von Lern- und Lehrzielen, Inhalten, Themen und Methoden der Sprachförderung;
- die Durchführung im Sinne der Umsetzung im Alltag bezogen auf die vorhandenen regionalen Voraussetzungen und
- die Elternmitarbeit im Sinne von Information, Beratung, Unterstützung, Begleitung und konkreten Hilfestellungen für die Arbeit zu Hause. Die Sprache der Kinder wird durch das soziale Umfeld des Elternhauses ganz entscheidend geprägt, mehr als durch die Einflüsse des Kindergartens.

3.9.3 Dokumentation

Die ermittelten Daten und Informationen werden in einem schriftlichen Bericht zusammengetragen und als so genannte Vorfassung der Bildungseinrichtung zur Begutachtung, Diskussion und Stellungnahme schriftlich zugestellt. Die kritischen Hinweise werden eingearbeitet und danach wird der schriftliche Bericht an die Leitung der Einrichtung, das pädagogische Personal (Team oder Kollegium), die Vertretung der Elternschaft, den Träger – weil es ja hier auch um die räumliche und sächliche Ausstattung geht – und die zuständige Aufsicht der Kindertagesstätten und Schulen geschickt.

Der vorgelegte Bericht macht auf die Stärken aufmerksam und zeigt auf, in welchen Handlungsfeldern weitere Entwicklungsmöglichkeiten bestehen und wie diese genutzt werden können. Es geht dabei nicht um die pädagogischen Fähigkeiten einzelner Erzieherinnen oder Lehrerinnen, sondern es geht um die pädagogische Qualität aller pädagogisch Verantwortlichen als Team. Natürlich enthält der Bericht auch kritische Hinweise und konkrete Empfehlungen zur Verbesserung der pädagogischen Qualität in der Förderung oder im Unterricht.

Nach Abschluss des Besuchs und der Vorlage des Berichts sollen die Eltern, die pädagogischen Fachkräfte und die Leitungen der Bildungseinrichtungen eine Rückmeldung geben, d. h. persönliche Eindrücke und Verbesserungsvorschläge formulieren (vgl. Saarland 2008, 5).

3.9.4 Ablaufschema

Die Durchführung einer Evaluationsmaßnahme bezogen auf die Sprachförderung kann sich sehr unterschiedlich gestalten; dennoch gibt es gewisse

Erfahrungswerte, die in dem von Granzer (2008, 7) beschriebenen Evaluationskreislauf folgendermaßen wiedergegeben werden:

1. Schritt: Bereich festlegen
Bestimmung des zu überprüfenden und bewertenden Bereichs zur pädagogischen Qualität der Bildungseinrichtung; hierzu werden in der Regel verschiedene Qualitätsbereiche mit weitergehenden Aspekten definiert; vgl. hierzu den Orientierungsrahmen zur Schulqualität (Saarland 2008). Hier finden wir vier Qualitätsbereiche: Ergebnisse der schulischen Arbeit, Unterricht, Schulkultur und Schulmanagement und Qualitätsentwicklung. In den vergangenen Jahren haben sich folgende Qualitätsbereiche herausgebildet (vgl. Granzer 2008, 6): Professionalität der pädagogischen Fachkräfte in den Kindergärten und Schulen, Gruppen- bzw. Klassenklima, Außenbeziehungen, Qualitätsmanagement, Ergebnisse und Prozesse der Förderung bzw. des Unterrichts.

2. Schritt: Ziele definieren
Nach der Festlegung des zu untersuchenden und zu bewertenden Bereichs – hier steht nicht die Einrichtung als Ganzes auf dem Prüfstand – werden nun die Zielsetzungen bezogen auf den ausgewählten Qualitätsbereich beschrieben und ebenfalls definiert.

3. Schritt: Kriterien bestimmen
In einem weiteren Schritt werden jetzt die Kriterien und Indikatoren festgelegt, d. h. beobachtbare Sachverhalte wie z. B. einzelne Fragestellungen in einem Fragebogen, also so genannte Fragebogenitems, und die Lernaufgaben werden konstruiert.

4. Schritt: Instrumente entwickeln
In einem weiteren Schritt sollen jetzt geeignete Instrumente zur Überprüfung des Evaluationsbereichs entwickelt sowie bereits erprobte Instrumente modifiziert werden; manchmal können wir aus den vorhandenen Instrumenten auch nur wenige aus Gründen der zeitlichen Ökonomie und Praktikabilität auswählen und einsetzen.

5. Schritt: Daten einholen
Danach werden die ermittelten Daten und Informationen mündlicher und/oder schriftlicher Art gesammelt, sortiert, aufbereitet und interpretiert.

6. Schritt: Rückmeldung geben
Im Evaluationskreislauf kommen wir nun zu einem sehr schwierigen und sensiblen Punkt: Wie teile ich die Ergebnisse der Bildungseinrichtung mit? Hier gibt es in der Tat sehr viele Möglichkeiten der Rückmeldung, allerdings brauchen wir hier auch noch Erfahrungswerte gerade im Umgang mit den Einrichtungen. Die Elternvertretung und der Elternbeirat sollten ebenfalls in das Feedback einbezogen werden. Für das Feedback eignet sich z. B. ein pädagogischer Tag der Einrichtung.

7. Schritt: Konsequenzen ableiten
Schließlich soll der vorgelegte Bericht mit der Leitung und dem pädagogischen Personal sowie mit der Elternvertretung besprochen werden, um danach konkrete Konsequenzen zu ziehen und die Planung von weiteren Schritten einzuleiten. Diese Konsequenzen können sich auf die didaktische und methodische Arbeit beziehen, aber auch räumliche, materielle und sachliche Aspekte einschließen wie z. B. die Beschaffung bestimmter Medien (Flipchart für die Präsentation von Sachverhalten), technischer Geräte (Kassettenrekorder für das Hörtraining) oder auch neuer Übungsprogramme.

8. Schritt: Bericht fortschreiben
Die durchgeführte Evaluation sollte kein einmaliger Akt der „Gewissensberuhigung" sein, sondern sollte permanent die pädagogische Arbeit in den Bildungseinrichtungen begleiten. Von daher ist die Fortschreibung des Berichtes und der schriftlichen Dokumentation z. B. als Portfolio über die nächsten Jahre sinnvoll und notwendig.

Die gesamte Diskussion zur Sprachförderung in Theorie und Praxis sollte sich mit der Größe der nachweisbaren Auswirkung von Konzepten, Programmen und Maßnahmen beschäftigen. Die Messung der erzielten Effekte über ein Effektstärkenmaß wird jedoch meistens völlig außer Acht gelassen. Hier haben wir einen großen Nachholbedarf. Das Effektstärkenmaß gibt beispielsweise an, wie groß die Unterschiede zwischen zwei Gruppen ausfallen – einer geförderten Gruppe von Kindern und einer nicht geförderten Gruppe. Das Effektstärkenmaß liegt zwischen 0 und 1, d. h. ein Effektstärkenmaß von $E = 0$ bedeutet, dass überhaupt kein Effekt vorliegt, während $E = 1$ angibt, dass ein sehr hoher Effekt gemessen worden ist. Die Messung von Effekten ist heute unumstritten, dennoch wird in der Forschungspraxis auf die Publikation von Effektstärkenmaßen verzichtet. Hier sollten auch kleine Effektgrößen zwischen 0,05 und 0,10 berücksichtigt werden (vgl. Wolff 2001, 97). Generell werden die zurzeit laufenden Programme und Projekte im Bereich der Sprachförderung nicht evaluiert; es werden Wechselwirkungen, aber auch Nebenwirkungen wie der Einfluss von fehlender Motivation und von Desinteresse an der Sprache zu wenig berücksichtigt. Die Evaluation sollte sich künftig auch stärker auf verschiedene Gegenstände der Gesamtfördermaßnahme erstrecken: Bei der Mikroevaluation konzentrieren wir uns auf das Verhalten der pädagogischen Fachkräfte, die in der individuellen Sprachförderung eingesetzt sind. Die Makroevaluation beschäftigt sich mit der Professionalität und Attraktivität der Kindertagesstätten und Schulen und holt dementsprechende Bewertungen ein. Zum Schluss brauchen wir eine wertende Interpretation der gewonnenen Daten. Es sollte entschieden werden, wie bei der individuellen Sprachförderung im konkreten Fall weiter vorgegangen und die pädagogischen Entscheidungen verbessert werden können.

Wenn wir die pädagogische Qualität der individuellen Sprachförderung verbessern wollen, dann brauchen wir neben den bereits eingeleiteten ersten strukturellen Veränderungen im Krippenbereich weitere inhaltliche und konzeptionelle Verbesserungen und pädagogische Reformen. Wir sollten uns aber bemühen, die Vorbehalte und Schwellenängste gegenüber der externen Evaluation so schnell wie möglich zu beseitigen, damit wir flächendeckend die pädagogische Qualität in den Bildungseinrichtungen verbessern.

Fazit

Evaluation bedeutet Bewertung und Beurteilung der individuellen Sprachförderung in ihrer pädagogischen Qualität. Seit den neunziger Jahren beschäftigt sich die deutsche Pädagogik in Kindergärten und Schulen zunehmend mit der pädagogischen Qualitätssicherung und -verbesserung. Dabei geht es zunächst um verschiedene Formen der Evaluation und eine Zusammenstellung der wichtigsten Qualitätsbereiche. Des Weiteren sind die eingesetzten Instrumente zur Überprüfung der Wirksamkeit und Nachhaltigkeit von Konzepten und Programmen bedeutsam. Insgesamt gibt es aber hinsichtlich der Durchführung der Evaluation immer noch Vorbehalte und Ängste bei den pädagogischen Fachkräften.

Schlüsselbegriffe

Evaluation, interne und externe Evaluation, Selbst- und Fremdeinschätzung, Qualitätsbereiche, Instrumente der Evaluation, Effektstärkenmaß, Wechselwirkungen, Zusammenhänge, Nebenwirkungen, Qualitätssicherung, Prozessqualität, Strukturqualität, Orientierungsqualität

Fragestellungen

- Wie kann die pädagogische Qualität in den Bildungseinrichtungen überprüft und verbessert werden?
- Welche Formen der Evaluation sind zu unterscheiden?
- Wieso unterscheiden sich die Selbst- und Fremdeinschätzung in vielen Fällen so stark, und welche Konsequenzen sollten wir daraus ziehen?
- Welche Qualitätsbereiche sind besonders wichtig und besonders wirksam?
- Welche Instrumente eignen sich in besonderer Weise, um die Evaluation durchzuführen?
- Was verstehen wir unter der Effektstärke?
- Diskutieren Sie die Begriffe Prozessqualität, Strukturqualität und Orientierungsqualität.

Querverbindungen in diesem Buch

vgl. hierzu auch die Kapitel 3.3, 3.4, 3.5, 3.6 und 3.7

Weiterführende Literatur

Granzer, D. (2008): Instrumente zur Selbstevaluation. In: Grundschule, 1, 6–11.

Köller, O. (2007): Evaluation. In: Tenorth, H.-E. & Tippelt, R. (Hrsg.): Beltz Lexikon Pädagogik. Weinheim, Basel: Beltz Verlag.

Roux, S. (2003): Pädagogische Qualität. In: Fried, L./Roux, S./Frey, A. & Wolf, B. (Hrsg.): Vorschulpädagogik. Baltmannsweiler: Schneider Verlag Hohengehren, 148–188.

Saarland. Ministerium für Bildung, Familie, Frauen und Kultur (Hrsg.) (2008): Qualitätssicherung durch externe Evaluation in saarländischen Grundschulen. Orientierungsrahmen zur Schulqualität. Saarbrücken: Eigendruck.

Tietze, W./Schuster, K. & Rossbach, H.-G. (1998): Die Autoren kontern. Ängste vor der KES? Antworten auf einen offenen Brief. Klein & groß, 16–20.

Tietze, W./Rossbach, H.-G. & Grenner, K. (Hrsg.) (2005): Kinder von 4 bis 8 Jahren. Zur Qualität der Erziehung und Bildung in Kindergarten, Grundschule und Familie. Weinheim, Basel: Beltz Verlag.

Wottawa, H. (2001): Evaluation. In: Rost, D.H. (Hrsg.): Handwörterbuch Pädagogische Psychologie. Weinheim: Belz PVU, 152–158.

Forderungen an die individuelle Sprachförderung

Die Ergebnisse der aktuellen Forschung der mit der Sprache und dem Sprechen befassten Wissenschaftsdisziplinen verdeutlichen eindeutig die Relevanz der ersten Lebensjahre für die weitere körperliche, geistige und sprachliche Entwicklung des Menschen. Entwicklungsstörungen und Sprachschwierigkeiten bei Kindern werden oft erst wahrgenommen, wenn die Kinder in die Schule gehen. Die nicht erkannten Probleme im Bereich der Sprache und des Sprechens wirken sich auch auf andere Entwicklungsbereiche negativ aus. Werden jedoch die Sprachprobleme bei den Kindern früh erkannt, können diese häufig durch geeignete Fördermaßnahmen ausgeglichen und behoben werden, so wie z. B. durch die individuelle Sprachförderung im Kindergarten und in der Schule. Die Sprache ist die Schlüsselkompetenz schlechthin, weil nur sie den gesamten Prozess der Bildung unterstützt, die Teilhabe am und Integration in das gesellschaftliche Leben ermöglicht und neue Möglichkeiten am Arbeitsmarkt eröffnet.

Die Bildungspolitik muss die Rahmenbedingungen für die individuell ausgestaltete Sprachförderung innerhalb der frühkindlichen und schulischen Phase ideell, personell und materiell entscheidend verbessern. Erst dann kann die individuelle Sprachförderung auf wissenschaftlicher Grundlage praxistauglich und regional ausgerichtet gestaltet werden, damit wir das „lodernde Feuer" der Lernlust und Begeisterungsfähigkeit für die Sprache und das Sprechen bei den Kleinsten unserer Gesellschaft wach halten.

Sprachförderung ist die Grundvoraussetzung für die Integration zugewanderter Kinder in unsere Wissens- und Mediengesellschaft. Neben der individuellen Sprachförderung im definierten Sinne brauchen wir flankierende Fördermaßnahmen wie etwa die Sozialerziehung, die Werterziehung und die Kulturförderung mit dem Schwerpunkt der Förderung der interkulturellen Kompetenz. In den nächsten Jahren stehen wir vor weitreichenden bildungspolitischen, gesellschaftlichen und pädagogischen Weichenstellungen. Viele Zusammenhänge und Schnittstellen von Ökonomie, Gesellschaft und Politik müssen neu ausgelotet, überdacht und gestaltet werden. In den Bereichen Gesellschaft, Bildung, Kultur, Migration, Integration, Sprachkompetenz, Gesundheit, Wohlbefinden, soziale Ausgeglichenheit, Bildungsgerechtigkeit und Chancengleichheit müssen wir einen Rahmen für eine stabile Entwicklung finden. Wir sollten dabei im Rahmen einer individuellen Sprachförderung folgende Forderungen erfüllen (vgl. Berlin Senatsverwaltung für Bildung, Wissenschaft und Forschung 2009, 4 ff.):

1. Soziale und sprachliche Ausgrenzung gerade von Kindern, die Probleme mit der Sprache und dem Sprechen haben, durch vielseitige Interaktionen und neue Beziehungsmuster verhindern!
2. Den Blick auf die sprachlichen Fähigkeiten, Kompetenzen und Ressourcen gerade der Kinder aus gesellschaftlich benachteiligten Minderheiten und bildungsfernen sozialen Milieus richten!
3. Mehrsprachige Kompetenzen der zugewanderten Kinder in der täglichen Sprachförderung besser nutzen und für alle Kinder nutzbar und erfahrbar machen!
4. Heterogene Lerngruppen sind innerhalb der individuellen Sprachförderung die Regel und homogene Lerngruppen bilden die Ausnahme!
5. Die Sprachdiagnostik im Sinne der Förderdiagnostik geht der eigentlichen Sprachförderung voraus und muss sich je nach individueller sprachlicher Situation des Kindes für, aber auch gegen bestimmte diagnostische Verfahren entscheiden. Das Kind gibt vor, welche Diagnostik eingesetzt werden soll.
6. Sprachliche Anforderungen von Aufgabenstellungen an die Entwicklungsvoraussetzungen der Kinder und ihre individuellen Förderbedürf-

nisse anpassen! Wir fordern hier eine dosierte Diskrepanz oder optimale Passung, d.h. die gestellten sprachlichen Anforderungen sollten ein wenig über den aktuellen Leistungsmöglichkeiten des Kindes liegen.

7. Kompetente pädagogische Fachkräfte – Erzieherinnen und Lehrerinnen – sind die wichtigsten Sprachvorbilder in der Sprachförderung! Hier sollten die vielfältigen Möglichkeiten des Modellierens an der Sprache und des Feedbacks intensiver und gezielter genutzt werden.
8. Reichhaltige und variationsreiche sprachliche Inputs beim Erwerb der Erstsprache und der Zweitsprache führen zu einem höheren aktiven und passiven Sprachniveau – hier gilt: besser überfordern als unterfordern!
9. Kooperative und sozial ausgerichtete Lernformen unterstützen die eigenverantwortlichen Sprachlernprozesse der Kinder! Hier sind Formen der Förderung zu wählen, die die sozialen Interaktionen erleichtern, wie Partnerarbeit, Gruppenarbeit oder das Lernen in Projekten.
10. Die durchgängige Sprachförderung in allen Förderbereichen des Elementarbereichs und in allen schulischen Lernfeldern und Fächern sollte als Querschnittsaufgabe systematisch und konsequent umgesetzt werden!
11. Die Evaluation, d.h. die Bewertung und Beurteilung der individuellen Sprachförderung als Eckpfeiler der pädagogischen Qualität muss zum Alltag gehören. Hier brauchen wir noch mehr Sensibilisierung, Information, Beratung und Mut zur Selbst- und Fremdeinschätzung, wenn wir die pädagogische Qualität verbessern und weiterentwickeln wollen!
12. Zentraler Aspekt der individuellen Sprachförderung ist der Dialog und das Gespräch in altersheterogenen Gruppen, weil die Kinder dort eine optimale und wirklichkeitsnahe Förderung erfahren!

Abschließen und gleichzeitig aufrufen zur weiteren intensiven Diskussion und fachlichen Auseinandersetzung mit Fragen der Bildung, der frühen Bildung und der individuellen Sprachförderung möchte ich mit dem Zitat von Wilhelm von Humboldt (1767–1835):

> „Im Grunde sind es immer die Verbindungen mit Menschen, die dem Leben seinen Wert geben."

Glossar

In diesem Glossar werden die wichtigsten Fachbegriffe kurz erläutert.

ADS ist eine Aufmerksamkeits-Defizit-Störung; diese Diagnose wird dann gestellt, wenn ein Kind monatelang durch ein ausgeprägt unaufmerksames und impulsives Verhalten auffällt und dadurch in seiner Entwicklung und in seinem Lernen beeinträchtigt ist. Leidet es des Weiteren zusätzlich an starker Ungeschicklichkeit und Zappeligkeit, so kann es auch ADHS, d.h. eine Aufmerksamkeits-Defizit-Hyperaktivitäts-Störung haben. Diese Störung wird in der Literatur auch als Hyperkinetisches Syndrom bezeichnet (HKS).

Akzent ist die Betonung eines Wortes durch die Stimmhöhe, die Lautstärke, die Lautdauer und die Melodie des Gesprochenen. So hört man bei Franzosen, Polen, Russen oder Italienern, wenn sie Deutsch sprechen, den für diese Völker typischen Akzent.

Anamnese ist ein Begriff aus der Medizin, der benutzt wird, wenn im persönlichen Gespräch über die Biografie eines Menschen gesprochen wird. Hier werden sehr persönliche biografische und häusliche Daten über eine Person eingeholt und dokumentiert.

Anglizismen sind ein in der deutschen Sprache weit verbreiteter Trend, englische Begriffe und Redewendungen zu übernehmen: z.B. okay, byebye, Computer, Wellness usw.

Artikulation ist die deutlich hörbare Aussprache von einzelnen Lauten (Vokalen und Konsonanten), Lautverbindungen wie „tr", „gr" oder „schl" und Wörtern, die der Standardaussprache der jeweiligen Sprachgemeinschaft entsprechen.

Assimilation wird hier verstanden als ein Prozess der Annäherung zwischen den Einheimischen und Migranten, und zwar auf einem Kontinuum von völliger Ablehnung bis hin zur völligen Integration.

Aufmerksamkeit ist spezifische Fähigkeit des Menschen, sich für eine begrenzte Zeit mit einem bestimmten Gedankengang oder Sachverhalt äußerst intensiv zu beschäftigen. Der aufmerksame Mensch nimmt einen bestimmten Reiz auf und verarbeitet ihn, ohne sich von anderen Einflüssen ablenken zu lassen. Aufmerksamkeit gehört zu den Top-down-Prozessen, die die Grundlage für das Lernen bilden.

Autismus ist eine Kontaktstörung, wobei die Ursachen meist nicht exakt definierbar sind.

Aussiedler sind deutsche oder deutschstämmige Personen, die in Osteuropa gelebt haben, bevor sie nach Deutschland gekommen sind. Sie haben einen Rechtsanspruch auf Einbürgerung und erhalten umfangreiche Eingliederungshilfen.

Bandura Albert Bandura (geb. 1925) hat sich als Sozialpsychologe mit den menschlichen Bedingungen für das Lernen beschäftigt. Er geht davon aus, dass ältere Kinder in der altersheterogenen Lerngruppe bessere Sprachvorbilder für die jüngeren Kinder sind.

Beobachtung ist das wichtigste Instrument der Förderdiagnostik in der Pädagogik und Psychologie. Das sprachliche Verhalten des Kindes wird erfasst und auf Beobachtungsbögen dokumentiert.

Beratung ist eine Methode, um bei bestimmten Personen Veränderungen im Denken und Verhalten herbeizuführen wie z. B. in der Sprachförderung bei den Kindern selbst, den Eltern und den pädagogischen Fachkräften.

Bergspitzenmodell ist eine Metapher, die angibt, dass die Höhe der erkennbaren Bergspitzen auf das Ausmaß der sprachlichen Probleme hinweist.

Beziehungen im sozialen Bereich sind die Basis des Spracherwerbs und spielen in der Sprachförderung eine zentrale Rolle.

Bild vom Kind als aktiver und neugieriger Konstrukteur seines Wissens, seines Könnens und seiner Haltungen. Kinder konstruieren ihr Wissen und erfahren so die Welt als individuellen Prozess der Aneignung von Sinneseindrücken, Bedeutungen und Informationen. So bauen sie ein Netz an Wissensstrukturen auf.

Bildung stellt als zentraler Grundbegriff der Pädagogik die Persönlichkeit des Kindes in den Mittelpunkt. Bildung ist ein geistiger Vorgang, über den sich das Kind die Umwelt aneignet. Wir unterscheiden Selbstbildung und Fremdbildung. Bildung ist der Schlüssel für die Integration.

Bildungs- und Erziehungsplan für Kindertagesstätten (Krippen und Kindergärten) hat den Bildungsbegriff und die zentralen Bildungsbereiche konkretisiert und damit den inhaltlichen Rahmen für die tägliche Arbeit abgesteckt. Hier übernimmt der Bereich der Sprache und der Sprachförderung eine zentrale Aufgabe. Der Bildungs- und Erziehungsplan ist damit die Basis, um jedes Kind in seinen persönlichen Lernvoraussetzungen und in seiner Persönlichkeit anzunehmen, zu begleiten und zu unterstützen.

Bildung kennt in unserem Bildungssystem verschiedene Abstufungen und damit Gruppen von Personen. Die Personengruppe mit akademischer Ausbildung, die Gruppe mit Realschul- und Gymnasialabschluss und die Gruppe von Personen mit Hauptschulabschluss oder Schulabbrecher, die auch als Risikogruppe bezeichnet wird.

Bilingualismus meint, dass in den ersten Lebensjahren gleichzeitig zwei Sprachen erworben werden. Bilingualismus bzw. Zweisprachigkeit wird in der Literatur auch als Oberbegriff benutzt.

Bildungsstandards sind Erwartungen und Ansprüche, die man an Kinder stellt. Für die Arbeit in der Grundschule wurde ein Orientierungsrahmen aufgestellt, der folgende Bildungsstandards enthält: Sprechen und Zuhören, Lesen, Umgang mit Texten und Medien, Schreiben und Sprache und Sprachgebrauch. Diese vier Standards sollten auch für die Sprachförderung im Kindergarten eine Hilfe und Orientierung darstellen.

Broken home ist eine unvollständige Familie, d.h. die Abwesenheit oder das Fehlen eines Elternteils als Folge vorübergehender oder dauernder Trennung (Scheidung) oder auch durch Tod.

Code-Switching meint das spontane und häufige Wechseln mitten im Gespräch von der Muttersprache in Deutsch als Zweitsprache und umgekehrt.

Diagnostik will das aktuelle Verhalten des Kindes erklären und das zukünftige Verhalten voraussagen. Heute sprechen wir nicht mehr von der Selektionsdiagnostik, sondern von der Förderdiagnostik. Diagnostik ist die Grundlage für die Förderung.

Dialekt wird synonym gebraucht mit dem Begriff Mundart. Wir verstehen darunter eine auf bestimmte Regionen begrenzte Sprache.

Diversity-Ansätze gehen davon aus, dass Menschen aufgrund ihrer Eigenschaften und Merkmale gleichzeitig verschiedenen Bezugsgruppen zugeordnet werden können: z.B. Mann, Schwarzer, Präsident, Amerikaner, Christ. Bei Benachteiligungen spielt die gleichzeitige Zugehörigkeit zu verschiedenen Gruppen eine wichtige Rolle wie z.B. Gender, sozialer Status, Migrationshintergrund bei Jungen aus Migrationsfamilien.

Dysgrammatismus ist eine Störung innerhalb der Sprachentwicklung des Kindes; das Kind hat Probleme bei der Bildung der Sätze.

Dyslalie ist eine Störung der kindlichen Sprachentwicklung. Das Kind kann bestimmte Laute wie „s“, „sch“, „g“, „k“, „l“ und „r“ nicht korrekt aussprechen.

Echolalie meint das Nachplappern von Lauten, Wörtern und Sätzen in den ersten Lebensjahren.

Effekte sind quantifizierbare Auswirkungen und werden als Effektstärkenmaß gemessen. Dieses Effektstärkenmaß ist eine Zahl, die die Stärke der nachweisbaren Auswirkungen angibt. Diese Zahl liegt zwischen 0 und 1. Über das Effektstärkenmaß können wir Aussagen darüber treffen, wie groß beispielsweise die Unterschiede zwischen verschiedenen Gruppen sind und welche Zusammenhänge damit deutlich werden.

Einheimische sind Personen, die in Deutschland geboren sind, die die deutsche Staatsangehörigkeit von Geburt an besitzen und deren Eltern beide in Deutschland geboren sind und ebenfalls von Geburt an die deutsche Staatsangehörigkeit besitzen.

Erzählen ist die zentrale Kategorie der Sprachförderung. Wir verstehen darunter die subjektive Rekonstruktion eines Ereignisses; dabei wird den zuhörenden Personen die Teilnahme am Erlebten ermöglicht. Diese Erzählkultur ist für alle Kinder wichtig, wirkt sprachbildend und fördert die gesamte Kommunikation. Von daher muss das Erzählen sowohl im Bereich der Förderdiagnostik als auch im Bereich der Förderung einen festen Platz einnehmen.

Erzieher ist die Berufsbezeichnung für staatlich anerkannte sozialpädagogische Fachkräfte in Deutschland. Die meisten Erzieherinnen arbeiten in Tageseinrichtungen für Kinder und konzentrieren sich auf die Bereiche Betreuung, Bildung und Erziehung. Die Ausbildung erfolgt an Fachschulen bzw. Fachakademien. Auf Grund gestiegener Anforderungen werden erste akademische Studiengänge auf Bachelor-Niveau zurzeit an Fachhochschulen eingerichtet.

Evaluation meint jene Prozesse, die sich mit der Bestimmung des Wertes von Bereichen, Objekten oder Maßnahmen beschäftigen, und zwar einerseits im Kontext von Förderung und andererseits im Kontext des komplexen Systems Krippe oder Kindergarten. Das Bewerten und Interpretieren von systemischen Sachverhalten, pädagogischen Vorgängen und Zusammenhängen stehen dabei im Vordergrund. Wir unterscheiden zwischen einer Selbstevaluation und einer Fremdevaluation und zwischen einer geschlossenen Evaluation (die Ergebnisse werden nur intern behandelt) und einer offenen Evaluation (öffentliche Präsentation der Resultate), wobei die Übergänge fließend sind. Bei der Sprachförderung sollten wir uns für eine geschlossene und externe Evaluation entscheiden. Hier haben wir es mit einer praxis- und entwicklungsorientierten Bewertung und Einschätzung zu tun, d. h. hier sollen Veränderungen innerhalb der Einrichtung vorgenommen werden.

Familienarbeit gehört zum zentralen Anliegen der Sprachförderung. Sie lebt von der Dynamik der Kontakte und Beziehungen von Eltern, Kindern und pädagogischen Fachkräften. Die Sprachförderung von kleinen Kindern ist sowohl die Aufgabe der Familien als auch die Aufgabe des Kindergartens. Beide Seiten bemühen sich um das Wohl des Kindes und teilen sich die Verantwortung. Der Zugang der Migranteneltern zum Kindergarten hin muss einfacher gestaltet werden.

Familiensprache ist die Sprache, die von allen Familienmitgliedern in der Familie gesprochen wird. Bei zugewanderten Kindern mit Migrationshintergrund ist dies oft die Sprache des Herkunftslandes.

Förderplan ist eine Planungs- und Konzeptionshilfe, mit der konkrete Fördermaßnahmen für die Förderbedarfe der Kinder entwickelt und dokumentiert werden. Der Förderplan stützt sich dabei auf die Sprachstandserhebung des betroffenen Kindes.

Fröbel Friedrich Wilhelm August Fröbel (1782–1852, deutscher Pädagoge) konzipierte theoretisch und praktisch den Kindergarten. Er betonte die Bedeutung des Spiels für Kinder und die Kommunikation mit der Mutter als wichtigster Bezugsperson in der frühen Kindheit. Fröbel fordert regelrechte Sprechübungen und eine korrekte und klare Aussprache unter Hinzuziehung von geeigneten Anschauungsmaterialien: die Spielgaben für den vorschulischen Bereich, die Natur und das Bilderbuch. Fröbel spricht bereits von Sprachsicherheit und Sprachbewusstsein – heute als Begriff der phonologischen Bewusstheit bekannt.

Gehirn ist die Steuerungszentrale der Sprache und des Sprechens. Viele Bereiche des Gehirns arbeiten sehr eng zusammen. Bei Rechtshändern ist vornehmlich die linke Gehirnhälfte für die Produktion und Rezeption der Sprache zuständig.

Gespräch ist die zeitlich und situativ begrenzte Abfolge von sprachlichen und dialogischen Äußerungen zwischen zwei oder mehr Personen. Im Gespräch kann die Sprecher- und Hörerrolle eingeübt werden. Die Gesprächserziehung ist ein zentraler Bestandteil jeder Sprachförderung, weil hier kommunikative Regeln eingeübt werden.

Gestik ist ein Teil der Körpersprache und ein Element der nonverbalen Kommunikation.

Grammatik ein System zur Herstellung der Ordnung in einem Wort und im Satz. Wir brauchen Regeln, die uns angeben, wie die Wörter miteinander kombiniert werden. Die erste Regel betrifft die Reihenfolge der Wörter in einem Satz und die zweite Regel die Veränderung eines Wortes je nach Stellung in dem Satz (Beugung). Nach vier bis fünf Jahren ist der Erwerb der Grammatik weitgehend abgeschlossen, d. h. die Kinder können kurze und einfache Sätze produzieren.

Grundschule ist seit 1920 die erste Stufe im deutschen Schulsystem als zentraler Bestandteil des Primarbereichs. Auftrag der Grundschule ist die Vermittlung einer allgemeinen Grundbildung auf der Grundlage eines länderspezifischen Lehrplans mit basalen Lernbereichen und Inhalten, um die Schüler auf den Fachunterricht im Sekundarbereich vorzubereiten. Alle schulpflichtig gewordenen Kinder müssen als Folge der

Betreuung, Bildung und Erziehung im Kindergarten die Grundschule besuchen.

Herkunftsgruppen Die acht wichtigsten Herkunftsgruppen in Deutschland sind: die Aussiedler als stärkste Gruppe (3 962 000), Zuwanderer aus der Türkei als zweitstärkste Gruppe (2 812 000), aus der EU-25 (1 907 000), aus Südeuropa (1 527 000), aus dem ehemaligen Jugoslawien (1 146 000), dem Fernen Osten (734 000), dem Nahen Osten (542 000) und aus Afrika (502 000). Diesen gegenüber stehen die Einheimischen mit insgesamt 67 682 000.

Hochsprache ist die normierte und für die Bildungseinrichtungen allgemein verbindliche, von regionalen Sprachformen abgegrenzte Sprachform, die auch als Bildungssprache bezeichnet wird.

Hort ist eine Einrichtung für schulpflichtige Kinder zwischen sechs und 15 Jahren, die familienergänzende und -unterstützende Aufgaben übernimmt, wie z. B. Mittagessen, Betreuung bei den Hausaufgaben und Freizeitangebote.

Hospitalismus sind psychische Störungen im Rahmen der kindlichen Entwicklung aufgrund längerer Heim- oder Klinikaufenthalte ohne bestimmte Bezugsperson.

Indikatoren sind beobachtbare Sachverhalte wie z. B. einzelne Fragestellungen bzw. Items in einem Fragebogen, der von Lehrern oder Eltern hinsichtlich des Konstrukts Sprache zu beantworten ist.

Inklusive Pädagogik schließt alle pädagogischen Teildisziplinen zusammen, bezieht sich auf alle Kinder und konzentriert sich auf die vorhandene Vielfalt der Kinder. Inklusive Förderkonzepte stellen sich gegen die Bildungsbenachteiligung und Ungerechtigkeit. Hier geht es um die gemeinsame Erziehung und Bildung aller Kinder gleich welcher Herkunft, intellektueller Begabung, Sprachgemeinschaft und Religion. Alle Kinder sollten Zugang haben zu Einrichtungen mit hoher Bildungsqualität.

Inklusives Lernen bedeutet kein kleinschrittiges und minutiös geplantes Lernen, sondern Lernen mit Angebotscharakter. Die Vielfalt der Bildungsangebote bestimmt die Lust am Lernen und die individuelle Förderung der Kinder.

Integration wird verstanden als gleichberechtigte Teilhabe von Menschen mit Migrationshintergrund am ökonomischen, sozialen, kulturellen und politischen Leben in Deutschland. Erfolgreiche Integration ist ein langfristiger und gegenseitiger Prozess der Angleichung zwischen Menschen mit Migrationshintergrund und den Einheimischen. Zuwanderern soll eine umfassende und gleichberechtigte Teilhabe in allen gesellschaftlichen Bereichen ermöglicht werden. Sie verpflichten sich, Deutsch zu lernen und die Verfassung und Gesetze zu kennen, zu respektieren und zu befolgen (vgl. Berlin-Institut für Bevölkerung und Entwicklung 2009, 9).

Interkulturelle Kompetenz ist die Schlüsselkompetenz für das pädagogische Handeln in unserer heutigen Zeit. Hier sind Haltungen, Fähigkeiten und Fertigkeiten gefragt, die man benötigt, um in multikulturellen Alltagssituationen kompetent und professionell handeln zu können.

Interkulturelles Lernen meint das gemeinsame Lernen von Menschen unterschiedlicher Sprache, Kultur, Religion, ethnischer Herkunft und Nationalität.

KIGGS ist eine Studie zur Gesundheit von Kindern und Jugendlichen, wurde vom Bundesministerium für Gesundheit (BMG) und dem Bundesministerium für Bildung und Forschung (BMBF) in Auftrag gegeben und vom Robert-Koch-Institut (RKI) in Berlin in der Zeit von 2003 bis 2006 durchgeführt. Untersucht wurde in dieser Studie die psychische und körperliche Gesundheit unserer Kinder.

Kinderarmut ist eine spezifische soziale Lage von Kindern mit erheblichen Einschränkungen in den Bereichen Bildung, Wohnen, Gesundheit und Ernährung durch soziale Benachteiligung, geringes Einkommen und eingeschränkte Lebens- und Wohnverhältnisse.

Kinderbarometer wurde als Initiative von den Landesbausparkassen in Auftrag gegeben und vom Pro-Kids-Institut 2006–2007 durchgeführt. Diese Studie beschäftigt sich mit dem persönlichen Wohlbefinden unserer Kinder und der Frage „Welche Wünsche, Zukunftsvorstellungen und -ängste begleiten unsere Kinder?“.

Kindergarten Die Aufgabe des Kindergartens wird im Kinder- und Jugendhilfegesetz als ein Auftrag zur Betreuung, Erziehung und Bildung definiert. Die entsprechenden Landesgesetze enthalten gewisse Spezifizierungen zu diesem allgemeinen Erziehungs- und Bildungsauftrag des Kindergartens. Des Weiteren haben alle 16 Bundesländer in den letzten Jahren Erziehungs- und Bildungspläne herausgegeben, die die pädagogische Förderung genauer beschreiben und Empfehlungen für die pädagogische Arbeit liefern.

Kinderpanel wurde im Auftrag des Bundesministeriums für Familie, Senioren, Frauen und Jugend (BMFSF) vom Deutschen Jugendinstitut (DJI) München im Zeitraum 2002–2005 durchgeführt und untersuchte die Bedingungen, unter denen Kinder in Deutschland aufwachsen.

Kinderbetreuungsstudie wurde vom BMFSF in Auftrag gegeben und vom DJI in der Zeit zwischen 2004 und 2005 durchgeführt. Dabei ging es um die Frage der Kinderbetreuung und privater Betreuungsformen.

Kindersprache meint die Sprache der Kinder. Die Erforschung der Kindersprache setzt in Deutschland in der Mitte des 19. Jahrhunderts ein. Es gab nicht nur philosophische Überlegungen zum Wesen und zum Ursprung der Sprache. Im Zuge der Erforschung der Kindersprache wurden auch teilweise unmenschliche Experimente durchgeführt. Es gab die so genannten Isolationsexperimente, die zeigten, dass die menschliche Sprache nur im Umgang mit anderen Menschen erworben werden kann.

Kindertageseinrichtungen sind Einrichtungen der frühkindlichen Bildung, Betreuung und Erziehung von der Geburt bis zur Einschulung.

Kindheitsforschung ist eine noch sehr junge wissenschaftliche Disziplin. Im Mittelpunkt der Kindheitsforschung stehen die Kinder und die Kindheit – das erste Lebensjahrzehnt – als zentrale empirische Forschungsgegenstände. So erleben wir in den letzten 15 Jahren eine empirische Wende hin zu repräsentativen Umfragen im Bereich der Kindheitsforschung.

Ko-Artikulation meint die Verschmelzung einzelner Laute beim Sprechen, d. h. die Lautgrenzen sind nicht exakt hörbar.

Ko-Konstruktion bedeutet, dass das Lernen durch die konkrete Zusammenarbeit von Kindern und den pädagogischen Fachkräften gemeinsam ko-konstruiert wird. Hier kommt es zunächst mehr auf die Erforschung von Bedeutung als auf den Erwerb von Wissen an. Das Kind soll die Welt interpretieren, um sie zu verstehen. Dabei spielt die soziale Interaktion eine entscheidende Rolle.

Kommunikation meint Prozesse, die der gegenseitigen Verständigung dienen. Dabei spielt die Sprache als zentrales Medium der Kommunikation eine zentrale Rolle. Der Sender = Sprecher und der Empfänger = Hörer stehen in einem sehr engen, auch emotional und sozial geprägten Wechselverhältnis. Von daher hängen Sprechen und Hören auf das Engste zusammen.

Konstrukt ist eine theoretische Vorstellung zu einem Zusammenhang oder Sachverhalt wie z. B. der Sprache oder dem Sprechen; dabei wird die innere und äußere Struktur des Gegenstandes herausgearbeitet. Ein Konstrukt ist jedoch nicht direkt beobachtbar und muss daher aus anderen Fertigkeiten und Verhaltensweisen abgeleitet werden. Diese Ableitung erfolgt über so genannte Indikatoren.

Korpus ist eine Sammlung von spontan aufgenommenen sprachlichen Äußerungen auf einer Tonkassette, die zur weiteren Verschriftung und Analyse dienen.

Lallen ist eine lustbetonte Produktion des Kleinkindes in den ersten Monaten seines Lebens; diese Phase kann sich vom dritten bis zum zehnten Monat hin erstrecken.

Late Talker sind Kinder, die mit einer zeitlichen Verzögerung im Wortschatz anfangen zu sprechen. Zweijährige Kinder werden dann als „late talker" definiert, wenn sie weniger als 50 Wörter benutzen und noch keine Zweiwortsätze bilden können.

Länder der EU-25 umfasst die Gruppe der Migranten aus Belgien, Dänemark, Estland, Finnland, Frankreich, Irland, Lettland, Litauen, Luxemburg, Malta, den Niederlanden, Österreich, Polen, Schweden, der Slowakei, Slowenien, der Tschechischen Republik, Ungarn, dem Vereinigten Königreich und Zypern.

Lebensraum ist das Umfeld, in dem das Kind momentan lebt, sich entwickelt und seine Sprache erwirbt; dabei steht die Anlage-Umwelt-Diskussion wieder im Vordergrund. Lewin hat hierzu die Formel entwickelt: L (Lebensraum) = F (Funktion) von Person (P) und Umwelt (U).

Leitbilder haben die Aufgabe die pädagogische Arbeit zu steuern. Leitbilder rekurrieren sich zum einen aus Personen, die für die Erziehung und Bildung des Kindes wichtig sind (Mutter, Vater, Erzieherin, Lehrerin), aber auch aus mentalen Konzepten wie Einstellungen und Haltungen gegenüber bestimmter pädagogischen Fragen wie z. B. „Wie sollte die Sprachförderung inhaltlich gestaltet und organisiert werden?"

Lernstil ist die persönliche und individuelle Art des Lernenden, d. h. ein sehr spezifischer und individueller Weg, sich Wissen anzueignen.

Lernstrategie ist ein übergeordneter Prozess und ein komplexer Handlungsplan, um sich Wissen anzueignen und das eigene Lernen zu steuern.

Lexikon ist der Wortschatz eines Kindes; dabei wird zwischen dem passiven und aktiven Wortschatz unterschieden.

Logopädie meint die Erziehung zum Wort oder Spracherziehung und ist die Beschäftigung mit sprachgestörten Menschen aller Altersstufen.

Linguizismus ist ein von Phillipson (1992) in die Diskussion eingebrachter Begriff. Man versteht darunter die Höherwertigkeit von bestimmten Sprachen. Damit werden die Sprecher dieser bevorzugten Sprachen privilegiert und andere Sprachen und deren Sprecher benachteiligt. Wer die deutsche Sprache beherrscht, gilt als integrationswillig; diejenigen, die kein Deutsch sprechen und in den so genannten Parallelgesellschaften leben, werden als integrationsunwillig bezeichnet.

Mehrsprachigkeit ist nicht allein auf die frühen Spracherwerbsjahre zugeschnitten, sondern wird für alle Formen der multiplen Sprachkompetenz verwendet. Man unterscheidet individuelle und gesellschaftliche Mehrsprachigkeit. Mehrsprachigkeit meint, dass mehr als zwei Sprachen gesprochen werden. Mehrsprachigkeit wird im Europäischen Referenzrahmen des Europarats gegenüber der Vielsprachigkeit abgegrenzt.

Menschenbild sind geistige und virtuelle Vorstellungen und Sichtweisen, wie sich Kinder entwickeln und verhalten sollen. Solche subjektiven Vorstellungen prägen indirekt und meist nicht bewusst den gesamten Erziehungs- und Bildungsprozess. Eine objektive Beweisführung hinsichtlich der Existenz solcher Menschenbilder ist daher nicht möglich.

Migranten sind Personen, die selbst zugewandert sind oder von denen mindestens ein Elternteil zugewandert ist. Sie sind nichtdeutscher Herkunft. Menschen mit Migrationshintergrund und Migranten werden synonym gebraucht.

Mikrozensus ist eine von den Statistischen Ämtern des Bundes und der Länder jährlich durchgeführte Befragung der Bevölkerung. Dabei wird nach einem Stichprobenverfahren ein Prozent aller Haushalte in Deutschland – 800 000 Menschen – ausgewählt und dann von diesen auf die Grundgesamtheit aller Haushalte in Deutschland geschlossen. Dabei geht es um Bildung, Arbeitsmarkt, Ausbildung, Familien- und Haushaltszusammensetzung.

Mimik gehört neben der Gestik zu den wichtigen Elementen der Körpersprache.

Mischsprache Elemente der verschiedenen Sprachen – Muttersprache und Deutsch als Zweitsprache – werden wahllos gemischt.

Monolingualer Habitus meint den Zwang hin zur Einsprachigkeit, der im Elementarbereich weit verbreitet ist. Der monolinguale Habitus wird auch daran deutlich, dass die Mehrsprachigkeit von Kindern im Kindergarten nicht thematisiert wird, sofern diese über gute Deutschkenntnisse verfügen. Die Aufforderung an alle Beteiligten, „Hier wird Deutsch gesprochen", ist eine kurzsichtige Strategie, weil hier Lernmöglichkeiten nicht genutzt werden.

Montessori Maria Montessori (1970–1952) hat sich als erste Ärztin Italiens mit pädagogischen und sonderpädagogischen Fragestellungen beschäftigt. Sie gilt als eine der bekanntesten Reformpädagoginnen und hat altersheterogene Lerngruppen favorisiert; so lassen sich jüngere Kinder lieber von älteren Kindern helfen. Montessori hat auch Materialien entwickelt, die im Rahmen der individuellen Sprachförderung eingesetzt werden können.

Motorik sind Bewegungsvorgänge, die einer bewussten Steuerung unterliegen. Motorik ist die Voraussetzung für jegliche Art der zwischenmenschlichen Kommunikation. Sprechen ist das Bewegen von Muskeln, Lippen, Kiefer und Wangen. Wir sprechen hier von der Sprechmotorik. Unter Feinmotorik verstehen wir die genauen und sehr differenzierten Bewegungen mit den Fingern und Händen, wie z. B. beim Malen und Schreiben. Dabei hängen die Hand- und Mundmotorik sehr eng zusammen. Sowohl die Sprechmotorik als auch die Feinmotorik stützen sich dabei auf die Grobmotorik als Bewegungen von Armen, Beinen und dem gesamten Körper.

Mutismus ist das Schweigen des Kindes nach bereits abgeschlossener Sprachentwicklung bei vorhandener Sprechfertigkeit.

Muttersprache ist die Sprache, die wir im unmittelbaren Kontakt mit der leiblichen Mutter und der Familie erwerben. Muttersprache ist die Sprache, die das Kind von Geburt an erlernt. Natürlich sind auch der Vater, die Geschwister, die Großeltern, die nahen Verwandten, Bekannte, Freunde und Tagesmütter am Erwerb der Muttersprache beteiligt. Die Mutter nimmt aus den genannten Personen eine herausragende Stellung beim Spracherwerb ein.

Nationaler Integrationsplan ist ein zentraler Plan der Bundesregierung zur Umsetzung der Integration von zugewanderten Menschen in unsere Gesellschaft. Dieser Plan betont und fordert die sprachliche Bildung im frühen Kindesalter in den Kinderbetreuungseinrichtungen und während der gesamten Bildungslaufbahn. Nach diesem Plan hat die Sprachförderung nicht nur eine zeitliche Dimension, sondern stützt sich auf inhaltliche und strukturelle Aspekte.

Neuropsychologie ist eine wissenschaftliche Disziplin, die sich mit den neuronalen Grundlagen der geistigen Fähigkeiten des Kindes und seinen Verhaltensweisen auseinander setzt.

Objektivität gibt an, dass das Resultat einer Sprachstandsbeobachtung unabhängig ist vom jeweiligen Beobachter. Wir unterscheiden die Durchführungsobjektivität und die Auswertungsobjektivität. Objektivität zählt zu den Gütekriterien von Tests.

Pädagogik ist die Wissenschaft, die sich mit der Theorie und Praxis der Erziehung und Bildung auseinander setzt. Die Pädagogik gehört seit der Antike zur Philosophie. Sie hat sich im 17. und 18. Jahrhundert etabliert. Theoretische Ansätze gehen auf Johann Heinrich Pestalozzi (1746–1827), Friedrich Fröbel (1782–1852) und Johann Friedrich Herbart (1776–1841) zurück.

Parallelgesellschaft sind Personen bzw. Personengruppen, die weitgehend ethnisch und kulturell homogen sind und sich sprachlich, sozial und teilweise auch räumlich von der Mehrheit der Gesellschaft abkoppeln.

Phonetik ist ein Teilgebiet der modernen Linguistik; sie beschäftigt sich mit den lautlichen Anteilen der gesprochenen Sprache, insbesondere mit den Prozessen, Merkmalen und Eigenschaften des Sprechens.

Phonologie ist ein Teilgebiet der modernen Linguistik; sie beschäftigt sich mit den Sprachlauten.

Phonologische Bewusstheit Die Phonologie als Lehre von den Sprachlauten beschäftigt sich mit den formalen Aspekten und Strukturen der Sprache unabhängig von der Bedeutung von Sprache. Unter phonologischer Bewusstheit versteht man ein ganzes Bündel metalinguistischer Fähigkeiten des Vorschul- und Schulkindes. Man bezeichnet diese Fähigkeiten auch als phonematische Differenzierungsfähigkeit oder metalinguistische Bewusstheit, im Englischen spricht man von „language awareness".

PISA untersucht in Abständen von drei Jahren die Bildungsergebnisse, die in den zurzeit 62 teilnehmenden Ländern erzielt werden. PISA konzentriert sich auf die drei Kompetenzbereiche Lesen, Naturwissenschaften und Mathematik. Der Name steht für „Programme for International Student Assessment". Generell untersucht PISA, wie gut die heranwachsende Generation auf die Herausforderungen der modernen Wissensgesellschaft vorbereitet ist.

Prosodie ist die Gesamtheit der Fähigkeiten hinsichtlich der Sprachmelodie, der Sprechgeschwindigkeit und des Sprechrhythmus.

Reformpädagogik ist eine am Kind orientierte Bewegung in der Pädagogik zwischen 1890 und 1933. Es geht um die Neugestaltung von Erziehung und von Bildungsprozessen. Dabei stehen schulbezogene, aber auch außerschulische Aktivitäten und Konzepte der Jugend- und Erwachsenenbildung im Blickpunkt des Interesses.

Sandwichkinder sind mittlere unauffällige Kinder in einer Geschwisterreihe oder Kindergartengruppe, die einfach so mitlaufen und nicht besonders gefördert werden.

Satz ist eine sprachliche Einheit, die selbständig und in sich abgeschlossen ist. Wir kennen die drei Satzarten Aussagesatz, Aufforderungssatz und Fragesatz. Das Bilden von Sätzen wird in der Muttersprache durch das Sprachgefühl gesteuert.

Silbe ist keine linguistische, sondern eine sprechtechnische Einheit, die das Sprechen erleichtert.

Sozialgesetzbuch beschreibt in § 22 entsprechend der Geschichte und Entwicklung des Kindergartens in Deutschland die Betreuung, Erziehung und Bildung als Aufgabe der Tageseinrichtungen für Kinder. Die Jugendministerkonferenz und die Kultusministerkonferenz haben einen gemeinsamen Rahmen der Länder für die frühe Bildung in Kindertageseinrichtungen verabschiedet. Dazu gehört auch die Sprachförderung als Teil der Gesamtentwicklung des Kindes.

Sozialkonstruktivismus ist die gemeinsame Basis der Sprachförderung in Theorie und Praxis. Eine sozialkonstruktivistische Deutung der Welt geht nicht von einer objektiv existierenden Realität aus, sondern davon, dass die Wirklichkeit durch die Menschen und ihre individuelle Wahrnehmung entsteht.

Spontansprache ist im Gegensatz zur Übungssprache die individuelle Sprache, die das Kind spontan und freiwillig in Alltagssituationen spricht. Die Spontansprache eignet sich auch bestens, um die Sprache des Kindes hinsichtlich der Struktur, des Prozesses und des Ergebnisses in den Bereichen Rezeption, Produktion und Reflexion zu beurteilen. Man nimmt daher auch Spontansprachproben mit dem Aufnahmegerät auf, um die Sprache und das Sprechen zu analysieren.

Sprachbereiche sind Bereiche, die im Laufe des kindlichen Spracherwerbs erworben werden: Aussprache, Wortschatz, Grammatik und Sprachverständnis. Es gibt jedoch keine Hierarchie in den Sprachbereichen.

Sprache ist eine angeborene Fähigkeit, ein System von verbalen und nonverbalen Zeichen, das nach bestimmten Regeln der Grammatik und Syntax zum Zwecke der zwischenmenschlichen Kommunikation funktioniert. Diese Regeln sind von Sprachgemeinschaft zu Sprachgemeinschaft unterschiedlich. Wir unterscheiden die gesprochene Sprache (= Lautsprache) und die geschriebene Sprache (= Schriftsprache). Bei der gesprochenen Sprache unterscheiden wir des Weiteren die innere – nicht hörbare – Sprache (Denken, Nachdenken, Deuten, Bewerten) und die äußere – hörbare – Sprache (Sprechen, Produktion, Artikulation). Bei der geschriebenen Sprache untergliedern wir in das Lesen und das Schreiben (Spontanschreiben, Abschreiben).

Sprachentwicklung bezeichnet den sehr aktiven und stürmischen Erwerb der Muttersprache in den ersten sechs Lebensjahren des Kindes. Synonym gebraucht wird auch der Begriff Spracherwerb. Die Sprachentwicklung in den ersten sechs Lebensjahren als zentrale elementarpädagogische Aufgabe sollte bei auftretenden Problemen durch die pädagogischen Fachkräfte unterstützt und begleitet werden. Probleme können auftreten bei Prosodie (Melodie und Rhythmus), Wortschatz, Artikulation, Satzbau, Wort- und Satzbedeutung sowie den Regeln der Konversation im sozialen Miteinander.

Spracherwerb ist eine gigantische Leistung in den ersten Lebensjahren. In der Regel können die Kinder ihre Muttersprache ohne Probleme erwerben und auch eine zweite Sprache parallel dazu erlernen. Der Spracherwerb von zugewanderten Kindern mit Migrationshintergrund in Deutschland ist oft von Zwei- und Mehrsprachigkeit geprägt. In vielen Familien ist Deutsch nicht die Bildungs- und Verkehrssprache, sondern die Sprache des Herkunftslandes, also z. B. Türkisch oder Russisch. Deutsch wird von diesen Kindern erst im Kindergarten oder in der Schule gesprochen. Von daher sollten wir uns von Anfang an mit der sprachlichen Heterogenität und Mehrsprachigkeit der Kinder auseinander setzen.

Sprachformen gibt es in unterschiedlicher Ausprägung in der inneren und in der äußeren Form. Je nach Herkunft, Region und Bildungsniveau finden wir Unterschiede und leichte Abweichungen in der Aussprache, der Grammatik und dem Satzbau. Von daher kennen wir eine Reihe von Subsystemen bzw. Formen der Sprache, wie z. B. die regional verbreiteten Dialekte, die Umgangssprache, die Fachsprache und die Standardsprache.

Sprachförderung beschäftigt sich mit der gesamten Sprachentwicklung von Kindern; dabei wird Sprachförderung als sozialer Prozess verstanden, der insbesondere die Familiensituation und die direkte Umwelt der Kinder einbezieht. Sprachförderung kann nur dann gelingen, wenn die Eltern und Sorgeberechtigten direkt einbezogen und zur Mitarbeit gewonnen werden. Der Förderbedarf richtet sich auf alle Kinder und Jugendliche, die in Deutschland leben. Diese Art der intensiven und systematisch angelegten Förderung ist ein zusätzliches Angebot in den Bereichen Verstehen, Zuhören, Wortschatz, Aussprache und Erzählen.

Sprachmischungen finden wir gehäuft bei Personen, die zwei Sprachen erlernen. Hier werden Wörter und Satzteile aus der einen Sprache in der anderen benutzt und umgekehrt.

Sprachverständnis meint die Fähigkeit, den Sinn und die Bedeutung des Gesagten zu erkennen. Das Verstehen von Sprache und die Produktion sprachlicher Äußerungen entwickeln sich nicht immer gleichzeitig. Meistens entwickelt sich erst das Sprachverständnis und danach die Sprachproduktion.

Sprachzentrum ist für die Speicherung des erworbenen Sprachwissens zuständig; sie liegt bei der Mehrzahl der Menschen in der linken Hirnhälfte.

Sprachliche Bildung Die Sprachförderung ist eine Vorstufe zur sprachlichen Bildung. Hier wird Sprache als Bildungssprache verstanden, die in allen Bildungseinrichtungen gesprochen und gepflegt werden sollte. Sprachliche Bildung konzentriert sich auf alle Aspekte und Bereiche der Literalität und auf speziell ausgesuchte Anregungen wie z. B. aus der Kinderliteratur. Die sprachliche Bildung stützt sich dabei auf interkulturelle Lernprozesse. Die sprachliche Bildung ist Voraussetzung für die gelingende Integration.

Sprachstand ist eine Momentaufnahme der Sprache und des Sprechens in einer spontanen und/oder künstlich arrangierten Sprachsituation. Es geht dabei um die sprachlichen Möglichkeiten, über die ein Kind tatsächlich verfügt. Die Sprache des Kindes wird beschrieben und bewertet. Daran schließen sich Förderüberlegungen an.

Sprachstandserhebungen sind pädagogisch einsetzbare Verfahren, die Aussagen über die Fähigkeiten (Kompetenzen) und Fertigkeiten (Performanzen) von Kindern zu einem bestimmten Zeitpunkt der kindlichen Entwicklung aufzeigen. Mit diesen Informationen und Daten wird Wissen bereitgestellt, das der Vorbereitung und Planung von Fördermaßnahmen dient. Bei der Muttersprache spielt das Lebensalter eine wichtige Rolle und beim Erwerb von Deutsch als Zweitsprache die Dauer und die Intensität des sprachlichen Kontakts mit der jeweiligen Sprache. Das Erheben von Sprachdaten ist ein interpretativer Prozess.

Sprachstörungen sind Abweichungen im Rahmen der kindlichen Entwicklung; wir unterscheiden hörbare Sprachstörungen wie z. B. die Störung der Aussprache und nicht hörbare Störungen wie z. B. Störungen des Sprachverstehens. Der Erwerb der Muttersprache zeigt zeitliche Verzögerungen und/oder qualitativ-strukturelle Auffälligkeiten. Diese Störungen beziehen sich weitgehend auf das Alter zwischen drei und sechs Jahren. Dabei werden die Sprachstörungen insbesondere den Kategorien Sprechflüssigkeit, Artikulation, Sprache und Stimme zugeordnet. Sprachstörungen können unterschiedliche Ursachen haben und bedürfen meist einer medizinischen und/oder logopädischen Behandlung. Sprachstörungen können auch untergliedert werden in Störungen der Sprachentwicklung (z. B. Sprachverständnisstörungen, Störungen der Aussprache), in Störungen der Interaktion und Sprechflüssigkeit wie z. B. Stottern oder Poltern und in Stimmstörungen.

Sprechen ist die äußere und hörbare Form der Sprache, über die Gefühle, Gedanken und Wünsche an andere Menschen mitgeteilt werden. Es handelt sich um eine komplexe feinmotorische Fertigkeit, die in den ersten Lebensjahren in der Regel ohne Probleme erworben wird. Die hierzu notwendigen Prozesse werden immer mehr automatisiert.

Sprecherziehung sind alle pädagogischen Maßnahmen, die die korrekte und klare Aussprache zum Ziel haben. Gegenstand und Inhalte sind eine gute Atemtechnik und Stimmführung, eine saubere Artikulation und Lautbildung sowie rhetorische Fähigkeiten im Gespräch und in der Konversation.

Sprechwissenschaft ist im Gegensatz zur Sprachwissenschaft bzw. Linguistik die Disziplin, die sich mit der gesprochenen Sprache auseinander setzt.

Standardsprache ist die genormte und durch Konventionen geregelte Sprache der Erwachsenen einer Sprachgemeinschaft; Synonymbegriffe sind Hochsprache, Nationalsprache oder Landessprache.

Stimmstörung drückt aus, dass mit der Stimme etwas „nicht in Ordnung" ist. Es muss mit zu großer Anstrengung und Kraft gesprochen werden. Eine Stimmstörung ist immer hörbar und wird begleitet von Ermüdung, Heiserkeit, unverständlicher Aussprache und Schmerzen im Halsbereich.

Stottern ist eine Sprachstörung, bei der es gehäuft zu Unterbrechungen des Redeflusses kommt. Das Kind wiederholt Silben und Wörter oder bleibt beim Sprechen an einem Laut bzw. Wort regelrecht „hängen". Die flüssige Aussprache von Wörtern ist erschwert. Wir unterscheiden das entwicklungsbedingte Stottern im Alter von drei bis sechs Jahren und das chronische und massive Stottern nach der Grundschulzeit.

Südeuropäer sind Zuwanderer aus Griechenland, Italien, Spanien und Portugal.

Test ist ein wissenschaftliches Routineverfahren zur Untersuchung von Merkmalen und Verhalten des Menschen. Der Test muss die Gütekriterien der Objektivität, Reliabilität (Zuverlässigkeit der Messung) und Validität (inhaltliche Gültigkeit) berücksichtigen. Der Test wird nach genauen Anweisungen durchgeführt und stützt sich dabei auf ermittelte Normen von Bezugspersonen.

Theorie im Sinne von Anschauung und Betrachtung eines Problems meint wissenschaftliche Aussagen und Sätze, die widerspruchsfrei, empirisch überprüfbar und plausibel sind und die dazu beitragen, Phänomene der sozialen Wirklichkeit zu erklären. Theorien sind die „Brille", durch die der Praktiker sich die Wirklichkeit anschauen kann.

Therapie wird meist im medizinischen Verständnis definiert als Behandlung mit Heilungsaussichten. Der Therapeut ist dabei ein Begleiter auf dem Weg hin zur Heilung. Im Bereich der Sprachförderung wird die Logopädin als Therapeutin bezeichnet; hier spricht man dann von logopädischer Therapie bzw. von Sprachtherapie.

Turn-Taking bedeutet Hinhören, Abwarten und Sprechen im Gespräch; wir sprechen auch vom Ping-Pong-Spiel der Kommunikation.

Umgangssprache ist ein Kompromiss zwischen der Standardsprache und der Mundart. Man bezeichnet die Umgangssprache auch als Alltagssprache und Verkehrssprache.

Übergang meint hier den Übergang vom Kindergarten in die Grundschule. Dabei nehmen die Erzieherinnen und Lehrkräfte eine Schlüsselfunktion ein, denn gerade sie unterstützen die Entwicklungsprozesse durch die ganzheitliche Förderung der kindlichen Persönlichkeit. Die geforderte enge Verzahnung von Elementar- und Primarbereich muss erheblich personell und konzeptionell nachgebessert werden. Kinder und pädagogische

Fachkräfte sollten gemeinsam Bildungsprozesse im Sinne der Ko-Konstruktion gestalten.

UNICEF Der UNICEF-Bericht zur Lage der Kinder in Deutschland wurde von der Humboldt-Universität-Berlin 2002–2005 durchgeführt. Untersucht wurden das Wohlbefinden und die Entwicklungschancen unserer Kinder.

Unterricht ist die in Gruppen methodisch durchdachte, durch Lehrer initiierte und geplante Anbahnung von Lernvorgängen. Ziele, Inhalte und Methoden werden durch Lehrpläne vorgegeben und überprüft.

Validität ist ein Gütekriterium von Tests, welches die inhaltliche Gültigkeit angibt. Der Test misst tatsächlich das Merkmal, das er vorgibt zu messen.

Varietät weist in der inneren wie in der äußeren Form in jeder Sprache und Sprachform Unterschiede auf. Von Varietät sprechen wir jedoch immer nur dann, wenn die Sprachform einer bestimmten Gruppe von Menschen eindeutige sprachliche Gemeinsamkeiten aufweist. Von daher kennen wir seit jeher bei der menschlichen Sprache zunächst eine Reihe von Subsystemen bzw. Teile der menschlichen Sprache, wie z. B. die regional verbreiteten Dialekte. Aber auch die Hochsprache bzw. die Standardsprache des Deutschen ist eine Varietät.

Wahrnehmung ist ein wichtiger Entwicklungsbereich und Voraussetzung für den Spracherwerb. Man versteht darunter die Aufnahme, Verarbeitung, Interpretation und Speicherung im Gedächtnis. Dabei unterscheiden wir das Fühlen, das Hören, das Sehen, den Geschmack und den Geruchssinn. Das Hören, aber alle anderen Sinne ebenfalls, sind unabdingbare Voraussetzung für den Erwerb der Muttersprache und anderer Sprachen.

WHO ist eine Abkürzung für World Health Organization = Weltgesundheitsorganisation und ist eine Behörde der Vereinten Nationen.

WORLD-VISION-Kinderstudie beschäftigte sich im Jahre 2007 mit der heutigen Lebenswirklichkeit von Kindern und untersuchte die Bereiche Familiensituation, Bildung und Freizeit.

Wort ist die natürliche Einheit der Sprache und eine enge Verknüpfung von Ausdruck und Inhalt bzw. Bedeutung.

Wortschatz meint den Gesamtbestand der Wörter, die Menschen passiv und aktiv benutzen. Beim passiven Wortschatz handelt es sich um die Wörter, die wir verstehen, und beim aktiven Wortschatz geht es um den Gebrauch der Wörter. Der passive Wortschatz ist größer als der aktive. Der Wortschatz wird wie in einem Lexikon nach allgemeinen Kategorien und Ordnungskriterien systematisch geordnet und im Gehirn abgespeichert. Wörter und ihre Bedeutungen sind abhängig vom Kontext, von Personen und ihren Gemütszuständen. Kindergartenkinder lernen je nach Umwelteinfluss und Begabung ca. zehn neue Wörter pro Tag.

Wygotski Lew Semjonowitsch Wygotski (1896–1934) ist als russischer Entwicklungspsychologe in der heutigen frühkindlichen Bildung wieder neu entdeckt worden. Er hat den für die Diagnostik und Förderung so wichtigen Begriff der Zone der nächsten Entwicklung geprägt und weist damit in die pädagogische Zukunft des Kindes. Damit deutet er Fähigkeiten und Fertigkeiten wie z. B. im Bereich der Sprachförderung an, die ein Kind mit professioneller und kompetenter Hilfe in absehbarer Zeit erreichen kann. Er favorisiert altersheterogene Fördergruppen, weil ältere Kinder einen guten Dialog mit den jüngeren führen können.

Zweitsprache verläuft zeitversetzt zum Erwerb der ersten Sprache – in der Regel der Muttersprache. Beim Zweitspracherwerb unterscheiden wir den ungesteuerten Zweitspracherwerb, der sich im Rahmen der alltäglichen Kommunikation vollzieht, und den gesteuerten Erwerb der Zweitsprache, bei dem die neue Sprache keine große Bedeutsamkeit in der Alltagskommunikation besitzt.

Literatur

Aebli, H. (1963): Über die geistige Entwicklung des Kindes. Stuttgart: Klett-Cotta.

Ahrenholz, B. (2008): Erstsprache – Zweitsprache – Fremdsprache. In: Ulrich, W. (Hrsg.): Deutschunterricht in Theorie und Praxis (DTP). Ahrenholz, B. & Oomen-Welke, I. (Hrsg.): Deutsch als Zweitsprache, Bd. 9. Baltmannsweiler: Schneider Verlag Hohengehren, 3–16.

Allport, G. W. (1970): Gestalt und Wachstum in der Persönlichkeit. Göttingen: Hogrefe.

Alt, Ch. (2009): Deutschland darf kein Kind fallen lassen. In: Deutsches Jugendinstitut (Hrsg.): DJI Bulletin, 85: Das Wissen über Kinder – eine Bilanz empirischer Studien. München: grafik + druck, 13–15.

Alt, Ch. (2009): Kinder wollen glücklich sein – dem Glück auf der Spur. In: Deutsches Jugendinstitut (Hrsg.): DJI Bulletin, 85: Das Wissen über Kinder – eine Bilanz empirischer Studien. München: grafik + druck, 32–35.

Andresen, S./Casale, R./Gabriel, Th./Horlacher, R./Klee, S. & Oelkers, J. (Hrsg.) (2009): Handwörterbuch Erziehungswissenschaft. Weinheim, Basel: Beltz Verlag.

Austin, J. L. (1972): Theorie der Sprechakte. Stuttgart: Klett Verlag.

Autorengruppe Bildungsberichterstattung (Hrsg.) (2008): Bildung in Deutschland 2008. Ein indikatorengestützter Bericht mit einer Analyse zu Übergängen im Anschluss an den Sekundarbereich I. Bielefeld: Bertelsmann Verlag.

Baumgartner, St. (2006): Sprachtherapie und Sprachförderung im Unterricht: Kritische Analyse und Konzeptbildung. In: Sprachheilarbeit, 6, 268–277.

Bayerisches Staatsministerium für Arbeit und Sozialordnung, Familie und Frauen, Staatsinstitut für Frühpädagogik München (Hrsg.) (2003): Der Bayerische Bildungs- und Erziehungsplan für Kinder in Tageseinrichtungen bis zur Einschulung. Weinheim, Basel, Berlin: Beltz Verlag.

Bastian, J./Combe, A. & Langer, R. (2005): Feedback-Methoden. Erprobte Konzepte, evaluierte Erfahrungen. Weinheim, Basel: Beltz.

Bausch, K.-R./Christ, H. & Krumm, H.-J. (Hrsg.) (2003): Handbuch Fremdsprachenunterricht. Tübingen, Basel: Francke.

Beauftragte der Bundesregierung für Ausländerfragen (Hrsg.) (2000): Hallo, Hola, Ola. Sprachförderung in Kindertagesstätten. Berlin, Bonn: Bonner Universitätsdruckerei.

Berg, M. (2007): Diagnostik. In: Lexikon der Sprachtherapie. Stuttgart: Kohlhammer, 66–71.

Bergmann, R./Pauly, P. & Stricker, St. (2005): Einführung in die deutsche Sprachwissenschaft. Heidelberg: Universitätsverlag Winter.

Berlin Senatsverwaltung für Bildung, Wissenschaft und Forschung (Hrsg.) (2009): Wege zur durchgängigen Sprachbildung. Ein Orientierungsrahmen für Schulen. Berlin.

Berlin-Institut für Bevölkerung und Entwicklung (Hrsg.) (2009): Ungenutzte Potenziale. Zur Lage der Integration in Deutschland. Berlin.

Bernstein, B. (1967): Soziokulturelle Determinanten des Lernens. In: Weinert, F. (Hrsg.): Pädagogische Psychologie, 346–364.

Bernstein, B. (1967): Sprache und Lernen im Sozialprozess. In: Flitner, A. & Scheuerl, H. (Hrsg.): Einführung in pädagogisches Sehen und Denken, 253–270.

Bertelsmann Stiftung (Hrsg.) (2009): Chancen ermöglichen – Bildung stärken. Zur Lebenssituation sozial benachteiligter Kinder in Deutschland. Gütersloh: Verlag Bertelsmann Stiftung.

Bernstein, B. (1972): Studien zur sprachlichen Sozialisation. Düsseldorf: Schwann Verlag.

Bertelsmann Stiftung (Hrsg.) (2009): Menschen bewegen. Zukunft gestalten. Gütersloh: RIHN.

Bindel, R. & Günther, H. (2002): Artikulationstherapie bei Vorschulkindern. Von der klassischen Übungstherapie über die phonologische Instruktionstherapie zum situativen Lernen in der Konversationstherapie. In: Berg, R./Anders, L. & Miethe, E. (Hrsg.): Interdisziplinäre Sorge um Kommunikationsstörungen. München, Basel: Ernst Reinhardt Verlag, 135–168.

Bloom, B. S. (1964): Stability and change in human characteristics. New York.

Bolz, N. (2009): Flow Control. Über den Umgang mit Informationen in einer Zeit der Sintflut des Sinns. In: Forschung & Lehre, 12, 872–874.

Bönsch, M. (2009): Was ist guter Unterricht. Oder besser: Wie kann man Lernen erfolgreich initiieren? In: Wirtschaft und Erziehung, 7/8, 219–225.

Braun, A.K. & Scheich, H. (2009): „Ausgejätete" Synapsen. Lern- und Frühförderung aus der Sicht der Gehirnforschung. In: Forschung & Lehre, 12, 876–877.

Breitenbach, E. (2009): Förderdiagnostik ist individuelle Lernförderung oder: „vom Wiegen wird die Sau nicht fett". Vortrag. Püttlingen (unveröffentlichtes Manuskript).

Bremerich-Vos, A. & Granzer, D. (2009): Gute Deutsch-Aufgaben. Bildungsstandards Deutsch – Kompetenzorientierter Deutschunterricht. In: Grundschule, 5, 6–9.

Bundesamt für Migration und Flüchtlinge (Hrsg.) (2008): Sprachliche Bildung für Menschen mit Migrationshintergrund in Deutschland. Vorschläge zur Weiterentwicklung. Paderborn: Bonifatius Verlag.

Bremerich-Vos, A. (2009): Bildungsstandards im Fach Deutsch. Was leisten sie, was nicht? Pädagogik, 6, 42–45.

Bruner, J.S. (1977): Wie das Kind lernt, sich sprachlich zu verständigen. In: Pädagogik, 23, 829–845.

Bruner, J.S. (1979): Von der Kommunikation zur Sprache. Überlegungen aus psychologischer Sicht. In: Kindliche Kommunikation, 9–60.

Bruner, J.S. (1987): Wie das Kind sprechen lernt. Bern: Huber.

Bundesministerium für Familie, Senioren, Frauen und Jugend (Hrsg.) (2009): Dreizehnter Kinder- und Jugendbericht – Stellungnahme der Bundesregierung. Bericht über die Lebenssituation junger Menschen und die Leistungen der Kinder- und Jugendhilfe in Deutschland. Berlin: Vogt.

Bundesministerium für Bildung und Forschung (Hrsg.) (2003): Zur Entwicklung nationaler Standards. Eine Expertise. Berlin.

Bundeszentrale für gesundheitliche Aufklärung (BZgA) (Hrsg.) (2009): Informationsmaterial für Schwangere nach einem auffälligen Befund in der Pränataldiagnostik. Köln: Warlich.

Bunk, G. J. S. (2005): Deutsch als Fremdsprache. Phonetik aktuell. Ismaning: Max Hueber Verlag.

Bühler, K. (1934): Sprachtheorie. Die Darstellungsfunktion der Sprache. Jena.

Butzkamm, W. & Butzkamm, J. (1999): Wie Kinder sprechen lernen. Kindliche Entwicklung und die Sprachlichkeit des Menschen: Tübingen: Narr.

Butzkamm, J. (2004): Sprachlust für Frühstarter und Spätzünder. In: Theorie und Praxis der Sozialpädagogik TPS, 4, 4–7.

Chomsky, N. (1969): Aspekte der Syntax-Theorie. Frankfurt a. M.: Suhrkamp.

Chomsky, N. (1970): Sprache und Geist. Frankfurt a. M.: Suhrkamp.

Clahsen, H. (1986): Die Profilanalyse. Ein linguistisches Verfahren für die Sprachdiagnose im Vorschulalter. Berlin: Marhold.

Chlosta, Ch. & Ostermann, T. (2008): Grunddaten zur Mehrsprachigkeit im deutschen Bildungssystem. In: Ulrich, W. (Hrsg.) (2008): Deutschunterricht in Theorie und Praxis (DTP). Ahrenholz, B. & Oomen-Welke, I. (Hrsg.): Deutsch als Zweitsprache, Bd. 9. Baltmannsweiler: Schneider Verlag Hohengehren, 17–30.

Dannenbauer, F. (1984): Techniken des Modellierens in einer entwicklungsproximalen Therapie für dysgrammatisch sprechende Vorschulkinder. In: Der Sprachheilpädagoge, 1635–49.

Deutsches Institut für Menschenrechte (Hrsg.) (2009): Das Recht auf Bildung für Kinder ohne Papiere. Empfehlungen zur Umsetzung. Bonn, Berlin:

Dirim, I. (2004): „In der Schule spricht man deutsch!" In: Schüler. Aufwachsen. Die Entwicklung von Kindern und Jugendlichen, 89–93.

Doidge, N. (2008): Neustart im Kopf. Wie sich unser Gehirn selbst repariert. Frankfurt, New York: Campus Verlag.

Eberhard, K. (1987): Einführung in die Erkenntnis- und Wissenschaftstheorie. Stuttgart, Berlin, Köln, Mainz: Kohlhammer.

Europarat für kulturelle Zusammenarbeit: Gemeinsamer Europäischer Referenzrahmen für Sprachen: lernen, lehren, beurteilen. Berlin: Langenscheidt.

Feuerhelm, W. (Hrsg.) (2007): Taschenlexikon der Sozialarbeit und Sozialpädagogik. 5. Aufl. Wiebelsheim: Quelle & Meyer.

Fölling-Albers, M. (1998): Veränderte Kindheit – Verändertes Selbstverständnis der Schule? Grundschule 7–8, 59–61.

Fried, L. (2003): Vorschulische Erziehung. In: Arnold, R. & Günther, H. (Hrsg.): Innovative Bildungs- und Erziehungsprozesse. Kaiserslautern, 49–62.

Fried, L./Roux, S./Frey, A. & Wolf, B. (Hrsg.) (2003): Vorschulpädagogik. Baltmannsweiler: Schneider Verlag Hohengehren.

Fried, L. (2009): Sprache – Sprachförderung – Sprachförderkompetenz. In: Ministerium für Generationen, Familie, Frauen und Integration des Landes Nordrhein-Westfalen (Hrsg.) (2009): Kinder bilden Sprache – Sprache bildet Kinder. Sprachentwicklung und Sprachförderung in Kindertagesstätten. Münster, New York, München, Berlin: Waxmann, 35–56.

Gagné, R. (1973): Die Bedingungen des menschlichen Lernens. Hannover, Darmstadt, Dortmund, Berlin: Schroedel.

Gaiser, W. & Rother, P. (2009): „Und dann und wann ein weißer Elefant ..." Kindheit zwischen Eigensinn und gesellschaftlicher Vereinnahmung. In: Deutsches Jugendinstitut (Hrsg.): DJI Bulletin, 85: Das Wissen über Kinder – eine Bilanz empirischer Studien. München: grafik + druck, 5–8.

Granzer, D. (2008): Instrumente zur Selbstevaluation. Grundschule 1, 6–11.

Griffith, C. (Hrsg.) (2008): Lessons from good language learners. Cambridge: Cambridge University Press.

Grimm, H. (Hrsg.) (2000a): Sprachentwicklung. Göttingen: Hogrefe.

Grimm, H. (2000b): Sprachentwicklungstest für zweijährige Kinder (SETK-2). Diagnose rezeptiver und produktiver Sprachverarbeitungsfähigkeiten. Göttingen: Hogrefe.

Grohnfeldt, M. (1980): Störungen der Sprachentwicklung. Berlin: Edition Marhold.

Grohnfeldt, M. (Hrsg.) (1989): Handbuch der Sprachtherapie. Bd. 1. Grundlagen der Sprachtherapie. Berlin: Wissenschaftsverlag Spiess.

Grohnfeldt, M. (Hrsg.) (1995): Handbuch der Sprachtherapie. Bd. 8. Sprachstörungen im sonderpädagogischen Bezugssystem. Berlin: Wissenschaftsverlag Spiess.

Grohnfeldt, M. (1999): Förderschwerpunkt Sprache und Sprechen. In: Zeitschrift für Heilpädagogik, 4, 152–155.

Grohnfeld, M. (Hrsg.) (2007): Lexikon der Sprachtherapie. Stuttgart: Kohlhammer.

Gruehn, S. (2000): Unterricht und schulisches Lernen: Schüler als Quellen der Unterrichtsbeschreibung. Münster: Waxmann.

Günther, H. (2003): Sprachförderung: Die Fitness-Probe. Bausteine für einen erfolgreichen Schulanfang. Weinheim, Basel: Beltz Verlag.

Günther, B. (2003): Förderung des Sprachbewusstseins leserechtschreibschwacher Kinder beim Erlernen der Fremdsprache Französisch. Unveröffentlichte Examensarbeit. Universität des Saarlandes. Fachbereich Romanistik. Saarbrücken.

Günther, H. (2004): Sprechen & Verstehen. In: Projekt Frühes Lernen. Sprechen & Verstehen. Stuttgart und St. Ingbert: KIGA Fachverlag & Ernst Klett Verlag, 5–16.

Günther, B. & Günther. H. (2005): Frühe Fremdsprachen im Kindergarten. Stuttgart Düsseldorf Leipzig: Ernst Klett Verlag.

Günther, H. (2006): Sprachförderung konkret. Weinheim, Basel: Beltz.

Günther, B. & Günther, H. (2007): Erstsprache Zweitsprache Fremdsprache. Weinheim, Basel: Beltz Verlag.

Haug-Schnabel, G. & Bensel, J. (2006): Kinder unter 3 – Bildung, Erziehung und Betreuung von Kleinstkindern. In: Kindergarten heute. Spezial. Freiburg i. Br.: Herder Verlag.

Heinzel, F. (2006): Anerkennende Rückmeldung im Unterricht. Warum sind sie so wichtig und wie werden sie gegeben? In: Grundschulunterricht, 53. Rückmeldungen, Leistungsbewertung.

Hellrung, U. (2002): Sprachentwicklung und Sprachförderung. Ein Leitfaden für die Praxis. Freiburg i. Br.: Herder.

Heiliger, A. (2008): Lehrer als Beziehungsmanager. In: didacta (Hrsg.): Das Magazin für lebenslanges Lernen, 74–77.

Herwatz-Emden, L. (2008): Migrant/innen im deutschen Bildungssystem. In: Bundesministerium für Bildung und Forschung, 2005, 7–24.

Hüther, G. (2005): Biologie der Angst – Wie aus Stress Gefühle werden. Göttingen: Hogrefe.

Hüther, G. (2007a): Die Evolution der Liebe – Was Darwin bereits ahnte und die Darwinisten nicht wahrhaben wollen. Göttingen: Hogrefe.

Hüther, G. (2007b): Bedienungsanleitung für ein menschliches Gehirn. Göttingen: Hogrefe.

Hüther, G. (2008): Hirngerecht und mit Lust lernen. Gelingende Bildungsprozesse in der Grundschule aus neurobiologischer Sicht. In: Grundschule, 2009, 1, 16–17.

Hüther, G. (2009): Jede Kita braucht einen guten Geist. In: Caritasverband für die Diözese Trier e.V. (Hrsg.): Zur Sache Kita, 9, 4–7.

Institut der deutschen Wirtschaft (Hrsg.) (2009): Der IW-Integrationsmonitor. Köln.

Jakobson, R. (1960): Kindersprache, Aphasie und allgemeine Lautgesetze. Frankfurt a. M.: Suhrkamp.

Kauschke, C. (2006): Hilfe für Spätzünder. Gehirn & Geist, 6, 48–53.

Klafki, W. (2007): Didaktik. In: Tenorth, H.-E. & Tippelt, R. (Hrsg.): Beltz Lexikon Pädagogik. Weinheim, Basel: Beltz Verlag, 158–161.

Klann-Delius, G. (1999): Spracherwerb. Stuttgart, Weimar: J. B. Metzler.

Klieme, E. u. a. (2003): Zur Entwicklung nationaler Bildungsstandards – Eine Expertise. Bonn.

Kolonko, B. (1997): Sprachpädagogische Arbeit im Kindergarten. Eine Arbeitshilfe für Ausbildung und Praxis. Hamburg: E. B.-Verlag.

Knapp, W. (1998): Sprachschwierigkeiten bei Kindern aus Sprachminderheiten. In: Interdisziplinär, 6, 116–123.

Knapp, W. (2008): Didaktische Konzepte Deutsch als Zweitsprache. In: Ulrich, W. (Hrsg.) (2008): Deutschunterricht in Theorie und Praxis (DTP). Ahrenholz, B. & Oomen-Welke, I. (Hrsg.): Deutsch als Zweitsprache, Bd. 9. Baltmannsweiler: Schneider Verlag Hohengehren, 133–148.

Köller, O. (2007): Evaluation. In: Tenorth, H.-E. & Tippelt, R. (Hrsg.): Beltz Lexikon Pädagogik. Weinheim, Basel: Beltz Verlag, 214–217.

Krapp, A. (2007): Lehren und Lernen. In: Tenorth, H.-E. & Tippelt, R. (Hrsg.): Beltz Lexikon Pädagogik. Weinheim, Basel: Beltz Verlag, 454–457.

Ladenthin, V. (2008): Kompetenz und Bildung. Evangelische Kirche im Rheinland. In: Schule und Kirche, 1/2, 6–14.

Laewen, H.-J. & Andres, B. (Hrsg.) (2002): Bildung und Erziehung in der frühen Kindheit. Bausteine zum Bildungsauftrag von Kindertageseinrichtungen. Weinheim, Basel: Beltz.

Lange, A. (2009): Wohlbefinden und Zukunftschancen – zentrale Ziele einer Politik für Kinder. In: Deutsches Jugendinstitut (Hrsg.): DJI Bulletin, 85. Das Wissen über Kinder – eine Bilanz empirischer Studien. München: grafik + druck, 29–31.

Langen, C. (2008): Mentoring. In: Körber-Stiftung (Hrsg.): Forum für Impulse. Ideenarchiv „Empowerment. Menschen stärken". Kiel: grafik + druck, 12–14.

Leibnitz Gemeinschaft (Hrsg.) (2008): Zwischenruf. Bildung fördern. Teilhabe ermöglichen. Beiträge aus der Bildungs-, Sozial- und Raumforschung. Bonn: unicom-berlin.

Lenneberg, E. H. (1972): Biologische Grundlagen der Sprache. Frankfurt a. M.: Suhrkamp.

Lewandowski, Th. (Hrsg.) (1990): Linguistisches Wörterbuch. Bde. 1–3. Heidelberg: Quelle & Meyer.

Lewin, K. (1969): Grundzüge der topologischen Psychologie. Stuttgart: Cotta.

Lin-Klitzing, S. (2009): Zwischen kontrolliertem und forschendem Lernen. In: Forschung & Lehre, 12, 884–885.

Looß, M. (2009): Die Lerntypentheorie. Hilfreiches Rezept oder populärer Irrtum? In: Forschung & Lehre, 12, 880–881.

Lührig, H. H. (Hrsg.) (2009): Zwd Bildung Gesellschaft und Politik. Köln: Zweiwochendienst-Verlags-GmbH.

Mandl, H. & Kopp, B. (2007): Medienpädagogik. In: Tenorth, H.-E. & Tippelt, R. (Hrsg.) Beltz Lexikon Pädagogik. Weinheim, Basel: Beltz Verlag, 496–499.

Mannhard, A. & Scheib, K. (2007): Was Erzieherinnen über Sprachstörungen wissen müssen. Mit Spielen und Tipps für den Kindergarten. München, Basel: Ernst Reinhardt Verlag.

Matzner, M. & Tischner, W. (Hrsg.) (2008): Handbuch Jungen-Pädagogik. Weinheim, Basel: Beltz Verlag.

Meyer, H. (2004): Was ist guter Unterricht. Berlin: Cornelsen.

Ministerium für Bildung, Kultur und Wissenschaft des Saarlandes (Hrsg.) (2004): Bildungsprogramm für saarländische Kindergärten. Handreichungen für die Praxis. Saarbrücken: Eigendruck.

Ministerium für Bildung und Frauen des Landes Schleswig Holstein (Hrsg.) (2009): Schule Aktuell. Besser zusammen. Jahr der Inklusiven Bildung. Kiel: Schmidt & Klaunig.

Ministerium für Bildung, Jugend und Sport des Landes Brandenburg (Hrsg.) (2008): Gemeinsamer Orientierungsrahmen für die Bildung in Kindertagesbetreuung und Grundschule. Weimar, Berlin: verlag das netz.

Ministerium für Bildung, Frauen und Jugend, Rheinland-Pfalz (Hrsg.) (2004): Bildungs- und Erziehungsempfehlungen für Kindertagesstätten in Rheinland-Pfalz. Weinheim, Basel: Beltz Verlag.

Ministerium für Bildung, Familie, Frauen und Kultur des Saarlandes (Hrsg.) (2008): Mehrsprachiges Aufwachsen in der frühen Kindheit. Fakten, Voraussetzungen, Möglichkeiten für einen gelenkten Spracherwerb. Bd. 1. Weimar, Berlin: verlag das netz.

Ministerium für Bildung, Familie, Frauen und Kultur des Saarlandes (Hrsg.) (2008): Mehrsprachiges Aufwachsen in der frühen Kindheit. Beispiele aus der internationalen Praxis für einen gelenkten Zweispracherwerb. Bd. 2. Weimar, Berlin: verlag das netz.

Ministerium für Bildung, Kultur und Wissenschaft des Saarlandes (Hrsg.) (2007): Handreichungen für die Praxis zum Bildungsprogramm für saarländische Kindergärten. Weimar, Berlin: verlag das netz.

Ministerium für Generationen, Familie, Frauen und Integration des Landes Nordrhein-Westfalen (Hrsg.) (2008): Delfin 4 – Sprachförderorientierungen. Eine Handreichung. Bottrop: Peter Pomp.

Ministerium für Generationen, Familie, Frauen und Integration des Landes Nordrhein-Westfalen (Hrsg.) (2009): Kinder bilden Sprache – Sprache bildet Kinder. Sprachentwicklung und Sprachförderung in Kindertagesstätten. Münster, New York, München, Berlin: Waxmann.

Niedersächsisches Kultusministerium (Hrsg.) (2004): Didaktisch-methodische Empfehlungen für die Sprachförderung vor der Einschulung. Hannover: Niedersächsisches Landesinstitut für Schulentwicklung und Bildung.

NICHD Early Child Care Research Network (2002): Child-care structure-process-outcome: Direct and indirect effects of caregiving quality on young children's development. In: Psychological Science, 13, 3, 199–206.

Oevermann, U. (1969): Schichtenspezifische Formen des Sprachverhaltens und ihr Einfluss auf die kognitiven Prozesse. In: Roth, H. (Hrsg.): Begabung und Lernen. Stuttgart: Klett-Cotta, 297–355.

Oksaar, E. (1977): Spracherwerb im Vorschulalter. Einführung in die Pädolinguistik. Stuttgart, Berlin, Köln, Mainz: Kohlhammer.

O'Malley, J. & Chamot, A.U. (1990): Learning strategies in second language acquisition. Cambridge: Cambridge University Press.

Papst-Weinschenk, M. (Hrsg.) (2004): Grundlagen der Sprechwissenschaft und Sprecherziehung. München: Ernst Reinhardt Verlag.

Pechstein, J. (1975): Sozialpädiatrische Zentren für behinderte und entwicklungsgefährdete Kinder. In: Sonderpädagogik, 6. Stuttgart: Ernst Klett Verlag.

Penner, Z. Auf dem Weg zur Sprachkompetenz. Neue Perspektiven der sprachlichen Frühförderung bei Migrantenkindern. Ein Arbeitsbuch: Frauenfeld: KonLab.

Piaget, J. (1972): Sprechen und Denken des Kindes. Düsseldorf: Schwann Verlag.

Piaget, J. & Inhelder, B. (1980): Die Psychologie des Kindes. Stuttgart: Klett Verlag.

Presse- und Informationsamt der Bundesregierung (Hrsg.) (2007): Die Bundesregierung. Der Nationale Integrationsplan. Neue Wege – neue Chancen. Erfurt: Druck Repro und Verlag.

Presse- und Informationsamt der Bundesregierung (Hrsg.) (2008): Die Bundesregierung. Nationaler Integrationsplan. Erster Fortschrittsbericht. Niestetal: Silberdruck.

Projektgruppe SPREEG (Hrsg.) (2008): Was Kinder sprechen? Überlegung zu einer Sprachenerhebung an Essener Grundschulen. In: ELS & I. (2001), 2, 75–89, http://www.elise.uni-essen.de/elise02_2001html (17.02.2008).

Rauschenbach, T. (2009): Kinder in Deutschland – eine Bilanz empirischer Studien. In: Deutsches Jugendinstitut (Hrsg.): DJI Bulletin, 85: Das Wissen über Kinder – eine Bilanz empirischer Studien. München: grafik + druck, 3–4.

Reich, H. H. & Roth, H.-J. (2001): Gutachterliche Stellungnahme: Zum Stand der nationalen und internationalen Spracherwerbsforschung zweisprachig aufwachsender Kinder und Jugendlicher. Behörde für Schule, Jugend und Berufsbildung. Hamburg: Broschüre.

Reich, H. (2008): Sprachstandserhebungen ein- und mehrsprachig. In: Ulrich, W. (Hrsg.): Deutschunterricht in Theorie und Praxis (DTP). Ahrenholz, B. & Oomen-Welke, I. (Hrsg.): Deutsch als Zweitsprache, Bd. 9. Baltmannsweiler: Schneider Verlag Hohengehren, 420–429.

Reichert-Garchhammer, E. (2009): Dialog auf Augenhöhe. In: Kinderzeit. Zeitschrift für Pädagogik und Bildung. Das didacta Fachmagazin, 2, 14–19.

Richert, P. (2005): Typische Sprachmuster der Lehrer-Schüler-Interaktion. Empirische Untersuchung zur Feedbackkomponente in der unterrichtlichen Interaktion. Bad Heilbrunn: Klinkhardt.

Riedel, B. (2008): Das Personal. Entwicklungen und Herausforderungen. In: Deutsches Jugendinstitut (Hrsg.): Zahlenspiegel 2007. Kindertagesbetreuung im Spiegel der Statistik, 184.

Robert-Bosch-Stiftung (Hrsg.) (2008): Frühpädagogik Studieren – ein Orientierungsrahmen für Hochschulen. Stuttgart.

Roth, R. (2008): Empowerment-Beiträge zu einer solidarischen Bürgergesellschaft. In: Körber-Stiftung (Hrsg.): Forum für Impulse. Ideenarchiv „Empowerment. Menschen stärken". Kiel: Grafik und Druck, 6–10.

Röll, I. (2009): So lernen Jungen und Mädchen. In: Focus Schule. Das Magazin für engagierte Eltern, 4, 10–19.

Rösch, H. (2005): DaZ-Förderung in der Grundschule – ein Überblick. In: Bartnitzky, H. & Speck-Hamdan, A. (Hrsg.) (2005): Deutsch als Zweitsprache lernen. Frankfurt a. M.: Grundschulverband, 75–87.

Rothweiler, M. (2009): Über den Zusammenhang von Lexikon, Grammatik und Mehrsprachigkeit. Was kann die Spracherwerbsforschung für die Praxis liefern? In: Sprachheilarbeit, 5, 246–254.

Saarland: Ministerium für Bildung, Familie, Frauen und Kultur (Hrsg.) (2008): Kernlehrplan Deutsch Grundschule. Entwurf. Saarbrücken.

Saarland. Ministerium für Bildung, Familie, Frauen und Kultur (Hrsg.) (2008): Qualitätssicherung durch externe Evaluation in saarländischen Grundschulen. Orientierungsrahmen zur Schulqualität. Saarbrücken: Eigendruck.

Saarland. Ministerium für Bildung, Familie, Frauen und Kultur (Hrsg.) (2009): Kernlehrplan. Deutsch. Grundschule. Saarbrücken: Eigendruck.

Samstag, K. (1970): Informationen zum Lernen im Vorschulalter. Meinungen, Hypothesen Untersuchungsergebnisse. Bad Heilbrunn: Klinkhardt.

Sekretariat der Ständigen Konferenz der Kultusminister der Länder in der Bundesrepublik Deutschland (Hrsg.) (2005): Bildungsstandards der Kultusministerkonferenz. Erläuterungen zur Konzeption und Entwicklung. München, Neuwied: Luchterhand.

Scheunpflug, A. (2004): Entwicklung – was ist das? Von Reifung, Genen und Umwelt. In: Schüler (Hrsg): Aufwachsen. Die Entwicklung von Kindern und Jugendlichen, 6–9.

Schlösser, E. (2001): Wir verstehen uns gut. Spielerisch Deutsch lernen. Methoden und Bausteine zur Sprachförderung für deutsche und zugewanderte Kinder als Integrationsbeitrag in Kindergarten und Grundschule. Münster: Ökotopia Verlag.

Schmidt, E. (2009): Neues Fundament für die Kooperation in der Kita. In: Kinderzeit. Zeitschrift für Pädagogik und Bildung. Das didacta Fachmagazin, 8–11.

Schramm, K. (2008): Sprachlernstrategien. In: Ulrich, W. (Hrsg.): Deutschunterricht in Theorie und Praxis (DTP). Ahrenholz, B. & Oomen-Welke, I. (Hrsg.): Deutsch als Zweitsprache, Bd. 9. Baltmannsweiler: Schneider Verlag Hohengehren, 95–106.

Schulz von Thun, F. (1981): Miteinander reden. Störungen und Klärungen. Psychologie der zwischenmenschlichen Beziehungen. Reinbek: Rowohlt.

Schumacher, J. R. (2009): Was heißt es, etwas verstanden zu haben? Menschliches Lernen aus der Sicht der Psychologie. In: Forschung & Lehre, 12, 882–883.

Schweinhart, L. J. & Weikart, D. P. (1997): The High Scope Preschool Curriculum. Comparison Study Through Age 23. In: Early Childhood Research Quarterly 12, 2, 117–143.

Sekretariat der Ständigen Konferenz der Kultusminister der Länder in der Bundesrepublik Deutschland (Hrsg.) (2005): Bildungsstandards im Fach Deutsch für den Primarbereich (Jahrgangsstufe 4) – Beschluss der Kultusministerkonferenz vom 15. 10. 2005. München: Luchterhand.

Sekretariat der Ständigen Konferenz der Kultusminister der Länder in der Bundesrepublik Deutschland, Institut zur Qualitätsentwicklung im Bildungswesen. Gesamtstrategie der Kultusministerkonferenz zum Bildungsmonitoring. München und Bonn: Luchterhand.

Sekretariat der Ständigen Konferenz der Kultusminister der Länder in der Bundesrepublik Deutschland (Hrsg.) (2007): Das Bildungswesen in der Bundesrepublik Deutschland 2006. Darstellung der Kompetenzen, Strukturen und bildungspolitischen Entwicklungen für den Informationsaustausch in Europa. Bonn: KMK.

Skinner, B. F. (1957): Verbal behavior. Englewood Cliffs.

Sodian, B. (2004): Kompetenz auf breiter Basis. Fähigkeiten von Vor- und Grundschulkindern. In: Schüler, (Hrsg.): Aufwachsen. Die Entwicklung von Kindern und Jugendlichen. Seelze: Friedrich Verlag, 24–27.

Spitz, R. A. (1969): Vom Säugling zum Kleinkind. Stuttgart: Klett Verlag.

Staatsinstitut für Frühpädagogik (Hrsg.) (2009): Bildung Erziehung Betreuung von Kindern in Bayern. München: EOS klosterdruckerei.

Stadt Frankfurt a. M. (2001): Meine, deine, unsere Sprache. Konzeption für eine Sprachförderung für zwei- und mehrsprachige Kinder. Mit Video „Erzähl mir 'ne Geschichte". rita.sauder@stadt-frankfurt.de, Tel.: 069-212-36520.

Stern, W. (1952): Psychologie der frühen Kindheit (1914). 7. Aufl. (Nachdruck). Heidelberg.

Stern, Cl. & W. (1965): Die Kindersprache (1907). 4. Aufl. (Nachdruck). Darmstadt.

Stern, E. (2004): Entwicklung im Kopf. Subjektive Bedeutung und aktive Kinder. In: Schüler, (Hrsg.): Aufwachsen. Die Entwicklung von Kindern und Jugendlichen. Seelze: Friedrich Verlag, 110–113.

Stern, K. (2001): Fördern – eine Form des sonderpädagogischen Handelns. In: Behindertenpädagogik in Bayern, 1, 67–69.

Szagun, G. (1993): Sprachentwicklung beim Kind. 5. Aufl. Weinheim Basel: Beltz Verlag.

Tenorth, H.-E. & Tippelt, R. (Hrsg.) (2007): Beltz Lexikon Pädagogik. Weinheim, Basel: Beltz Verlag.

Thiesen, B. (2009): Alles Kultur? – der Blick auf Migrantenkinder muss sich weiten. In: Deutsches Jugendinstitut (Hrsg.): DJI Bulletin, 85: Das Wissen über Kinder – eine Bilanz empirischer Studien. München: grafik + druck, 26–28

Tietze, W. (Hrsg.) (1998): Wie gut sind unsere Kindergärten? Eine Untersuchung zur pädagogischen Qualität in deutschen Kindergärten. Neuwied: Luchterhand.

Tietze, W./Schuster, K. & Rossbach, H.-G. (1998): Die Autoren kontern. Ängste vor der KES? Antworten auf einen offenen Brief. Klein & groß, 16–20.

Tietze, W., Rossbach H.-G. & Grenner, K. (Hrsg.) (2005): Kinder von 4 bis 8 Jahren. Zur Qualität der Erziehung und Bildung in Kindergarten, Grundschule und Familie. Weinheim, Basel: Beltz Verlag.

Tophinke, D. (2003): Sprachförderung im Kindergarten – Julia, Elena und Fatih entdecken gemeinsam die deutsche Sprache. Weinheim, Basel: Beltz Verlag.

Triarchi-Herrmann, V. (2006): Mehrsprachige Erziehung. Wie Sie Ihr Kind fördern. München, Basel: Ernst Reinhardt Verlag.

Trüb, R. (2009): Bildung beginnt im Elternhaus. Die Bedeutung der Elternarbeit für die Integration. In: Bundesamt für Migration und Flüchtlinge (Hrsg.): Blickpunkt Integration, 3–5.

Tschirner, D./Hielscher-Fastabend, M. & Jungmann, T. (2007): Relative Effektivität von Sprachfrühintervention bei zweijährigen Risikokindern: Zwei Programme im Vergleich. In: Sprachheilarbeit, 5, 188–196.

Ulich, M. & Mayr, T. (2003): SISMIK. Sprachverhalten und Interesse an Sprache bei Migrantenkindern in Kindertageseinrichtungen.

Ulrich, W. (Hrsg.) (2008): Deutschunterricht in Theorie und Praxis (DTP). Ahrenholz, B. & Oomen-Welke, I. (Hrsg.): Deutsch als Zweitsprache, Bd. 9. Baltmannsweiler: Schneider Verlag Hohengehren.

Vester, F. (1975): Denken Lernen Vergessen. Stuttgart: Deutsche Verlagsanstalt.

Volmert, J. (Hrsg.) (2000): Grundkurs Sprachwissenschaft. 4. Aufl. Eine Einführung in die Sprachwissenschaft für Lehramtsstudiengänge. München: Wilhelm Fink Verlag.

Wagner, P. (Hrsg.) (2008): Handbuch Kinderwelten. Vielfalt als Chance. Grundlagen vorurteilsbewusster Bildung und Erziehung. Freiburg, Basel, Wien: Herder Verlag.

Wagner, R. W. (2006): Mündliche Kommunikation in der Schule. Paderborn, München, Wien, Zürich: Schöningh Verlag.

Waldmann, K. (2009): Über die These der Feminisierung der Pädagogik hinausdenken. In: Forum Jugendhilfe, 4, 29–31.

Walper, S. & Wendt, E.-V. (2009): Familie. In: Andresen, S./Casale, R./Gabriel, Th./Horlacher, R./Klee, S. & Oelkers, J. (Hrsg.): Handwörterbuch Erziehungswissenschaft. Weinheim, Basel: Beltz Verlag, 307–321.

Watzlawick, P./Beavon, J.H. & Jackson, D.D. (1990): Menschliche Kommunikation. Formen, Störungen, Paradoxien. Bern, Stuttgart, Toronto: Verlag Huber.

Weber, M. (2003): Heterogenität im Schulalltag. Konstruktsinn ethnischer und geschlechtlicher Unterschiede. Opladen.

Wehrmann, I. (2008): Akademiker in der frühkindlichen Bildung. In: didacta (Hrsg.): Das Magazin für lebenslanges Lernen, 64–67.

Weinert, F.F. (1996): Für und Wider die „neuen Lerntheorien“ als Grundlagen pädagogisch-psychologischer Forschung. In: Zeitschrift für Pädagogische Psychologie, 10, 1, 1–12.99.

Weinert, F.E. (2001): Vergleichende Leistungsmessung in Schulen – eine umstrittene Selbstverständlichkeit. In: Weinert, F.E. (Hrsg.): Leistungsmessungen in Schulen. Weinheim, Basel: Beltz Verlag, 17–31.

Weinrebe, H. (2007): Sprache und Sprechen. Freiburg, Basel, Wien: Herder.

Wespel, M. (2008): Wir können alles außer Hochdeutsch. Dürfen Kinder im Unterricht Dialekt sprechen? In: Grundschule, 2, 30–33.

Wolff, B. (2001): Effektstärkenmaße. In: Rost, D.H. (Hrsg.): Handwörterbuch Pädagogische Psychologie. Weinheim: Beltz PVU, 96–102.

Wygotski, L.S. (1981): Das Spiel und seine Rolle für die psychische Entwicklung des Kindes. In: Röhrs, H. (Hrsg.): Das Spiel – ein Urphänomen des Lebens. Wiesbaden: Akademische Verlagsgesellschaft, 129–146.